Gesellschafts- und zivilrechtliche Aspekte
börslichen Insiderhandels

Europäische Hochschulschriften

Publications Universitaires Européennes

European University Studies

Reihe II

Rechtswissenschaft

Série II Series II

Droit

Law

Bd./Vol. 3635

PETER LANG

Frankfurt am Main · Berlin · Bern · Bruxelles · New York · Oxford · Wien

Hans-Ulrich Lauermann

Gesellschafts- und zivilrechtliche Aspekte börslichen Insiderhandels

PETER LANG
Europäischer Verlag der Wissenschaften

Bibliografische Information Der Deutschen Bibliothek
Die Deutsche Bibliothek verzeichnet diese Publikation in der Deutschen Nationalbibliografie; detaillierte bibliografische Daten sind im Internet über <http://dnb.ddb.de> abrufbar.

D 46
ISSN 0531-7312
ISBN 3-631-50229-X

www.peterlang.de

Meinen Eltern
und
Florence

Vorwort

Die vorliegende Arbeit wurde im Sommersemester 2002 von der Rechtswissenschaftlichen Fakultät der Universität Bremen als Dissertation angenommen.

Es ist mir eine besondere Freude, nun allen danken zu können, die einen Beitrag zum Gelingen der Arbeit geleistet haben. Allen voran möchte ich meinem Doktorvater, Herrn Prof. Dr. Ulrich Ehricke, LL.M, der die Arbeit mit großem Engagement und als Fachmann im Kapitalmarkt- und Gesellschaftsrecht mit kompetentem Rat betreut hat, meinen Dank aussprechen. Den partnerschaftlichen Umgangston, den Herr Prof. Dr. Ehricke im Gespräch mit mir pflegte, habe ich als Ausdruck einer besonders angenehmen Wesensart genossen, die im universitären Betrieb keineswegs selbstverständlich ist. Mein Dank gilt auch Herrn Prof. Dr. Derleder, der das Zweitgutachten sehr zügig angefertigt hat und bis ins Colloqium hinein äußerst interessante Aspekte für eine Weiterführung der in dieser Arbeit zum Teil nur begonnenen Diskussion aufwarf.

Durch konstruktive Kritik und anregende Gespräche machten sich auch meine Rechtsanwaltskollegen Dr. Thomas Lübbig, Marc-Andor Lorenz und Ulrich Paetz sowie Herr Wiss. Ass. Dr. Matthias Rossi verdient.

Meinen Eltern und Florence gilt mein herzlichster Dank dafür, dass sie mir auch während der schwierigeren Phasen der Entstehung dieser Arbeit den Rücken gestärkt haben und mich ermuntert haben, das begonnene Vorhaben zu Ende zu bringen.

Für die tatkräftige Hilfe bei Überwindung der technischen Fallstricke danke ich schließlich - last but not least - Frau Katrin Blisse.

Inhaltsverzeichnis

Literaturverzeichnis

Adams, Michael	**Die Usurpation von Aktionärs-befugnissen mittels Ringverflechtung in der „Deutschland- AG“** Die AG 1994, S. 148 – 158
ders.	**Der Markt für Unternehmens-kontrolle und sein Missbrauch** Die AG 1989, S. 333-338
Alessi, Ricardo	**Insider Dealing in Italy**, in: Hopt/Wymeersch, European Insider Dealing, S. 159 – 173
Anneth, Stefan	**Die Marktwirkung von Insider-tatsachen an Wertpapierbörsen** Wiesbaden 2001
Arbeitskreis Gesell-schaftsrecht	**Verbot des Insiderhandels** Heidelberg 1976
Armbrüster, Christian	**Die treuhänderische Beteiligung an Gesellschaften** Berlin 2001
Arrow, Kenneth J.	**Insurance** Essays in the theory of risk bearing, risk and resource allocation, S. 223 - 238, 2nd print Amsterdam 1974
Assmann, Heinz-Dieter/ Schütze, Rolf	**Handbuch des Kapitalanlagerechts** 2. Auflage München 1997

Assmann, Heinz-Dieter	**Das künftige deutsche Insiderrecht** Die AG 1994, S. 196 – 206 und 237 - 258
ders.	**Das neue deutsche Insiderrecht** ZGR 23 (1994), S. 495 – 529
ders.	**Insiderrecht und Kreditwirtschaft** WM 1996, S. 1337-1356
ders.	**Schadenersatz in mehrfacher Höhe des Schadens** BB 1985, S. 15-25
ders.	**Rechtsanwendungsprobleme des Insiderrechts** Die AG 1997, S. 50-58
ders.	**Kommentar zum Wertpapierhandelsgesetz** 2. Auflage Köln 1999
Ausubel, Lawrence M.	**Insider Trading in a Rational Expectations Economy** 80 Am. Econ. Rev. 1022 (1990)
Bach, Albrecht	**Direkte Wirkungen von EG-Richtlinien** JZ 1990, S. 1108-1116
Bacon, Francis	**The works of Francis Bacon, Baron of Verulam, Lord High Chancellor of England and Viscount of St. Alban** London 1803

Bainbridge, Stephen M. — **The Insider Trading Prohibiton: A Legal and Econcomic Enigma**
38 U. Fla. L. Rev. 35 (1986)

ders. — **Incorporating State Law Prohibitions into Federal Insider Prohibitions**
52 Wash. & Lee. L. Rev. 1189 (1995)

Ball, Ray/
Brown, Philip — **An Empirical Evaluation of Accounting Income Numbers**
6, Journal of Accounting Research, S. 159 – 178

Ballerstedt, Kurt — **Kapital, Gewinn und Ausschüttung bei Kapitalgesellschaften**
Tübingen 1949

Bank-Enzyklopädie — **Bankrecht** – Bd 1
Wiesbaden 1975

Baribeault, Raymond — **Insider Trading: The current Move toward Increasing Civil and Criminal Liability for an Ill-Defined Crime and the Need for a Definition**
14 Vt. L. Rev. 79 (1980)

Baumbach, Adolf/
Hueck, Götz — **Kommentar zum Aktiengesetz**
13. Auflage München 1968

Baumbach,Adolf/
Hopt, Klaus J. — **Kommentar zum Handelsgesetzbuch**
30. Auflage München 2000

Baumbach, Adolf/
Lauterbach, Wolfgang/
Albers, Jan/
Hartmann, Peter — **Kommentar zur Zivilprozessordnung**
59. Auflage München 2001

Bebchuk, Lucian Arye — **The Effect of Insiders' Choice among Risky Projects**
New York 1990

Beck-Dudley, Caryn/ Stephens, Alan — **The Efficient Market Theory and Insider Trading**
27 Am. Bus. L. J. 441 (1988)

Beeson, Jonn R. — **Rounding the Peg to Fit The Hole: A Proposed Regulatory Reform of the Misappropriation Theory**
144 U. Pa. L. Rev. 1077 (1996)

Benner-Heinacher, Jella — **Kollidiert die Auskunftspflicht des Vorstands mit dem Insidergesetz ?**
DB 1995, S. 765-766

Beyer-Fehling, Hermann/ Bock, Alexander — **Börsenreform**
Frankfurt a. M. 1975

Bleckmann, Albert — **Europarecht**
6. Auflage Köln 1997

Boyle, Andrew — **A Theory of Law and Information: Copyright, Spleens, Blackmail and Insider Trading**
80 Cal. L. Rev. 1413 (1992)

Bremer, Heinz — **Rechtsprobleme der Insider-Regeln**
BB 1971, S. 803 - 805

ders. — **Die Börsensachverständigen-kommission**
Berlin 1976

ders. — **Die Insider-Regeln**
Die AG 1971, S. 55 - 56

Broadway, Robin W./ Bruce, Neil — **Welfare Economics**
Oxford-New York 1984, reprinted 1986

Brockhaus/Wahrig — **Deutsches Wörterbuch**, 3. Band
Stuttgart 1984

Brox, Hans — **Handels- und Wertpapierrecht**
15. Auflage München 2001

Brümmerhoff, Dieter — **Finanzwissenschaft**
8. Auflage München 2001

Brudney, Victor — **Insiders, Outsiders and Informational Advantages under the Federal Securities Law**
93 Harv. L. Rev. 323 (1980)

Bruns, Georg — **Wertpapier und Börse**
Berlin 1971

Büschgen, Hans Egon — **Internationales Finanzmanagement**
2. Auflage Frankfurt a.M. 1993

Bungert, Hartwin — **Die Treuepflicht des Minderheitsaktionärs**
DB 1995, S. 1749 - 1756

Buschmeyer, Klaus-Dieter — **Publizität als Korrelat der Haftungsbeschränkung**
Köln 1994

Business Ethics Policies — (Loseblattsammlung)
BCI edition, Chesterland, Ohio 1993

Buth, Andrea/ Hermanns, Michael | **Unternehmenspolitische Erwägungen zum Beirat in der Kommanditgesellschaft und der GmbH** DStR 1996, S. 597-602

Canaris, Claus-Wilhelm | **Bankvertragsrecht** 3. Auflage Berlin-New York 1988

Carlton, Dennis/ Fishel, Daniel | **The Regulation of Insider Trading** 35 Stan. L. Rev. 857 (1983)

Caspari, Karl-Burkhard | **Die geplante Insiderregelung in der Praxis** ZGR 1994, (23) S. 530 - 545

Casper, Matthias | **Insiderverstöße bei Aktienoptionsplänen** WM 1999, S. 363-370

Claassen, Claus-Dieter | **Zur Bedeutung von EWG-Richtlinien für Privatpersonen** EuZW 1993, S. 83 - 87

Clark, Robert | **Corporate Law** New York 1986

ders. | **Agency Costs versus Fiduciary Duties in:** John Pratt/Richard Zeckhauser Principals and Agents Harvard Business School Colloquium 1985

Claussen, Carsten P. | **Das neue Börsenaufsichtsrecht** DB 1994, S. 969 - 974

ders. | **Das neue Insiderrecht** DB 1994, S. 27 - 31

ders. **Neues zur kommenden Insidergesetzgebung**
ZBB 1992, S. 73 - 78 und 267 - 283

Coase, R.H. **The Problem of Social Cost**
3 J. L. Econ. 1 (1960)

Coffee, John **„Does unlawful mean Criminal?" Reflections on the Disappearing Tort/Crime Distinction in American Law**
71 Boston U. L. Rev. 193 (1985)

ders. **Hush ! The Criminal Status of Confidential Information after Mc Nally and Carpenter and the Enduring Problem of Overcriminalization**
26 Am. Crim. L. Rev. 121 (1988)

Coing, Helmut **„Company Insiders and the Public"**
Die AG 1975, S. 120 - 123

Collens, Lewis **Securities Law Developments in Takeovers, Securities Fraud and Insider Trading in The Seventh Circuit**
58 Chicago Kent L. Rev. 509 (1981/82)

Collins **Dictionary of the English Language**
London, Glasgow, 1981

Cox, James **Financial Information, Accounting and the Law: Cases and Materials**
Boston/Toronto, 1980

ders. **Insider Trading and Contracting: A Critical Response to the Chicago School,** Duke L. J. 628 (1986)

Coyne, Thomas | **Federal Rules of Civil Procedure** 2d ed., Deerfield, Illinois, N. Y. N. Y., 1994

Cranston, Ross | **Insider Dealing - Informational Imbalances and Financial Business** in: Hopt/Wymeersch, S. 203 - 217

Davies, P. L. | **The Takeover-Bidder-Exemption and the Policy of Disclosure** in: Hopt/Wymeersch, European Insider Dealing S. 243 - 262

De Mott, Deborah | **Shareholder Derivative Action LAW and PRACTICE** Deerfield, Illinois, N. Y. N. Y. 1993

Degner, Harald | **Börsennovelle und Insiderregelung - Junktim oder nicht?** Die AG 1974, S. 365 - 369

Degner, Harald/ Flöge, Rainer | **Die Arbeitsgemeinschaft der deutschen Wertpapierbörsen** Bonn 1972

Deutsch, Erwin | **Entwicklung und Entwicklungsfunktion der Deliktstatbestände** JZ 1963, 385-391

Dichtl, Erwin/ Issing/Otmar | **Vahlens großes Wirtschaftslexikon** 2. Auflage München 1993

Diekmann, Hans | **Mitteilungspflichten nach § 20 ff. AktG und dem Diskussionsentwurf des Wertpapierhandelsgesetzes** DZWIR 1994, S. 13 - 21

Dietl, Clara-Erika/ Lorenz,Egon — **Dictionary of Legal, Commercial and Political Terms**
Part I English-German
München 1990

Dietrich, Jürgen — **Die Publikums-Kommanditgesellschaft und die gesellschaftsrechtlich geschützten Interessen**
Köln 1988

Di Fabio, Udo — **Richtlinienkonformität als ranghöchstes Normauslegungsprinzip?**
NJW 1990, S. 947-954

Dorpalen, Andreas — **Die Treupflicht des Aktionärs**
ZHR 96, (1936) S. 1 - 32

Fischer, Thomas/ Schwarz, Otto — **Kommentar zum Strafgesetzbuch**
50. Auflage, München, 2001

Ducouloux-Favard,Claude — **Dix ans de Jurisprudence et d´activité de commission des opérations de bourse**
Gazette du Palais, 1984 II, S. 419 - 423

Dunn, Robert — **Recovery of Damages and Fraud**
Kentfield, California, 1988

Easterbrook, Frank H. — **Insider Trading, Secret Agents, Evidentiary Privileges and Production of Information**
11 Sup. Ct. Rev. 309 (1981)

Easterbrook, Frank H./ Fischel, Daniel R. — **The Proper Role of a Target´s Management in Responding to a Tender Offer**
94 Harv. L. Rev. 1161 (1981)

Eberstadt, Gerhard | **Die Aufgaben eines künftigen Bundesaufsichtsamtes für den Wertpapierhandel**
WM 1994, S. 730

ders. | **„Sind Sie mit dem neuen Insiderrecht zufrieden?“**
ZfKW S. 11/889, 1994

Edgerton, Henry | **Legal Cause**
72 U. Pa. L. Rev. 211 (1924)

Eichele, Hans | **Finanzanalysten und Wirtschaftsjournalisten als Primärinsider**
WM 1997, S. 501-509

Eisele, Dieter | **Insiderrecht und Compliance**
WM 1993, S. 1021

Ekkenga, Jens | **Die Ad-hoc-Publizität im System der Marktordnungen**
ZGR 28 (1999), S. 165-199

Engisch, Karl | **Einführung in das juristische Denken**
Berlin 1968

Erman, Walter | **Kommentar zum Bürgerlichen Gesetzbuch**
9. Auflage Münster 1993

Ernst, Gernot | **Börsianer künftig Insider?**
WM 1990, S. 461 - 461

Ettinger, Jochen | **Stock-Options**
München 1999

Everling, Oliver
Ratingagenturen weltweit
Die Bank 1991, S. 151-156

Falkenhagen, Klaus
Aktuelle Fragen zu den neuen Mitteilungs- und Veröffentlichungspflichten nach Abschnitt 4 und 7 des Wertpapierhandelsgesetzes
WM 1995, S. 1005 - 1009

Fama, Eugene
Efficient Capital Markets: A Review of Theory and Empirical Work
25 J. Fin. 383 (1970)

Fillmann, Andreas
Treuepflichten der Aktionäre
Frankfurt a. M., 1992

Finnel, Andrew
US v. Carpenter: Second Circuit Overextends the Misappropriation Theory of Criminal Liability under Rule 10b-5
12 Del. J. Corp. L. 605 (1987)

Fisch, Samuel
Start making Sense: An Analysis and Proposal of Insider Trading Regulation
26 Ga. L. Rev. 179 (1991)

Flachmann, Klaus
Insider Information und Börsenreform
ZfK 1970, S. 593 - 596 und 650 - 654

Fletcher, Edward
Materials on the Law of Insider Trading
Durham, North Carolina 1991

Frankel, Tamar
Fiduciary Law
71 Cal. L. Rev. 795 (1983)

Franklin, Marc/ Rabin,Robert — **Tort Law and Alternatives, Cases and Materials** 5th ed. New York 1992

Fuchs, Andreas — **Aktienoptionen für Führungskräfte** DB 1997, S. 661-668

Georgakopoulos, Nicholas L. — **Insider Trading as a Transactional Cost: Market Microstructure Justification and Optimizaition of Insider Trading Regulations** 26 Conn. L. Rev. 1 (1993)

Gilson, Ronald/ Kraakman, Reinier H. — **The Mechanisms of Market Efficiency** 70 Va. L. Rev. 549 (1984)

Givoly, Dan/ Palmon, Dan — **Insider Trading and the Exploitation of Inside Information: Some Empirical Evidence** 58 J. Bus. 69 (1985)

Godin,Freiherr von/ Wilhelmi, Hans — **Kommentar zum AktG** Berlin 1971

Gottwald, Peter — **Kausalität und Zurechnung** Karlsruher Forum 1988

Graber, Kathleen/ Nolan, Maura/ Sams, Katie — **Securities Fraud** 30 Am. Crim. L. Rev. 909 (1992)

v.d.Groeben, Hans/ Thiesing, Jochen u.a. — **Kommentar zum EWG-Vertrag** 5. Auflage Baden-Baden 1999

Großfeld, Bernhard/ Weber, Klaus-Peter	**Genossenschaftswesen und Insider-Handeln** Die AG 1993, S. 201 - 203
Großfeld, Bernhard	**Aktiengesellschaft und Klein-aktionär, Unternehmenskonzen-tration** Tübingen 1968
ders.	**Die Privatstrafe** Frankfurt 1961
Habersack, Matthias	**Die Mitgliedschaft - subjektives und sonstiges Recht** Tübingen 1996
Holmström, Bengt	**Moral Hazard and Observability** 10 The Bell Journal of Economics, S. 74-91 (1979)
Hopt, Klaus-J., Wiede-mann, Herbert u.a.	**Großkommentar zum Aktiengesetz** 4. Auflage Berlin 2001
Staub, Hermann	**Großkommentar zum Handels-gesetzbuch** 4. Auflage Berlin 1983
Grunewald, Barbara	**Neue Regeln zum Insiderhandel** ZBB 1990, S. 128 - 133
Gruson, Michael/ Wiegmann, William	**Die Ad-hoc-Publizitätspflicht nach amerikanischem Recht und die Aus-legung von § 15 WpHG** Die AG 1995, S. 173 - 181
Haas, Manfred	**Fachbegriffe der Geldwirtschaft** Stuttgart 1982

Hahn, Dieter	**Die feindliche Übernahme von Aktiengesellschaften** München 1992
Häsemeyer, Ludwig	**Obstruktion gegen Sanierungen und gesellschaftsrechtliche Treupflichten** ZHR 160, (1996) S. 109-132
Haft, Robert J.	**The Effect of Insider Trading Rules on the Internal Efficiency of the Large Corporation** 80 Mich. L. Rev. 1051 (1982)
Hailbronner, Kay u. a.	**Handkommentar zum EU-Vertrag** Berlin (Loseblattkommentar), 5. Auflage 1997-1999
Happ, Wilhelm	**Zum Regierungsentwurf eines Wertpapierhandelsgesetzes** JZ 1994, S. 240 - 246
Harrer, Herbert	**Mitarbeiterbeteiligungen und Stock-Option-Pläne** München 2000
Hartmann, Jörg	**Juristische und ökonomische Regelungsprobleme des Insiderhandels** Eine rechtsvergleichende Darstellung USA-Deutschland Saarbrücken 1999
Hasslinger, Nikolaus	**Zivilrechtliche Ansprüche gegen Insider** Frankfurt a. M. 1978

Hauschka, Cristoph/ Harm, Christian — **Argumente zur Reformbedürftigkeit des deutschen Insiderrechts**
BB 1988, S. 1189 - 1196

Hay, Peter — **US-Amerikanisches Recht**
München 2000

Hefermehl, Wolfgang — **Umfang und Grenzen des Auskunfts-rechts des Aktionärs in der Haupt-versammlung**
Festschrift Duden, S. 109 - 137 (1977)

Heinsius, Theodor — **Kommentar zum Depotgesetz**
Berlin 1975

Heller, Harry — **Chiarella, S.E.C. Rule 14e-3 and Dirks: Fairness versus Economic Thoery**
37 Bus. Law 517 (1982)

Henn, Harry Alexander, John — **Law of Corporations**
St. Paul, Minnesota, 1983

Hennerkes, Brun-H./ May-Peter — **Als GmbH und KG an die Börse**
DB 1989, S. 1709 - 1814

Henze, Hartwig — **Zur Treupflicht unter Aktionären**
Festschrift Kellermann, S. 141 - 152, ZGR Sonderheft 10 (1991)

Hirsch, Hans-Joachim — **Zur Abgrenzung von Straf- und Zi-vilrecht**
FS Karl Engisch, S. 304 - 327 (1969)

Hirshey, Mark/ Zaima, Janis | **Insider Trading, Ownership Structure and the Market-Assessment of Corporate Sell-Offs** 80 J. Fin. 971 (1989)

Hoeren, Thomas | **Selbstregulierung und Insiderrecht** Die Mitteilung des Centralverbandes des deutschen Bank- und Bankiergewerbes vom 12. 10. 1908 ZBB 1993, S. 112 - 114

Hommelhoff, Peter | **Die Konzernleitungspflicht** Köln 1982

Holschbach, Ulrich | **Haftungsprobleme im Bereich der Insider-Wertpapiergeschäfte** NJW 1973, S. 2006 - 2009

Honeck, Gerhard | **Anlegerschutz und grauer Kapitalmarkt** ZfKW 1994, S. 690 - 693

Hopt, Klaus-J. | **Ökonomische Theorie und Insiderrecht** Die AG 1995, S. 353 - 362

ders. | **Stellungnahme für den Finanzausschuss des deutschen Bundestages** WM 1994, S. 29 - 33

ders./ Will, Michael | **Europäisches Insiderrecht** München 1973

ders./Wymeersch, Eddy | **European Insider Dealing** London 1991

ders. **Inside Information and Conflicts of Interests of Banks and Other Financial Intermediaries in European Law** in:
Hopt/Wymeersch, European Insider Dealing, S. 219 - 242

ders. **The European Insider Dealing Directive**
in: Hopt/Wymeersch, European Insider Dealing, S. 129 - 149

ders. **„The German Insider Trading Guidelines - Spring-Gun or Scarecrow?"**
Journal of Comparative Business and Capital Market Law 1986, S. 381 - 400

ders. **Europäisches und deutsches Insiderrecht**
ZGR 20 (1991), S. 17 - 73

ders. **Grundsatz und Praxisprobleme nach dem Wertpapierhandelsgesetz**
ZHR 159 (1995), S. 135 - 163

ders. **Kapitalanlegerschutz im Recht der Banken**
München 1975

ders. **Insiderwissen und Interessenkonflikte im europäischen und deutschen Bankrecht** in :
FS für Theodor Heinsius, S. 289-322 (1991)

ders.	**Ökonomische Analyse und Insiderrecht,** Die AG 1995, 353 - 358
ders.	**Vom Aktien- und Börsen- zum Kapitalmarktrecht** ZHR 140 (1976), S. 201-235 und ZHR 141 (1977), S. 389-441
Horn, Norbert	**Wertpapiergeschäfte von Innenseitern als Regelungsproblem** ZHR 136 (1972), S. 369 - 396
Hueck, Alfred	**Der Treuegedanke im modernen Privatrecht** München 1946
Hueck, Goetz	**Gesellschaftsrecht** 19. Auflage München 1991
Hüffer, Uwe	**Kommentar zum Aktiengesetz** 4. Auflage München 1999
ders.	**Zur gesellschaftsrechtlichen Treupflicht als richterlicher Generalklausel** FS Steindorff, S. 59 - 78 (1990)
Immenga, Ulrich	**Aktiengesellschaft, Aktionärsinteressen und Institutionelle Anleger** Tübingen 1971
Immenga, Frank A.	**Das neue Insiderrecht im Wertpapierhandelsgesetz** ZBB 1995, S. 197 - 206
Ipsen, Hans-Peter	**Richtlinien - Ergebnisse** FS Carl Ophüls, S. 67 - 84 (1965)

Jenckel, Johann Hinrich — **Das Insiderproblem im Schnittpunkt von Gesellschafts- und Kapitalmarktrecht in materiell- und kollisionsrechtlicher Sicht**
Frankfurt a. M., 1980

Jensen, Michael C./Meckling, William H. — **Theory of the Firm: Managerial Behavior, Agency Costs and Ownership Structure**
3 J. Fin. Econ. 305 (1976)

Jescheck, Hans-Heinrich Weigend, Thomas — **Lehrbuch des Strafrechts**
Allgemeiner Teil
5. Auflage Berlin 1996

Jilg, Thomas — **Die Treuepflicht des Aktionärs**
München 2000

Joussen, Peter — **Auskunftspflicht des Vorstandes nach § 131 AktG und Insiderrecht**
DB 1994, S. 2485 - 2489

Kaiser, Andreas — **Die Sanktionierung von Insiderverstößen und das Problem der Kursmanipulation** WM 1997, S. 1557-1600

Kallmeyer, Harald — **Das neue Insiderrecht: Ist die Eignung zur Kursbeeinflussung justitiabel?**
ZfKW 1994, S. I

Karmel, Peter	**The Relationship between Mandatory Disclosure and Prohibitions against Insider Trading: Why a Property Rights Theory of Inside Information is Untenable** 59 Brook. L. Rev. 149 (1993)
King, Mervyn/ Roell, Ailsa	**Insider Trading**; in: 6 Economic Policy 163 (1988)
Kirchner, Christian	**Zur zentralen Rolle der zivilrechtlichen Sanktionen im Recht des Insiderhandels** in: FS Kitagawa, S. 655 - 682 (1992)
Kitch, Edmund W.	**The Law and Economics of Rights in Valuable Information** 9 J. Legal Stud. 683, (1980)
Kleinheyer, Gerd	**Rechtsgutsverwendung und Bereicherungsausgleich** JZ 1970, S. 471-477
Klock, Mark	**Mainstream Economics and the Case for Prohibiting Insider Trading** 10 Ga. ST. U. L. Rev. 297 (1994)
Knauth, Alfons	**Kapitalanlagebetrug und Börsendelikte im 2. Gesetz zur Bekämpfung der Wirtschaftskriminalität** NJW 1987, S. 28-33
Knebel, Hans-Werner	**Europäischer Finanzbinnenmarkt: Auf dem Weg in ein neues Finanzzeitalter** EuZW 1992, S. 149 - 152

Knesebeck, v.d., Ruth | **Die Umsetzung der EG-Richtlinie in nationales Recht und in der Bankpraxis Deutschlands,** Innsbruck 1999

Knobbe-Keuk, Brigitte | **Bilanz- und Unternehmenssteuerrecht** 9. Auflage Köln 1993

dieselbe | **Das Klagerecht des Gesellschafters einer Kapitalgesellschaft wegen gesetz- und satzungswidriger Maßnahmen der Geschäftsleitung** FS Ballerstedt, S. 239 - 255 (1975)

Knoll, Heinz-Christian | **Die Übernahme von Kapitalgesellschaften** Baden-Baden, 1992

Kohler, Klaus | **Inside Information in Mergers and Acquisitions including Leveraged Buyouts - a German Viewpoint** in: Hopt/Wymeersch, European Insider Dealing, S. 263-271

Kort, Michael | **Zur Treupflicht des Aktionärs** ZIP 1990, S. 294-297

Kraakman, Reinier | **The legal Theory of Insider Trading Regulation in the United States** in: Hopt/Wymeersch, European Insider Trading, S. 39 - 55

Kramarsch, Michael | **Aktienbasierte Managementvergütung** Stuttgart 2000

Krauel, Wolfgang | **Insiderhandel**
Eine ökonomisch-theoretisch und rechtsvergleichende Untersuchung
Baden-Baden 2000

Krause, Hartmut | **Der revidierte Vorschlag einer Take-over- Richtlinie**
Die AG 1996, S. 209-217

Kübler, Friedrich | **Gesellschaftsrecht**
5. Auflage Frankfurt 1999

ders. | **Transparenz am Kapitalmarkt**
Die AG 1977, S. 85 - 92

ders. | **Unternehmensstruktur und Kapitalmarktfunktion - Überlegungen zur Krise der Aktiengesellschaft**
Die AG 1981, S. 5 - 13

Kümpel, Siegfried | **Bank- und Kapitalmarktrecht**
2. Auflage Köln 2000

ders. | **Die künftige Kapitalmarktaufsicht und die europäische Rechtsangleichung**
WM 1994, S. 229 – 233

ders. | **Die neuen Sonderbedingungen für Wertpapiergeschäfte**
WM 1995, S. 137 - 147

ders. | **Die Organleihe im Rahmen der neuen Kapitalmarktaufsicht**
WM 1994, Festgabe für Thorwald Hellner, S. 35 - 40

ders. | **Zum Begriff der Insidertatsache** WM 1994, S. 2137 - 2143

ders. | **Insiderrecht und Ad-hoc-Publizität aus Bankensicht** WM 1996, S. 653-662

Lahmann, Kai | **Insiderhandel - Ökonomische Analyse eines ordnungspolitischen Dilemmas** Berlin 1994

Lange, Barbara | **Neue Entwicklungen im US-amerikanischen Insiderrecht-Supreme Court bestätigt missappropriation theory** WM 1998, S. 525-535

dies. | **Buchbesprechung zu Siebold, Das neue Insiderrecht,** ZHR 159 (1995), S. 625-629

Lange, Hermann | **Handbuch des Schuldrechts – Schadenersatz** 2. Auflage Tübingen 1990

Langevoort, Donald | **Insider Trading: Regulation, Enforcement and Prevention** Deerfield, Illinois, New York, 1996

ders. | **Investment Analysis and the Law of Insider Trading** 76 Va. L. Rev. 1023 (1990)

ders. | **Fraud and Insider Trading in American Securites Regulation: Ist Scope and Philosophy in a Global Marketplace**
16 Hastings Int'l & Comp. L. Rev. 175 (1993)

ders. | **Insider Trading and the Fiduciary Principle: A Post-Chiarella-Statement**
70 California Law Review, 1 ()

Larenz, Karl | **Methodenlehre**
6. Auflage, Berlin 1991

Law Dictionary
Berlin/New York 1986

Le Roy, Stephen | **Efficient Capital Markets and Martingales**
27 J. Econ. Literature 1583 (1989)

Levmore, Saul | **Securities and Secrets: Insider Trading an the Law of Contracts**
68 Va. L. Rev. 1176 (1982)

Liebich, Dieter/ Mathews, Kurt | **Treuhand und Treuhänder in Recht und Wirtschaft**
Berlin 1983

Lippe, Gerhard | **Das Wissen für Bankkaufleute**
7. Auflage Wiesbaden 1994

Lockhart, William/ Kamisar, Yale/ Choper, Jesse/ Shiffrin, Steven | **The American Constitution**
7th ed., St. Paul, Minnesota 1991

Lotz, Christine | **Die insiderrechtliche Beurteilung von Aktienoptionsplänen** München 2001

Lutter, Marcus | **Das neue Gesetz für kleine Aktiengesellschaften und zur Deregulierung des Aktienrechts** Die AG 1994, S. 429 - 447

ders. | **Die Auslegung angeglichenen Rechts** JZ 1992, S. 593-607

ders. | **Die Treuepflicht des Aktionärs** ZHR 153 (1989), S. 446-471

ders. | **Theorie der Mitgliedschaft** AcP 180, S. 84 - 159

Manne, Henry G. | **Insider-Trading and the Law Professors** 23 Vand. L. Rev. 547 (1970)

ders. | **In Defense of Insider Trading** 44 Harvard L. Rev. 113 (1966)

ders. | **Insider Trading and Property Rights in New Information** 4 Cato L. J. 933 (1985)

ders. | **Insider Trading and the Stock Market** New York/London 1966

Manove, Michael | **The Harm from Insider Trading and Informed Speculation** Q. J. Econ. 823 (1989)

Marsch-Barner, Reinhard — **Treupflicht und Sanierung**
ZIP 1996, S. 853-858

Martens, Klaus-Peter — **Leitfaden für die Leitung der Hauptversammlung einer Aktiengesellschaft**
Köln 1992

Maurer, Hartmut — **Allgemeines Verwaltungsrecht**
13. Auflage München 2000

Maulbetsch, Hans-Christoph — **Treuhand in der Publikumspersonengesellschaft**
Bonn 1984

Mendelson, Morris — **The Economics Board of Insider Trading Reconsidered**
117 U. Pa. L. Rev 470 (1969)

Mennicke, Petra — **Sanktionen gegen Insiderhandel**
Berlin 1997

Merkt, Hanno — **US-amerikanisches Gesellschaftsrecht**
Heidelberg 1991

Mertens, Hans Joachim — **Insiderproblem und Rechtspolitik**
ZHR 138 (1974), S. 269 - 277

Mestmäcker, Ernst-Joachim — **Verwaltung, Konzerngewalt und Rechte der Aktionäre**
Karlsruhe 1958

Meyer-Landrut, Joachim — **Kommentar zum GmbHG**
Berlin 1987

Michel, Frank	**Die Kommanditanteilsübertragung auf einen Dritten** Göttingen, 1991
Morgan, Jonathan	**Insider Trading and the Infringement of Property Rights, 48 Ohio St L. J. 79 (1987)**
Münchner Handbuch zum Gesellschaftsrecht	Herausgegeben von Michael Hoffmann-Becking, Bd. 4, Aktienrecht, 2. Auflage München 1999,
New York Institute of Finance	**Stocks, Bonds, Options, Futures, Investments and their Markets** New York 1987
Nordemann, Wilhelm	**Kommentar zum Urhebergesetz** 8. Auflage Berlin 1994
Note	**Fiduciary Duties of Majority or Controlling Stock Holders** 44 Iowa L. Rev. 734 (1958/59)
Note	**The Measure of Damages in „Rule 10 b-5" Cases Involving Actively Traded Securities** (Philip Leas) 26 Stan. L. Rev. 371 (1974)
Note	**Insider Trading in Junk Bonds** 105 Harv. L. Rev. 1720 (1994)
Oldekop, Dieter	**Die Richtlinien der Europäischen Wirtschaftsgemeinschaft** JöR 1972, S. 55 – 106

O'Neal, F. H./ Thompson, Robert — **Oppression of Minority Shareholders**
Deerfield, Illinois, N. Y., N. Y., 1994

O'Kelley, Charles/ Thompson, Robert — **Corporations and other Business Associations**
Boston, Massachusetts, 1992

Oppermann, Thomas — **Europarecht**
2. Auflage München 1999

Ott, Claus/ Schäfer, Hans-Bernd — **Ökonomische Auswirkungen der EG- Insider- Regulierung in Deutschland**
ZBB 1991, S. 226 - 238

Paefgen, Christian — **Insiderhandel im Spannungsverhältnis zwischen gemeinschaftsrechtlicher Integration und nationalstaatlicher Regulation - e pluribus unum**
Die AG 1991, S. 380-396

Painter, William — **Inside Information: Growing Pains for the Development of Federal Corporation Law under Rule 10 b-5**
65 Col. L. Rev. 1361 (1965)

Palandt, Otto/Bassenge, Peter — **Kommentar zum Bürgerlichen Gesetzbuch**
60. Auflage München 2001

Pananis, Panos — **Insidertatsache und Primärinside**
Berlin 1998

Pellens, Berhnhard	**Ad-hoc-Publizitätspflicht des Managements börsennotierter Unternehmen nach § 44a BörsG** Die AG 1991, S. 62 - 69
Peltzer, Martin	**Die neue Insiderregelung im Entwurf des Zweiten Finanzmarktförderungsgesetzes** ZIP 1994, S. 746 - 752
Pfister, Bernhard	**Stand der Insiderdiskussion** ZGR 10 (1981), S. 319 - 347
Pflugradt, Michael	**Leistungsklagen zur Erzwingung rechtmäßigen Vorstandsverhaltens in der Aktiengesellschaft** München 1990
Pitt, Harvey/ Groskaufmanis, Karl	**Insider Trading and Junk Bonds - Rule 10b-5s Latest Frontier** 205 New York Law Journal, 16. März 1991, S. 1, 4 und 6
Podlinski, Wilfried	**Insider - deutsch und europäisch** Die Bank 1981, S. 382 - 386
Prosser, William/ Keeton, Robert	**The Law of Torts** 5th ed., St. Paul, Minnesota, 1988
Raiser, Thomas	**Das Recht der Gesellschafterklagen** ZHR (153) 1989, S. 1 - 34
ders.	**Recht der Kapitalgesellschaften** 3. Auflage München 2001
Ratner, David/ Hazen, Thomas	**Securities Regulation** St. Paul, Minnesota, 4th ed. 1991

Rauscher, Regina — **Das Bundesaufsichtsamt für den Wertpapierhandel und seine Kompetenzen bei der Verfolgung von Insiderstraftaten,** Frankfurt a. M., 1999

Richter, Martin — **Die Sicherung der aktienrechtlichen Publizität durch ein Aktienamt**
Bonn, München 1976

Rider Barry A. K. — **Policing Insider Dealing in Britain**
in Hopt/Wymeersch, S. 313 - 330

Rohwedder, Heinz — **Kommentar zum GmbHG**
3. Auflage München 1997

v. Rosen, Rüdiger — **Insider-Regeln - Gegenwart und Zukunft**
ZfK 1989, S. 658 - 664

Ross, Stephen A. — **The economic Theory of Agency: The Principal's Problem**
63 Am. Econ. Rev. 134 (1973)

Roth, Günther — **Das Treuhandmodell des Investmentrechts**
Würzburg 1972

Roth, Markus — **Unternehmerisches Ermessen und Haftung des Vorstands**
München 2001

Rümker, Dietrich — **Zur Auslegung der Insiderhandels-Richtlinien**
BB 1972, S. 1208 - 1211

Ruter, Rudolf/ Thümmel, Roderich — **Beiräte in mittelständischen Unternehmen**
Stuttgart 1995

Samm, Carl-Theodor — **Börsenrecht**
Stuttgart 1978

Schander, Albert A. — **Die Ad-hoc-Publizität im Rahmen von Übernahmevorhaben**
DB 1997, S. 2109-2112

Scharpf, Fritz-Wilhelm — **Die Politikverflechtungsfalle: Europäische Integration und deutscher Föderalismus im Vergleich**
PVS 1985, S. 323 -356

Schick, Werner — **Anmerkung zu LG Düsseldorf (Girmes)**
ZIP 1991, S. 938 - 940

Schmidt, Hartmut — **Börsenorganisation zum Schutz der Anleger**
Tübingen 1970

ders. — **Insider-Regulation and Economic Theory**
in: Hopt/Wymeersch, European Insider Dealing, S. 21 - 38

Schmidt, Karsten — **Gesellschaftsrecht**
3. Auflage 1997 Köln, Berlin, Bonn, München

Schmidt, Reinhart/ Wulff, Sönke — **Zur Entdeckung von Insideraktivitäten am deutschen Aktienmarkt**
ZBB 1993, S. 57 - 67

Schneider, Dieter
Wider Insiderhandelsverbot und die Informationseffizienz des Kapitalmarktes
DB 1993, S. 1429 - 1435

Schneider, Uwe H./ Burgard, Ulrich
Scalping als Insiderstraftat
ZIP 1999, S. 381-390

Schneider, Uwe.H/ Singhoff, Bernd
Die Weitergabe von Insidertatsachen in der konzernfreien Aktiengesellschaft, insbesondere im Rahmen der Hauptversammlung und an einzelne Aktionäre
Festschrift Kraft, S. 585-602 (1998)

Schödermeier, Martin/ Wallach,Edgar
Die Insiderrichtlinie der Europäischen Gemeinschaft
EuZW 1990, S. 122 - 126

Schöne, Torsten
Haftung des Aktionärs-Vertreters für pflichtwidrige Stimmrechtsausübung
WM 1992, S. 209 - 214

Schörner, Peter
Gesetzliches Insiderhandelsverbot
Bochum 1990

Scholz, Franz
Kommentar zum GmbHG
9. Auflage Köln 2000

Schotland, Roy
Unsafe at any Price: A Reply to Manne, Insider Trading and the Stock Market
53 Virginia Law Review 1425 (1967)

Schricker, Gerhard
Kommentar zum Urhebergesetz
München 1987

Schulz, Fritz	**System der Rechte aus dem Eingriffserwerb** AcP 105, S. 1 - 485
Schumpeter, Joseph A.	**Unternehmer** in : Handbuch der Staatswissenschaft, S. 476-487 Bd. 8, 4. Auflage Jena 1928
Schwark, Eberhard	**Kommentar zum Börsengesetz** München 1976
ders.	**Kommentar zum Börsengesetz** 2. Auflage München 1994
ders.	**Insidergeschäfte auf dem Wertpapiermarkt** DB 1971, S. 1605 - 1609
Schwarze, Hans-Joachim	**Die Orderlage im Skonto eines Börsenmaklers als Insidertatsache** WM 1997, S. 1564-1565
Schweitzer, Michael/ Hummer, Waldemar	**Europarecht** 4. Auflage Innsbruck - Passau 1996
Scott, Kenneth E.	**Insider Trading, Rule 10 b-5, Disclosure and Corporate Privacy** 9 J. Leg. Stud. 801 (1980)
Selb, Walter	**Schadensbegriff und Regressmethoden** Heidelberg 1963

Seeger, Heiko	**Insiderhandel am deutschen Aktienmarkt** Eine empirische Untersuchung von Existenz und Erkennbarkeit Frankfurt 1998
Semler, Johannes	**Die Überwachungsaufgabe des Aufsichtsrats** Köln 1981
Seyhun, H. Nejat	**Insiders´ Profits, Costs of Trading and Market Efficiency** 16 J. Fin. Econ. 189 (1986)
Siebold, Hans-Christoph	**Das neue Insiderrecht** Frankfurt 1995
Soderquist, Larry/ Sommer, A. A. Jr.	**Corporations: Cases, Materials, Problems** 3d ed. Charlottesvill, Virginia, 1991
Soergel, Hans-Thomas	**Kommentar zum Bürgerlichen Gesetzbuch** 12. Auflage Köln 1998
Sontag, Sherry	**Skirmishing escalates between Drexel, S. E. C.** The National Law Journal 17/10/1988, S. 3
Speiser, Stuart/ Krause, Charles/ Gans, Alfred	**The American Law of Torts** Vol. 1; Rochester, N. Y., 1983
Staudinger, J. von	**Kommentar zum Bürgerlichen Gesetzbuch** 13. Auflage Berlin 1994

Steinhauer, Carsten — **Insiderhandelsverbot und Ad-hoc-Publizität**
Eine rechtsvergleichende Analyse zivilrechtlicher Haftungsansprüche in den USA und Deutschland
Hamburg 1999

Stelzig, Peter — **Zur Treupflicht des Aktionärs**
Münster 2000

Stevens, Robert/ Larson, Arthur — **Cases and Materials on the Law of Corporations**
St. Paul, Minnesota, 2d ed. 1955

Stiglitz, Joseph/ Schönfelder, Bruno — **Finanzwissenschaften**
2. Auflage München 1989

Stoll, Hans — **Begriff und Grenzen des Vermögensschadens**
Karlsruhe 1973

v. Stebut, Dietrich — **Geheimnisschutz und Verschwiegenheitspflicht im Aktienrecht**
München 1973

ders. — **Gesetzliche Vorschriften gegen den Missbrauch von Insiderinformationen**
DB 1974, S. 613 - 619

Stewart, James B. — **Den of Thieves**
N.Y. N.Y. 1992

Süßmann, Rainer — **Insiderhandel-Erfahrungen aus der Sicht des Bundesaufsichtsamtes für den Wertpapierhandel**
Die AG 1997, S. 63-65

ders.	**Die befugte Weitergabe von Insidertatsachen** Die AG 1997, S. 162-173
Swoboda, Peter	**Kapitalmarkt und Unternehmensfinanzierung** in: Kapitalmarkt und Finanzierung, von D. Schneider, Veröffentl. des Vereins für Sozialpolitik, Berlin 1987, S. 49 - 68
Teply, Larry/ Whitten, Ralph	**Civil Procedure** Littletown, Colorado, 1991
Timm, Wolfram	**Hauptversammlungskompetenzen und Aktionärsrechte in der Konzernspitze** Die AG 1980, S. 172 - 185
ders.	**Treupflichten im Aktienrecht** WM 1991, S. 481 - 494
ders.	**Urteilsanmerkung zu „Linotype“** NJW 1988, S. 1582-1583
ders.	**Wettbewerbsverbot und „Geschäftschancen“ - Lehre im Recht der GmbH** GmbH-Rundschau 1981, S. 177 - 184
Tippach, Stefan	**Marktdaten im künftigen Insiderrecht?** WM 1993, S. 1269 - 1274
ders.	**Das Insiderhandelsverbot und die besonderen Rechtspflichten der Banken** Köln 1995

Ulmer, Peter — **Rechtspolitische Probleme des Insiderhandels**
JZ 1975, S. 625 - 628

Ulsenheimer, Klaus — **Zur Strafbarkeit des Missbrauchs von Insider- Informationen**
NJW 1975, S. 1999 - 2005

Varian, Hal — **Grundzüge der Mikroökonomik**
5. Auflage München 2001

Vogel, Marcus — **Die Aufgabe des Beirats im Familienunternehmen unter Berücksichtigung rechtlicher Aspekte**
Köln, Bergisch Gladbach 1990

Volk, Klaus — **Scalping strafbar?**
ZIP 1999, S. 787-789

Voss, Jürgen — **Das US-Amerikanische Insiderkonzept**
Köln 1984

Walther, Gottfried — **Erfahrungen mit den Insider-Regeln**
FS für Winfried Werner, S. 933 - 954 (1984)

Wang, William — **The Contemporaneous Trader who can sue an Insider Trader**
38 Hastings L. J. 1175 (1986/87)

Waser, Heinz — **Die Insiderregelung in der Bundesrepublik Deutschland - ein Rezeptionsmodell für die Schweiz?**
Zürich 1981

Weber, Ralph — **Entwicklung und Ausdehnung des § 242 BGB zum „Königlichen Paragraphen“**
JuS 1992, S. 631 – 636

Weber, Ulf-Andreas — **Das neue deutsche Insiderrecht**
BB 1995, S. 157 – 166

Weber, Klaus-Peter — **Insiderrecht und Kapitalmarktschutz Haftungstheorien im US-amerikanischen, europäischen und deutschen Recht**
Berlin 1999

Weber, Martin — **Vormitgliedschaftliche Treubindungen, Begründung, reichweite und Vorauswirkung gesellschaftsrechtlicher Treupflichten**
München 1999

Weber, Wolfgang — **Insider-Handel, Informationsproduktion und Kapitalmarkt**
Eine institutionenökonomische Analyse
Wiesbaden 1994

Weinstein, Jack — **Revision of Procedure: some Problems in Class Actions**
9 Buffalo L. Rev. 433 (1980)

Weisser, Johannes — **Gesellschafterliche Treupflicht bei Wahrnehmung von Geschäftschancen der Gesellschaft durch de facto geschäftsführenden Gesellschafter**
DB 1989, S. 2010 - 2012

Weißgerber, Thomas | **Neue Informationskultur durch das Zweite Finanzmarktförderungsgesetz**
WM 1995, S. 19

Wessels, Johannes Beulke, Werner | **Strafrecht**
Allgemeiner Teil
30. Auflage Heidelberg 2000

Wiedemann, Herbert | **Die Bedeutung der ITT- Entscheidung**
JZ 1976, S. 392 – 393

ders. | **Gesellschaftsrecht**
5. Auflage München 1988

ders. | **Urteilsanmerkung zu „Linotype“**
JZ 1989, S. 447-450

ders. | **Grundfragen der Unternehmensverfassung**
ZGR 4 (1975), S. 385 - 432

Will, Michael | **Anlegerschutz durch Insiderhandels-Richtlinien?**
NJW 1973, S. 645 - 648

Wolf, Herbert | **Wertpapiermärkte und Universalbank**
ZfKW 1994, S. 992 - 997

Wolfe, Arthur/ Naffziger, Frederick | **The Law of American Business Organizations: An Environmental Approach**
New York 1984

Woodmansee, Martha | **The Genius and the Copyright, Economic and Legal Conditions of the Emergence of the Author**
New York 1994

Wright, Charles | **Handbook of the Law of Federal Courts**
West, St. Paul, Minnesota, 3d ed. 1976

Würdinger, Hans | **Aktien- und Konzernrecht**
3. Auflage Karlsruhe 1973

Wüsthoff, Andreas | **Das Auskunftsrecht des Aktionärs nach § 131 AktG zwischen Insiderhandelsverbot und Ad-hoc-Publizität nach dem WpHG**
Aachen 2000

Wychodil, Heyko | **Die haftungsrechtliche Problematik der „Insiderinformation" im Rahmen der Effektenberatung durch Banken und Kreditinstitute**
Hamburg 1996

Zahn, Johannes | **Probleme und Reform der deutschen Börsen: Rechtliche und kapitalmarktmäßige Betrachtungen**
Die AG 1975, S. 169 - 173

Zey, Mary | **Banking on Fraud: Drexel, Junk Bonds and Buyouts**
New York 1993

Zimmer, Lutz | **Die Ausgabe von Optionsrechten an Mitglieder des Aufsichtsrates und externe Berater**
DB 1999, S. 999-1011

Zöllner, Wolfgang | **Die Schranken mitgliedschaftlicher Stimmrechtsmacht** Berlin 1963

ders. | **Wertpapierrecht** 15. Auflage München 2001

Zuleeg, Manfred | **Die Rechtswirkung europäischer Richtlinien** ZGR 9 (1980), S. 466-485

Zurita, Jaime | **The Spanish System of Insider Trading Regulation** in: Hopt/Wymeersch, European Insider Dealing, S. 185 - 199

Abkürzungsverzeichnis

a. A.	andere Ansicht
a. a. O.	am angegebenen Ort
ABA	American Bar Association
ABl	Amtsblatt
ABLEG	Amtsblatt der EG
Abs.	Absatz
A.C.	Appeal Cases
AcP	Archiv für die civilistische Praxis (1. 1818-149, 1944, 150.1948/49 ff.)
ADHGB	Allgemeines Deutsches Handelsgesetzbuch v. 31.5. 16.4.1871 (RGBl. S. 63)
aff'd	affirmed
AG	Aktiengesellschaft
AG	Die Aktiengesellschaft. Zeitschrift für das gesamte Aktienwesen (1. 1956 ff.)
AktG	Aktiengesetz
Ala. L. Rev.	Alabama Law Review
Alb. L. Rev.	Albany Law Review

ALI	American Law Institute
A. L. R.	American Law Reports Annotated (1. 1919-175. 1948; N. F. (2nd Series):1. 1948 ff.)
Alt.	Alternative
Am. Bus. L. J..	American Business Law Journal
Am. Crim. L. Rev.	American Criminal Law Review
Am. Econ. Rev.	American Economic Review
Am. J. Comp. L.	The American Journal of Comparative Law (1. 1952 ff.)
Anm.	Anmerkung
Art.	Artikel
Aufl.	Auflage
BAG	Bundesarbeitsgericht
BANZ.	Bundesanzeiger
BAWe	Bundesaufsichtsamt für den Wertpapierhandel
BayObLG	Bayerisches Oberstes Landesgericht
BB	Der Betriebs-Berater
B. C. L. Rev.	Boston College Law Review
Bd.	Band

BetrVG	Betriebsverfassungsgesetz v. 15.1.1972 (BGBl. I S. 13); bzw. v. 11.10.1952 (BGBl. I S. 681)
BFH	Sammlung der Entscheidungen und Gutachten des Bundesfinanzhofs
BFuP	Betriebswirtschaftliche Forschung und Praxis
BGB	Bürgerliches Gesetzbuch
BGBl.	Bundesgesetzblatt
BNA	Bureau of National Affairs
BOBL	Fiktive mittelfristige Schuldverschreibung der Bundesrepublik Deutschland mit 3½ bis 5-jähriger Laufzeit und einem Kupon von 6%
BörsG	Börsengesetz
B. R.	West's Bankruptcy Reporter
BR-Drucksache	Bundesratsdrucksache
Brook. L. Rev.	Brooklyn Law Review
BStBl	Bundessteuerblatt (Teil I-III) (1. 1951 ff.)
BT	Bundestag
BT-Drucksache	Bundestagsdrucksache
B. U. Int'l L. J.	Boston University International Law Journal

Bus. Law	Business Lawyer
BUXL	Fiktive langfristige Schuldverschreibung der Bundesrepublik mit 20 bis 30½-jähriger Laufzeit und einem Kupon von 6%
B. Y. U. L. Rev.	Boston Young University Law Review
Cal. App.	California Appellate Reports (1905 ff.)
Cal. L. Rev.	California Law Review (1. 1912 ff.)
Cath. U. L. Rev.	Catholic University Law Review
Case W. Res. L. Rev.	Case Western Reserve Law Review
CATO J.	The Cato Law Journal
C. C.	Circuit Court
CCH	Commerce Clearing House
CCH Fed. Sec. L. Rep. Dec.	Commerce Clearing House Federal Securities Law Reporter Decision
C. D.	Central District
C. D. Cal.	District Court for the Central District of California
CEO	Chief Executive Officer
cert.	Certiorari
cert. denied	Certiorari denied
C. F. R.	Code of Federal Regulations

Cir.	Circuit
CJA	Criminal Justice Act
CMLR	Common Market Law Review
Co.	Company
Col.	Column
Col. L. Rev.	The Columbia Law Review (1. 1900 ff.)
Col. J. Transnat'l L.	Columbia Journal of Transnational Law
Cong.	Congress
Conn. L. Rev.	Connecticut Law Review
Cornell L. Rev.	Cornell Law Review
Corp.	Corporation
D.	District
DAX	Deutscher Aktienindex
DB	Der Betrieb (1. 1948 ff.)
D. C.	District of Columbia
D. Del.	District Court for the District of Delaware
Del.	Delaware
Del. J. Corp. L.	Delaware Journal of Corporate Law

Del. Ch.	Delaware Journal of Corporate Law
Denv. U. L. Rev.	Denver University Law Review
ders.	derselbe
dies.	dieselben
DIHT	Deutscher Industrie- und Handelstag
diss.	dissenting
Diss.	Dissertation
DJT	Deutscher Juristentag
DStR	Deutsches Steuerrecht
Duke L. J.	Duke Law Journal
Duq. L. Rev.	Duquesne Law Review
DVFA	Deutsche Vereinigung für Finanzanalyse und Anlageberatung
E. D.	Eastern District
ed.	edition
E. D. Mo.	District Court for the Eastern District of Montana
E. D. Pa.	District Court for the Eastern District of Pennsylvania
EEC	European Economic Community
EG	Europäische Gemeinschaft

EGV/WGV	Vertrag über die Europäische Gemeinschaft
Emory L. J.	Emory Law Journal
endg.	endgültig
et seq.	and the following
EU	Europäische Union
EuZW	Europäische Zeitschrift für Wirtschaftsrecht
EWG	Europäische Wirtschaftsgemeinschaft
EWGV	Vertrag zur Gründung der Europäischen Wirtschaftsgemeinschaft
EWR	Europäischer Wirtschaftsraum
FAZ	Frankfurter Allgemeine Zeitung
f., ff.	Folgende
Fed. Reg.	Federal Register
Fed. Sec. L. Rep.	Federal Securities Law Report
Fed. Sec. L. Rev.	Federal Securities Law Review
FIBOR	Frankfurt Interbank Offered Rate
Fin. Analyst J.	Financial Analyst Journal
Fin. Rev.	Financial Review
Fn.	Fußnote

Fordham Int'l L. J.	Fordham International Law Journal
Fordham L. Rev.	Fordham Law Review
Fordham Urb. L. J.	Fordham Urban Law Journal
FS	Festschrift
F. 2d, F. 3d	Federal Reporter 2d/3d series
F. Supp.	Federal Supplement
F.R.D	Federal Rules Decisions (1938ff.)
F.Supp.	Federal Supplement (1932 ff.)
Ga. J. Int'l & Comp. L.	Georgia Journal of International and Comparative Law
Ga. L. Rev.	Georgia Law Review
Ga. St. U. L. Rev.	Georgia State University Law Review
Gaz.Pal.	Gazette du Palais
GbR	Gesellschaft bürgerlichen Rechts
Geo. L. J.	Georgetown Law Journal
Geo. Mason U. L. Rev.	George Mason Law Review
Geo. Wash. J. Int'l L. & Econ.	George Washington Journal of International Law & Economics
Geo. Wash. L. Rev.	George Washington Law Review
GK	Großkommentar

GmbH-Rdsch.	Rundschau für GmbH (1. 1910-35. 1944, 41. 1950 ff; 37. 1946-40. 1949; Centrale Rundschreiben)
Gonz. L. Rev.	Gonzaga Law Review
GRUR	Gewerblicher Rechtsschutz und Urheberrecht
GWB	Gesetz gegen Wettbewerbsbeschränkungen v. 27.7.1957 (BGBl. I S. 1081) i. d. F. v. 4.4. 1974 (BGBl. I S. 869)
Harv. Int'l L. J.	Harvard International Law Journal
Harv. J. L. & Pub. Pol'y	Harvard Journal of Law and Public Policy
Harv.L.Rev.	Harvard Law Review (1. 1887 ff.)
Hastings Int'l & Comp. L. Rev.	Hastings International and Comparative Law Review
Hastings L. J.	Hastings Law Journal
HGB	Handelsgesetzbuch
h. L.	herrschende Lehre
Hofstra L. Rev.	Hofstra Law Review
H. R.	House Report
H. R. Rep.	United States House of Representatives Reports
Hrsg.	Herausgeber

Hs.	Halbsatz
IHR	Insiderhandels-Richtlinien
Ill.	Illinois
Ind. L. J.	Indiana Law Journal
Int'l Rev. L. & Econ.	International Review of Law and Economics
i. S. v./e./d.	im Sinne von/einer/des
ITSA	Insider Trading Sanctions Act
ITSFEA	Insider Trading and Securities Fraud Enforcement Act
i. V. m.	in Verbindung mit
J.	Judge
J. Bus.	Journal of Business
J. Contemp. L.	Journal of Contemporary Law
J. Corp. L.	Journal of Corporation Law
J. Econ. Literature	Journal of Economic Literature
J. Fin.	Journal of Finance
J. Fin. Econ.	Journal of Financial Economics
J. L. Econ.	Journal of Law and Economics
J. Legal Stud.	Journal of Legal Studies

J. Marshall L. Rev.	John Marshall Law Review
JR	Juristische Rundschau (1. 1925 11. 1935; 1. 1947 ff.)
JZ	Juristenzeitung
KAGG	Gesetz über Kapitalanlagegesellschaften v. 16.4.1957 (BGBl. I S. 378) i. d. F. v. 14.1.1970 (BGBl. I S. 127)
Kan.	Kansas
Kan.	Kansas Reporter
Kap.	Kapitel
KG	Kammergericht
KG	Kommanditgesellschaft
KGaA	Kommanditgesellschaft auf Aktien
KK	Kölner Kommentar
KOM	Dokumente der Kommission der Europäischen Gemeinschaften
KStG	Körperschaftsteuergesetz
KWG	Kreditwesengesetz
Law & Contemp. Probs.	Law and Contemporary Problems
lit.	Litera
Loy. L. A. L. Rev.	Loyola of Los Angeles Law Review

M & A	Mergers and Acquisitions
Mass.	Massachusetts
Md.	Maryland
M. D.	Middle District
Md. L. Rev.	Maryland Law Review
Mich.	Michigan
Mich. L. Rev.	Michigan Law Review
Minn.	Minnesota Reports
MitbestG	Gesetz über die Mitbestimmung der Arbeitnehmer (Mitbestimmungsgesetz) v.4.5.1976 (BGBl. I S. 1153)
m. w. N.	mit weiteren Nachweisen
n.	note
Nat'l L. J.	National Law Journal
N. C.	North Carolina
N. D.	Northern District
N. D. Cal.	District Court for the Northern District of California
N. D. Ohio	District Court for the Northern District of Ohio
N. E.	Northeastern Reporter

N. Ill. U. L. Rev.	Northern Illinois University Law Review
NJW	Neue Juristische Wochenzeitschrift
No.	Number
Nr.	Nummer
N. W.	North Western Reporter
Nw. U. L. Rev.	Northwestern University Law Review
N.Y.	New York Reports (1847 ff.)
N.Y. L. J.	New York Law Journal
N.Y. U. L. Rev.	New York University Law Review
N. Y., N. Y.	New York (City), New York (State)
OHG	Offene Handelsgesellschaft
Ohio St. L. J.	Ohio State Law Review
Ox. J. L. St.	Oxford Journal of Legal Studies
Pa.	Pennsylvania
Pub. L. oder P. L.	Public Law
PVS	Politische Vierteljahresschrift (1. 1960 ff.)
Q. J. Econ.	Quarterly Journal of Economics
RefE	Referentenentwurf

RegE	Regierungsentwurf
Rep.	Report
RGRK	Das bürgerliche Gesetzbuch mit besonderer Berücksichtigung der Rechtsprechung des Reichsgerichts und des Bundesgerichtshofes, Kommentar, 12. Aufl., Berlin-New York 1974 ff.
rev'd	reversed
Rz.	Randziffer
S.	Seite
s.	siehe
S.A.	Société Anonyme
San Diego L. Rev.	San Diego Law Review
Santa Clara L. Rev.	Santa Clara Law Review
S.A.R.L.	Société Anonyme à Responsabilité Limitée
S. Cal. L. Rev.	Southern California Law Review
S. C. Mass.	Supreme Court of Massachusetts
S. Ct.	Supreme Court Reports
S. D.	Southern District
S. D. N. Y.	District Court for the Southern District of New York

S.E.	Europäische Aktiengesellschaft, Societas Europaea
S.E.A.	Securities Exchange Act
Seattle U. L. Rev.	Seattle University Law Review
Sec.	Section
S.E.C.	Securities and Exchange Commission (Decisions and Reports) (1934 ff.)
S.E.C. Litig. Release	Securities Litigation Release
Sec. Reg. L. J.	Securities Regulation Law Journal
SEK	Dokumente des Generalsekretariats der Kommission der Europäischen Gemeinschaften
Sess.	Session
SeuffA	Seufferts Archiv für Entscheidungen der obersten Gerichte in den deutschen Staaten
s. o.	siehe oben
sog.	sogenannte(-r, -s)
S. Rep.	Senate Reports
Stan. L. Rev.	Stanford Law Review
StGB	Strafgesetzbuch
s. u.	siehe unten

Supreme Court Rev.	Supreme Court Review
Sw. U. L. Rev.	Southwestern University Law Review
Temp. L. Q.	Temple Law Quarterly
Tex.	Texas
Tol. L. Rev.	Toledo Law Review
Touro. L. Rev.	Touro Law Review
Transnat'l Law.	The Transnational Lawyer
Tul. L. Rev.	Tulane Law Review
U. Bridgeport L. Rev.	University of Bridgeport Law Review
U. Chi. L. Rev.	University of Chicago Law Review
U. Fla. L. Rev.	University of Florida Law Review
U. Ill. L. Rev.	University of Illinois Law Review
U. Kan. L. Rev.	University of Kansas Law Review
U. Miami L. Rev.	University of Miami Law Review
U. Pa. J. Int'l Bus. L.	University of Pennsylvania Journal of International Business Law
U. Pa. L. Rev.	University of Pennsylvania Law Review
U. Pitt. L. Rev.	University of Pittsburgh Law Review
U. Rich. L. Rev.	University of Richmond Law Review

U.S.	States; United States Supreme Court Reports (1875 ff.)
U. S. A.	United States of America
U. S. C.	United States Code
U. S. C. A.	United States Code Annotated
U. S. S. G.	United States Sentencing Guidelines
Utah L. Rev.	Utah Law Review
UWG	Gesetz gegen den unlauteren Wettbewerb v. 7.6.1909 (RGBl. S. 499)
v.	versus (gegen)
Va.	Virginia
Va. L. Rev.	Virginia Law Review
Vand. L. Rev.	Vanderbilt Law Review
Vand. J. Transnat'l L.	Vanderbilt Journal of Transnational Law
Verf.	Verfasser
vgl.	vergleiche
VO	Verordnung
VOBl.	Verordnungsblatt
Vor.	Vorbemerkung
Vt. L. Rev.	Vermont Law Review

Wash. & Lee L. Rev.	Washington & Lee Law Review
Wash. L. Rev.	Washington Law Review
Wash. U. L. Q.	Washington University Law Quarterly
W. D.	Western District
W. D. Okla.	District Court for the Western District of Oklahoma
W. D. Wash.	District Court for the Western District of Washington
WL	WESTLAW
WM	Wertpapier-Mitteilungen (1. 1947 ff.)
W. New Eng. L. Rev.	Western New England Law Review
WP	Das Wertpapier (1. 1953 ff.)
WpHG	Wertpapierhandelsgesetz
W. Va.	West Virginia
Yale J. on Reg.	Yale Journal on Regulation
Yale L. J.	The Yale Law Journal (1. 1891 ff.)
ZBB	Zeitschrift für Bankrecht und Bankwirtschaft
ZfKW	Zeitschrift für das gesamte Kreditwesen (1. 1948 ff.)
ZGR	Zeitschrift für Unternehmens- und Gesellschaftsrecht

ZHR	Zeitschrift für das gesamte Handelsrecht (ab 60. 1907: und Konkursrecht; ab 124. 1962:) für das ges. Handelsrecht und Wirtschaftsrecht, begr. v. Goldschmidt (1. 1858-110. 1944, 111. 1948 ff.)
ZIP	Zeitschrift für Wirtschaftsrecht
ZKW	Zeitschrift für das gesamte Kreditwesen
ZRP	Zeitschrift für Rechtspolitik

Einführung

1. Gegenstand der Untersuchung

Romanhaft im "Den of thieves"[1] und filmisch in "Wallstreet"[2] aufbereitet, haben Insidergeschäfte insbesondere in den vergangenen 15 Jahren nicht nur die Fachpresse[3], die Wirtschafts-[4] und Rechtswissenschaften[5] beschäftigt, sondern auch breiteres Publikum unterhalten. Was aber zeichnet ein Insidergeschäft im Rechtssinne eigentlich aus? Ein Kunstsachverständiger mag am Kunstmarkt aufgrund der Nutzung nicht allgemein zugänglicher Wissensquellen ein Gemälde unterhalb seines tatsächlichen Wertes käuflich erwerben.[6] Das Verhalten des Kunstsachverständigen wird als geschickt, in gewissen Konstellationen auch als unredlich erachtet werden. Im landläufigen Sinne gilt er damit auch als „Insider".[7]

---

1 Stewart, James B., "The Den of Thieves".

2 USA 1987, Regisseur: Oliver Stone.

3 Vgl. z.B. Presseberichte in der FAZ vom 2. Juni 2001 zu Ermittlungen des Bundesaufsichtsamtes für den Wertpapierhandel bei der Münchner Kinowelt Medien AG; FAZ vom 19. und 31. August sowie 9. und 13. September 1995 zu den bislang wohl bekanntesten Insiderhandelsvorfällen bei der Krones AG.

4 Vgl. z.B. Weber, W., Insider-Handel, Informationsproduktion und Kapitalmarkt; Lahmann, Insiderhandel; Schörner, Gesetzliches Insiderhandelsverbot; Seeger, Insiderhandel am deutschen Aktienmarkt.

5 Vgl. z. B. Hartmann, Juristische und ökonomische Regelungsprobleme des Insiderhandels; Weber, K.-P., Insiderrecht und Kapitalmarktschutz; Steinhauer, Insiderhandelsverbot und Ad-hoc-Publizität; Wychodil, Die haftungsrechtliche Problematik der Insiderinformation; Krauel, Insiderhandel; Tippach, Insiderhandelsverbot; Hopt ZHR 159 (1995), S. 135 - 163; Siebold, Insiderrecht, und viele andere.

6 Vgl. Claussen, ZBB 1992, S. 73-78, 73.

7 Die dem englischen Sprachkreis entstammende Bezeichnung „Insiderhandel" beschreibt das Phänomen, dass ein Mitglied politischer, wirtschaftlicher oder kultureller Gruppen seinen Zugang zu internen Informationen beim Kauf oder Verkauf von Gegenständen in verbotener Weise zum eigenen Vorteil ausnutzt; Longman, Dictionary of Contemporary English , „Insider trading".

Jedoch muss sich der Kunstsachverständige deshalb noch nicht notwendigerweise strafrechtlichen Vorwürfen bzw. zivilrechtlichen Ansprüchen ausgesetzt sehen. Justitiabel ist das Vorgehen des Kunstsachverständigen grundsätzlich nur dann, wenn ihn eine Offenlegungspflicht gegenüber seinem übervorteilten Vertragspartner trifft.[8] Ohne das Vorhandensein einer solchen Offenlegungspflicht kann ein Insider nur gemäß §§ 12 ff. des 1994 in Kraft getretenen Wertpapierhandelsgesetzes[9] (WpHG) für Geschäfte in börsennotierten Papieren zur Verantwortung gezogen werden.[10] Der Begriff "Insider" hat in dieser Kodifikation auch - was außergewöhnlich ist - Eingang in die deutsche Rechtssprache gefunden.[11] Verschiedentliche Versuche einer eigenständigen deutschen Begriffsbildung als „Innenseiter“[12] oder als „Eingeweihter“[13] setzten sich nicht durch.[14]
Die juristischen Berührungspunkte des Insiderhandels lassen sich keinem Rechtsgebiet ausschließlich zuordnen. Verquickungen bestehen zum Europa-, Kapitalmarkt-, Straf- sowie zum Zivil- und

---

8 Vgl. dazu Ulsenheimer, NJW 1975, S. 1999, 2000 ff., oder einer arglistigen Täuschung nach § 123 BGB, vgl. zur zivilrechtlichen Bewertung von Insiderhandel auch Holschbach NJW 1973, S. 2006, 2008.

9 Gesetz über den Wertpapierhandel und zur Änderung börsenrechtlicher Vorschriften (Zweites Finanzmarktförderungsgesetz) vom 30. Juli 1994, BGBl 1994, Teil I, S. 1749 ff.

10 Ein weiteres Insiderhandelsverbot fand sich in den Insiderregeln der Treuhandanstalt (jetzt: Bundesanstalt für vereinigungsbedingte Sonderaufgaben), veröffentlicht in VIZ 1992, S.20 f.

11 §§ 12 - 14 WpHG, §§ 1 ff., Insiderhandelsrichtlinien der Börsensachverständigenkommission, Bundesanzeiger 1988, S. 2883-2885.

12 Horn, ZHR 136 (1972), S. 369 - 396, passim.

13 Beyer-Fehling/Bock, Börsenreform, Nr. 122, S. 44.

14 Anders z. B. in Frankreich: dort werden Insidervergehen als „délits d'initiés“ bezeichnet; vgl. Ducouloux-Favard, Gaz. du Pal. 1984 II, S. 419 - 423 , passim. Die juristische Definition eines Insiders blieb dabei dennoch uneinheitlich: S. zum Insiderbegriff in der EG- Richtlinie deren Art. 1, ABl. EG, 18. November 1989, L 334/30; in den Insiderhandelsrichtlinien § 2, Veröffentlicht in FAZ, Blick durch die Wirtschaft, 20. November 1970 und in späterer Fassung im Bundesanzeiger, 1.Juli 1988, nichtamtlicher Teil, S.2883-2885; im WpHG: § 13, BGBl 1994, Teil I, S. 1749-1760.

Gesellschaftsrecht. Bezüge zum *Europarecht*[15] ergeben sich dabei aus den Harmonisierungsbestrebungen der Mitgliedstaaten. Als Kernmaterie des *Kapitalmarktrechts*[16] wird das Insiderrecht in Deutschland wegen der mutmaßlichen Einflüsse des Insiderhandels auf die Kapitalmärkte angesehen. Auch dem *Strafrecht*[17] fällt bei der Bekämpfung des Insiderhandels eine wichtige Rolle zu, etwa da gewisse Tatmodalitäten gem. §§ 14, 38 WpHG mit Freiheits- oder Geldstrafe bedroht werden.

Im Mittelpunkt der vorliegenden Untersuchung stehen die Fragen, die Insiderhandelsaktivitäten im *Gesellschafts-* und allgemeinen *Zivilrecht* aufwerfen können.[18] Diesen Rechtsbereichen wird zum Teil eine herausragende Bedeutung bei der Regulierung des Insiderhandels zugemessen;[19] dennoch finden sich im WpHG keine ausdrücklichen Hinweise auf die zivil- bzw. gesellschaftsrechtliche Behandlung von Insideraktivitäten. Insiderhandel kann dem Delinquenten aber Gewinne bescheren, die möglicherweise auf Kosten

---

15 EG-Insiderrichtlinie, Abl. EG, 18. November 1989, L334/30; Hopt/Will, Europäisches Insiderrecht; Hopt/Wymeersch, European Insider Dealing; Paefgen, Die AG 1991, S.380, 385; Hopt, ZGR 20 (1991), S. S., 18,22; v.d.Knesebeck, Die Umsetzung der EG-Insiderrichtlinie; zur Diskussion um einen neuen Richtlinienvorschlag, der nur Insidergeschäfte und Kursmanipulationen abdecken soll, veröffentlich im Internet - http://europa. eu.int/comm/internal_market/en/finances/actionplan/fspg8.htm; hierzu auch Faz vom 28. März 2001.

16 Assmann/Schneider, Kommentar zum WpHG, Rn 9/Einleitung; Assmann/Schütze-zur Megede, Handbuch des Kapitalanlagerechts, § 14; Hopt, ZGR 20 (1991), S.18, 20.

17 Z.B. Ulsenheimer, NJW 1975, S. 1999, 2000; Baribeault, 14, Vermont Law Review, 79.

18 Merkt, US-amerikanisches Gesellschaftsrecht, Rn 764; Jenckel, Das Insiderproblem im Schnittpunkt zwischen Gesellschafts- und Kapitalmarktrecht; Hasslinger, Zivilrechtliche Ansprüche gegen Insider; Kirchner, FS Kitagawa, S. 655 ff; Arbeitskreis Gesellschaftsrecht, Verbot des Insiderhandels; vgl. jüngst auch Krauel, Insiderhandelsverbot, S. 305 ff.; Steinhauer, Insiderhandelsverbot und Ad-hoc-Publizität, passim; Hartmann, Juristische und ökonomische Regelungsprobleme des Insiderhandels, S. 162 ff.; Wychodil, Die haftungsrechtliche Problematik der Insiderinformation.

19 So z.B. Kirchner, FS Kitagawa, S. 655 ff.

Dritter, etwa der Gesellschaft oder uninformierter Anleger, erzielt werden. Zivil- und gesellschaftsrechtlich ist daher insbesondere von Bedeutung, inwieweit eine Person, die Insiderhandel betrieben hat, gegenüber den Aktionären ihrer Gesellschaft bzw. der Gesellschaft selbst verantwortlich, eventuell sogar schadenersatzflichtig ist. Kann diese Schadensersatzpflicht nicht oder nicht in der notwendigen Klarheit aus geltendem Recht abgeleitet werden, bedarf es möglicherweise gesetzlicher Reformen, um einen zivilechtlichen Ausgleich künftig zu ermöglichen.

Die vorliegende Untersuchung beschränkt sich auf börsennotierte Kapitalgesellschaften, da Insideraktivitäten bei nicht notierten Gesellschaften bislang kaum praktische Relevanz erlangt haben.[20] Die wenigen Arbeiten, die sich bisher den zivilrechtlichen Auswirkungen des Insiderhandels gewidmet haben, datieren zum Teil aus der Zeit weit vor Erlass des WpHG und haben somit an Aktualität eingebüßt.[21] Andere Arbeiten haben den gesellschaftsrechtlichen Bezügen des Insiderhandels nur wenig Raum eingeräumt und im Wesentlichen schadensrechtliche Gesichtspunkte behandelt.[22] Die bisherige Erörterung der schadensrechtlichen Aspekte verdient dabei in Resultat und Begründung auch nur zum Teil Zustimmung. Vor diesem Hintergrund hat die vorliegende Arbeit "Gesellschafts- und zivilrechtliche Aspekte börslichen Insiderhandels" zum Thema erhalten.

---

20 Vgl. zu Insiderhandel bei Genossenschaften allerdings Großfeld/Weber, Die AG 1993, S. 201 ff.

21 Hasslinger, Zivilrechtliche Ansprüche gegen Insider; Jenckel, Das Insiderproblem

22 Hartmann, Juristische und ökonomische Regelungsprobleme des Insiderhandels; Weber, K.-P., Insiderrecht und Kapitalmarktschutz; Steinhauer, Insiderhandelsverbot und Ad-hoc-Publizität; Wychodil, Die haftungsrechtliche Problematik der Insiderinformation.

2. Gang der Untersuchung

In ihrem ersten Kapitel wendet sich die Arbeit zunächst der Geschichte des WpHG zu. Ziel der Darstellung ist es dabei insbesondere, aus der historischen Entstehung des Gesetzes erklärbar zu machen, warum eine zivil- bzw. gesellschaftsrechtliche Regelung nicht bereits Eingang in die aktuelle Fassung des Gesetzes gefunden hat. Dabei wird - in aller Kürze - auch die Rechtslage in Deutschland[23] und auf europäischer Ebene[24] nachgezeichnet, die dem Erlass des WpHG voranging.

Die Kapitel 2-6 behandeln sodann die Einflüsse des Insiderhandels auf die Rechtsposition der Aktionäre einer börsennotierten Aktiengesellschaft. Untersucht wird vornehmlich, welche Abwehrrechte und Kompensationsansprüche Aktionären gegen Insiderhandel treibende Mitaktionäre und Mitglieder der Unternehmensverwaltung nach geltendem Recht zustehen können. In diesem Zusammenhang wird auch ein möglicher Schutz der Aktionäre durch gesellschaftsrechtliche Treuepflichten[25] ausführlich diskutiert. Einen weiteren Schwerpunkt bildet die Frage, inwieweit der Insider für Verluste des Outsiders im anonymen Börsengeschäft delikts-[26] und bereicherungsrechtlich[27] verantwortlich gemacht werden kann. Maßstab für die Überlegungen ist dabei das geltende Recht.

---

23 Zu den Insiderhandelsrichtlinien der Börsensachverständigenkommission, neueste Fassung abgedruckt im Bundesanzeiger, 1. Juli 1988, S. 2883-2885; z.B. Schwark, Komm. zum BörsG, Rz 19/Einl.

24 Siehe die „Insiderrichtlinie“ 89/592/EWG, Abl.EG, 18. November 1989, L 334/30 und WM 1989, S. 1829 ff.; hierzu eingehend v.d. Knesebeck, Die Umsetzung der EG-Insiderrichtlinie.

25 Zu der bisher wenig diskutierten Problematik siehe Lutter, ZHR 153 (1989), S. 446, 458 und Kümpel, Bank- und Kapitalmarktrecht, Rn 14.77 ff. sowie Steinhauer, Insiderhandelsverbot und Ad-hoc-Publizität, S.213 ff.

26 Hierzu schon erste Überlegungen bei Hasslinger, Zivilrechtliche Ansprüche gegen Insider, S. 73 ff. und Jenckel, Das Insiderproblem, S. 24.

27 Hierzu wiederum Steinhauer, a.a.O., S. 88 ff.

Einen Ausblick auf Möglichkeiten einer Fortentwicklung geltenden Rechts sowie rechtspolitische Ansätze einer zivilrechtlichen Regelung des Aktionärsschutzes vor Schädigungen durch Insiderhandel verschaffen die Kapitel 7 und 8. Dabei werden auch Gesetzesvorschläge deutscher Autoren,[28] die sich in der geltenden Fassung des WpHG nicht niedergeschlagen haben, besprochen. Es bot sich an, die US-amerikanische Rechtslage hier mit einzubeziehen. In den USA reichen die Erfahrungen mit dem Insiderproblem bereits viele Jahrzehnte zurück. Neben Börsenskandalen, die eine erhebliche öffentliche Aufmerksamkeit erregten,[29] beschäftigten auch Einzelfälle das berühmte Wertpapieraufsichtsamt, die *Securities and Exchange Commission*[30] sowie Straf-[31] und Zivilgerichte[32]. Dies wird auch zur relativ intensiven Befassung der US-amerikanischen Rechtslehre mit dem in Deutschland noch relativ neuen Themenkreis beigetragen haben.[33]

Die Auswirkungen des Insiderhandels auf die Aktiengesellschaft selbst bilden den Ausgangspunkt der Überlegungen im neunten Kapitel. Ein Insider mag aufgrund seines Verhaltens das Verhältnis zwischen den Organen und der Gesellschaft empfindlich stören. Die Aktionäre können ihre Missbilligung gegenüber Vorstands- und Aufsichtsratsmitgliedern eventuell durch die Verweigerung der Entlastungserteilung in der Hauptversammlung zum Ausdruck bringen. Für die Aktiengesellschaft wird sich auch die Frage stel-

---

28 Hopt/Will, Europäisches Insiderrecht, S. 152 ff. und Arbeitskreis Gesellschaftsrecht, Verbot des Insiderhandelns, S. 55 f.

29 Vgl. z.B. den Bestseller von James B. Stewart „Den of Thieves", der den im Vorfeld des Crash von 1987 geschehenen Börsenskandal um den Arbitrageur Ivan Boesky und den Investmentbanker Michael Milken teils journalistisch und teils schriftstellerisch verarbeitet hat; zu diesem Skandal auch Zey, Banking on Fraud: Drexel, Junk Bonds and Buyouts.

30 Vgl. z.B. SEC v. Texas Gulf Sulphur, 401 F 2d 833ff.

31 Vgl. z.B. US v. Chiarella, 445 U.S. 222 ff.

32 Vgl. z.B. Singer v. Carlisle, 26 N.Y.supp. F 2d 172 ff.

33 Vgl. z.B. Langevoort, Insider Trading; Fletcher, Insider Trading; Collens, Chikago Kent L. Rev. 509,510f.; Wolfe/Naffziger, Business Organizations, S. 477ff.; Frankel, 71 Cal. Law Rev., S. 795 ff.

len, ob sie sich von einem Insiderhandel treibenden Unternehmensangehörigen - ggf. fristlos – durch Abberufung und Kündigung lösen kann.[34] Im Interesse der Gesellschaft könnte es auch liegen, Ausgleichsansprüche gegen den Insider geltend zu machen, soweit ihr Schäden aus seinem Tun erwachsen sind.[35] Insbesondere erscheint bedenkenswert, ob der Gesellschaft an Insiderinformationen dem Urheberrecht vergleichbare „informationelle Eigentumsrechte“[36] zustehen können. Auch hier sollen Erkenntnisse aus in den USA entwickelten Haftungstheorien Berücksichtigung finden.

Im zehnten und letzten Kapitel werden die aus juristischer Perspektive gefundenen Ergebnisse schließlich einer Überprüfung unter ökonomischen Gesichtspunkten unterzogen. Insbesondere wird in diesem Kontext erörtert, inwieweit Insiderhandel neben seinen Einflüssen auf die Kapitalmärkte auch die wirtschaftliche Position der Aktiengesellschaft selbst betrifft.

---

34 Rümker, BB 1972, S. 1208, 1210.

35 Zu bereicherungsrechtlichen Ansprüchen Mennicke, Insiderhandelsverbot, S. 217.

36 Diese Frage ist bisher – soweit ersichtlich – nur im US-Recht eingehend diskutiert worden: Boyle, 80 Cal. L. Rev., 1413, 1463 (1992).

1. Kapitel: Die Abkehr des WpHG vom Gesellschaftsrecht

Das WpHG ist heute die wichtigste Rechtsquelle des deutschen Insiderrechts. Auch wenn das WpHG selbst keine zivilrechtliche Regelung des Insiderproblems enthält, so bedarf seine geschichtliche Entwicklung und heutige inhaltliche Ausgestaltung in einer zivilrechtlichen Arbeit einer knappen Darstellung, da an vielen Stellen auf die gesetzlichen Definitionen und die in den Gesetzesmaterialien niedergelegten Erwägungen wird Bezug genommen werden müssen. Außerdem ist erläuterungsbedürftig, weshalb das WpHG keine – jedenfalls keine ausdrücklichen – Anknüpfungspunkte einer zivil- oder gesellschaftsrechtlichen Regelung enthält.

A Erste Gesellschaftsrechtliche Ansätze

I. Die Selbstkontrolle der Wirtschaft

In Deutschland hatte zunächst keine gesetzliche Regelung des Insiderhandelsverbots existiert. Seit Ende der 60er Jahre waren aber vermehrt Pressemeldungen über angebliche Insidervorfälle erschienen[37] und in anderen Staaten bestanden zum Teil bereits seit langem Vorkehrungen gegen den Insiderhandel.[38] Angesichts des-

---

[37] Eine Übersicht ist u. a. bei Ulsenheimer, NJW 1975, S. 1999, 2000 zu finden; zum berühmten Texas-Gulf-Sulphur Fall: Hopt/Will, E. Insiderrecht S. 6 f. Die rechtstatsächlichen Hinweise auf Insidervorfälle gehen allerdings wesentlich weiter zurück: Hopt/Will, a. a. O. S. 19 beschreiben Transaktionen Bismarcks im Zusammenwirken mit seinem Bankier Bleichröder; zu einer Mitteilung des Centralverbandes des Deutschen Bank- und Bankiergewerbes von 1908: neuerlich Hoeren, ZBB 1993, S. 112 - 114; lesenswert auch das sog. „Insiderurteil" des Reichsgerichts: RG JW 1904, S. 167 f.

[38] Vgl. für Frankreich: ordonnance n°67- 833 du 28 septembre 1967 und loi n°70-1208 du 23 decembre 1970;für die USA : rule 10 (b-5) und section 16 Securities Exchange Act 1934.

sen erschien eine kritische Auseinandersetzung mit der Materie auch in Deutschland schließlich unumgänglich. Ein Referentenentwurf zur Reform des Börsengesetzes – also ein erster aktienmarktorientierter Regelungsansatz - scheiterte allerdings.[39] Er hatte Verschärfungen für die Verhaltenspflichten im Börsengeschäft einführen wollen,[40] war dabei aber auf vehemente Kritik in Wirtschaftskreisen, deren Deregulierungsbestrebungen er zuwiderlief, gestoßen.[41] Aus dieser ablehnenden Reaktion wurde ersichtlich, dass auch ein gesetzliches Insiderhandelsverbot zum damaligen Zeitpunkt politisch noch nicht durchsetzbar war. Es kam daher zu Beratungen einer vom Bundesminister für Wirtschaft bestellten[42] Börsensachverständigen-Kommission. Der Sachverständigenkommission gehörten unter anderem Mitglieder aus der Bankwirtschaft, der Börsenaufsicht und der Wissenschaft an.[43] In diesem Rahmen erfolgte eine Aufstellung von Insiderregeln in Zusammenarbeit mit der Arbeitsgemeinschaft deutscher Wertpapierbörsen[44] und den Spitzenverbänden der deutschen Wirtschaft.[45] Die ersten deutschen Insiderregeln wurden dann als „Empfehlungen der Börsensachverständigenkommission zur Lösung der sogenannten Insiderprobleme“ im November 1970 verabschiedet.[46] Die Empfehlungen trugen keinen normativen Charakter, sondern stellten eine Maßnahme der Freiwilligen Selbstkontrolle der Wirtschaft dar.[47] Die Regeln er-

39 Abgedruckt in FAZ, Blick durch die Wirtschaft, 16/1/1968.

40 Vgl. z. B. zu den Publizitätspflichten § 11 - 18 des Entwurfs.

41 Dazu Schwark, Komm. zum BörsG, Einleitung, Rz 19.

42 Bremer, Die Börsensachverständigenkommission, S. 23 ff.

43 Schwark, Kommentar zum BörsenG, Einleitung, Rz 21.

44 Vgl. Degner/Flöge, Die Arbeitsgemeinschaft der deutschen Wertpapierbörsen; die Arbeitsgemeinschaft der deutschen Wertpapierbörsen wurde durch einen Zusammenschluss der deutschen Börsenplätze gegründet, um den Finanzplatz Deutschland im internationalen Wettbewerb attraktiver zu gestalten, Lippe, Bankkaufleute, S. 654.

45 Bruns, Wertpapier und Börse, S. 157 – 167.

46 Veröffentlicht in FAZ, Blick durch die Wirtschaft, 20/11/1970 und zu finden auch bei Hopt/Will, Europäisches Insiderrecht, S. S - M 100.

47 Hopt, Journal of Comparative Business and Capital Market Law, S. 381, 383.

freuten sich schon bald großer Zustimmung in Industrie- und Bankkreisen.[48] Überarbeitungen erfolgten in den Jahren 1976[49] und 1988.[50]

II. Inhaltlicher Überblick über die IHR

Die Regeln setzen sich aus den Insiderhandelsrichtlinien (IHR), den Händler- und Beraterregeln (HBR) und einer Verfahrensordnung (VerfO) zusammen. Die HBR berühren das Insiderproblem nicht unmittelbar sondern enthalten lediglich einen Kodex zur Einhaltung guter kaufmännischer Gepflogenheiten im Wertpapierverkehr. Von Bedeutung für die Behandlung von Insidergeschäften sind hingegen die IHR sowie die VerfO. § 1 IHR verbietet Insidern Geschäfte in Insiderpapieren unter Ausnutzung von Insiderkenntnissen. Wer Insider ist, definiert § 2 Nr. 1 IHR. Danach gelten als solche neben den Aufsichts- und Vertretungsorganen der Gesellschaft und den mit ihr verbundenen Unternehmen auch Großaktionäre und deren Organe. Angestellte und Beauftragte der genannten Insider sind wiederum Insider, wenn sie durch ihre Tätigkeit oder vertragsgemäß Kenntnis von Insiderinformationen zu erlangen pflegen. Ebenfalls erfasst sind Kreditinstitute sowie deren Aufsichtsratsmitglieder, Geschäftsleiter, Angestellte und Beauftragte, wenn sie bei gewissen gesellschaftsrechtlichen Akten oder im Kreditgeschäft von der Gesellschaft eingeschaltet wurden und dabei Kenntnis von Insiderinformationen zu erlangen pflegen. Insiderinformationen sind nach § 2 Nr. 3 IHR Kenntnisse von noch nicht bekannten, kurssensiblen und die Gesellschaft betreffenden Umständen, die beispielhaft aufgezählt werden. Der Begriff des Insiderpapiers wird enumerativ in § 2 Nr. 2 IHR geregelt. Ein Verstoß gegen die Regeln begründet für den Insider die Pflicht, etwaige aus den Geschäften erzielte Gewinne an die Gesellschaft abzuführen (§ 4 IHR). Nach § 5 Nr. 1 IHR ist ein Insider dem Geltungs-

---

48 Walther, FS Werner, S.935, 936.

49 Abgedruckt bei Schwark, Komm. zum BörsG, Anhang II.

50 Bundesanzeiger, 1. Juli 1988, S. 2883-2885.

bereich der Regeln allerdings nur dann unterworfen, wenn er sie vertraglich gegenüber der Gesellschaft anerkannt hat. Kreditinstitute erklären nach § 5 Nr. 2 IHR die Anerkennung gegenüber ihren Spitzenverbänden.

Die „prozessuale" Durchsetzung der Regeln bestimmt grundsätzlich die VerfO. Nur wegen Ansprüchen, die sich aus der Erfüllung von Tatbeständen der IHR ergeben können, ordnet § 2 Nr. 3 VerfO die Beschreitung des ordentlichen Rechtswegs an. Ausführendes Organ der VerfO ist eine bei der nach § 36 BörsG errichteten Zulassungsstelle zu bildende Prüfungskommission,[51] die sich aus einem Vorsitzenden, der nach § 1 Nr. 3 VerfO ein in Handelssachen erfahrener und noch amtierender Richter sein soll, und vier Beisitzern zusammensetzt. Die Prüfungskommission leitet ein Verfahren zur Untersuchung eines Insidervorfalles ein, wenn die Umstände einen Verstoß i. S. v. §§ 3 Nr. 1 und 4 Nr. 3 VerfO schlüssig erscheinen lassen. Sie kann nach § 5 Nr. 6 VerfO das Ergebnis ihrer Untersuchung veröffentlichen, sofern der vom Verfahren betroffene Insider einwilligt. Nur bei besonders schwerwiegenden Verstößen ist es ihr gemäß § 5 Nr. 7 VerfO erlaubt, eine Veröffentlichung auch gegen den Willen des Betroffenen zu veranlassen.

III. Zivilrechtliches Regelungsprinzip der IHR

Auch wenn die Insiderregeln äußerlich also einer gesetzlichen Kodifizierung ähneln, so beruhen sie doch nicht auf dem Prinzip der Durchsetzung eines staatlichen Strafanspruches und sehen von administrativen Präventionsmaßnahmen ab. Sie stellen vielmehr ihre Anwendung ins Belieben der Parteien und geben insoweit der zivilrechtlichen Vertragsfreiheit Ausdruck. Das Freiwilligkeitsprinzip findet seine Grenzen freilich dadurch, dass seitens der Spitzenverbände gegenüber den Unternehmen und seitens der Gesellschaft

---

[51] Zum Streit um die Rechtsform der Kommission: Bremer, BB 1971, S. 803, 804 f.; Schwark, DB 1971, S. 1605, 1608; Hopt/Will, Europäisches Insiderrecht, S. 116 f.

gegenüber ihren Mitarbeitern und Organen wirtschaftlicher und moralischer Druck ausgeübt wird, um die Achtung der Regeln sicherzustellen.[52]

Nach Erlass des WpHG haben die IHR ihre praktische Bedeutung weitestgehend verloren, sind aber - soweit ersichtlich - formal noch nicht aufgehoben worden.[53]

IV. Die Debatte um ein Insidergesetz

Die Konzeption der Insiderregeln war schon seit den Anfangsjahren ihres Bestehens sehr umstritten. Insbesondere bestand Uneinigkeit über das Erfordernis einer gesetzlichen Verankerung des Insiderverbots.[54] Gegen ein Gesetz wurde vorgebracht, der deutsche Kapitalmarkt sei so überschaubar, dass Insideraktivitäten kaum durchführbar seien.[55] Ein Gesetz galt insofern als unangemessen schwerer Eingriff, die IHR als aufgrund ihrer moralischen Kraft jeder anderen Regelung überlegen.[56] In den wenigen Fällen, in denen sie in einem Prüfungsverfahren praktiziert worden seien,[57] hät-

---

52 Podlinski, Die Bank 1981, S. 382-386,382.

53 Vgl. Baumbach-Hopt, Kommentar zum HGB, 29. A. 1995, Anhang 16, Einleitung IHR, Rn 2.

54 In der ökonomischen Literatur sowie in der ökonomischen Analyse des Rechts besteht sogar Streit um die Regelungsbedürftigkeit des Insiderproblems überhaupt: Vgl. Schneider DB 1993, S. 1429, 1431; H. Schmidt, Börsenorganisation zum Schutz der Anleger, S.78; ders. in : Hopt/ Wymeersch, European Insider Dealing, S. 21,24; Ott/Schäfer, ZBB 1992, S. 226, 229; Manove, 104 Quarterly Journal of Economics, 823 (1989); Swoboda, Kapitalmarkt und Finanzierung, S.49, 50; Schörner, Gesetzliches Insiderhandelsverbot, S. 114; Manne, 23 Vand. L. Rev., 542 (1970); Carlton/Fishel, 35 Stan. L. Rev. 1983, 857; Hirshey/Zaima, Insider Trading, Journal of Finance, 971 (1989); King/Roell, Insider Trading, S. 171 f.; Easterbrook, 11 Sup. Ct. Rev., S. 309-365 (1981); Broadway/Bruce, Welfare Economics, S. 123-129.

55 Jahresbericht der Berliner Börse 1969, S. XIII.

56 Podlinski, Die Bank 1981, S. 382-386,382.

57 Vgl. die Verfahren gegen Dresdner Bank und August-Thyssen-Hütte, DB 1973, S. 2280 ff. und 2288 ff.; zum Sachverhalt: S.2234, 2235.

ten sich die IHR bewährt.[58] Lobenswert erschien darüber hinaus die gegenüber einem Gesetz größere Flexibilität der Regeln: in Sachverhalten, die den in den IHR geregelten vergleichbar sind, scheiterte ihre entsprechende Anwendung nicht am strafrechtlichen Analogieverbot.[59] Aus Sicht mancher Autoren empfahl sich auch eine Lösung des Insiderproblems durch die Rechtsprechung, da diese sich im Vergleich zum Gesetzgeber schneller an neue Situationen anpassen könne. Nur ihr gelänge es, adäquate Einzelfalllösungen für neu auftretende Missbrauchsformen in angemessener Zeit zu finden.[60]

Für eine gesetzliche Lösung sprach hingegen, dass die Insiderregeln keinen Schutz individueller Anleger entfalteten,[61] der über denjenigen des allgemeinen Zivilrechts hinausging.[62] Eine weitere Schwäche der IHR[63] hat die Fachliteratur[64] anhand des in den Vereinigten Staaten durch die Justiz behandelte Fall *Speed versus*

58 Walther, FS Werner, S.935,950; Zahn, Die AG 1975, S.169,174.

59 Zahn, a.a.O. und zur Megede in: Hdb. des Kapitalanlagerechts, Rz 75/§ 14. Vgl. zu rechtssystematischen Bedenken gegen ein Gesetz: Degner, Die AG 1974, S.365,369 und Beyer-Fehling/Bock, Börsenreform, Nr.122, S. 44-59.

60 Martens ZGR 3 (1974), S.269,275; ähnlich übrigens die amerikanische Fiduciary Duty Theory, entwickelt vom amerikanischen Supreme Court in United States v. Chiarella,588 F2d ,S.1358, rev'd 445 US, S.222; dazu Kraakman in:Hopt/Wymeersch, European Insider Dealing, S.39, 43.

61 Will, NJW 1973, 645, 646ff.

62 Vgl. Ansätze zum Vertrag mit Schutzwirkung zugunsten Dritter: Will a.a.O.; zu § 823 i.V.m. den IHR Holschbach, NJW 1973, S.2006, 2008; Coing, Die AG 1975,S.120,122 zu § 826 i.V.m. den IHR; krit. schon im Vorfeld: DGB-Pressemeldung vom 8. September 1971; Flachmann ZfK 1970, S. 593-596 und 650-654, 654.

63 Hopt/Will brachten darüber hinaus an vielen Stellen Kritik ein, die in die späteren Fassungen der Regeln einfloss: z.B Einbeziehung des Freiverkehrs(Der Freiverkehr bezeichnet gem. § 78 BörsG den Handel mit weder zum amtlichen Handel noch zum geregelten Markt zugelassenen Wertpapieren regional bedeutender Unternehmen, Lippe, Bankkaufleute), Einbeziehung von Großaktionären in den Kreis möglicher Insider, Europäisches Insiderrecht, S. 117, §§ 2 Nr.1c und 2 der IHR von 1988.

64 Horn, ZHR 136 (1972), S. 369, 382.

Transamerica[65] illustriert. In den 40er Jahren bot die einflussreiche Investmentgesellschaft Transamerica Corp. den Aktionären der weniger bedeutenden Tabakgesellschaft Axton-Fisher Corp. an, ihre Beteiligung zu einem Preis über Börsenkurs zu erwerben. Dabei verschwiegen aber die verantwortlichen Personen auf Seiten der Transamerica Corp. die geplante Liquidation von Axton-Fisher Corp. Zudem offenbarten sie nicht, dass die im Jahresabschluss von Axton-Fisher Corp. vorgenommene Bewertung des Inventars gegenüber dessen tatsächlichem Wert viel zu niedrig angesetzt war und die negative Einschätzung der Geschäftslage im Lagebericht nicht der Wirklichkeit entsprach. Die Axton-Fisher Aktionäre verkauften im Vertrauen auf die ihnen bekannten Informationen. Einen Tatbestand nach den deutschen Insiderregeln hätte aber keiner der verantwortlich zeichnenden *directors* bzw. *officers* von Transamerica erfüllt. Denn in ihrem Anstellungsvertrag hätten sie die IHR allenfalls gegenüber Transamerica anerkennen können (sog. Gesellschaftsbezogenheit des Insiderbegriffs der IHR)[66] und wären dann ihr und den mit ihr verbundenen Unternehmen, nicht aber einer dritten Gesellschaft verpflichtet gewesen.[67] Unter den IHR waren somit konzernfremde Dritte schutzlos gestellt.

Außerordentlicher Skepsis sah sich schließlich die VerfO gegenüber. Deren „Zwangsmittel“ seien vollkommen unzureichend, da sie nur bei besonders schwerwiegenden Insiderverstößen überhaupt eine Veröffentlichung des Prüfungsergebnisses gegen den Willen der Betroffenen[68] erlaubten.[69] Kritik traf auch die Bestimmung, dass der Insider bei einem Verstoß gegen die Regeln nur den Gewinn,

---

65 99 F. Supp. 808 - 852 (D. Del. 1951).

66 Anm. 1/§ 2 IHR.

67 Waser hatte deshalb eine teleologische Ausweitung des Insiderbegriffs auf derartige Fälle angeregt, Insider-Regelung in der BRD, S. 47; zustimmend: zur Megede in: Assmann/Schütze, Hdb. d. Kapitalanlagerechts § 14, Rn 31.

68 § 5 Nr. 7 VerfO (seit 1976).

69 Zu den noch restriktiveren Voraussetzungen der VerfO bis 1976: Horn ZHR 136 (1972), S. 383; Ulmer JZ 1975 S. 625, 626; Bremer Die AG 1971, S. 55, 56.

den er aus dem Geschäft erzielt habe, herausgeben solle. Der Insider könne demzufolge niemals mehr verlieren, als er gewonnen habe.[70] Im Hinblick auf eine effiziente Bekämpfung des Insiderhandels erschien den vorstehend zitierten Autoren das Mittel der Freiwilligen Selbstkontrolle insgesamt überfordert,[71] ja sogar bedeutungslos.[72]

Auf der Grundlage dieser Kritik erreichten deshalb schon verhältnismäßig früh Vorschläge für ein gesetzliches Insiderhandelsverbot die Fachöffentlichkeit. Den ersten Versuch unternahmen *Hopt/Will*, die eine sogenannte „kleine" gesellschaftsrechtliche Treuhandlösung und eine „große" kombinierte Treuhand- und Publizitätslösung zur Wahl stellten.[73] Die Vorschläge von *Hopt/Will* konnten sich nicht durchsetzen. Gleiches galt für den Entwurf des Arbeitskreises Gesellschaftsrecht,[74] der schon eine Strafsanktion für verbotenen Insiderhandel bis zu zwei Jahren Freiheitsentzug[75] und eine zivilrechtliche Herausgabepflicht in Höhe des doppelten Gewinns[76] zugunsten der „Benachteiligten" auf der Marktgegenseite beinhaltete.[77] Schließlich wurde der Ruf nach einer gesetzlichen Regelung des Insiderhandels auch mit dem Ziel, den deutschen Kapitalmarkt international wettbewerbsfähig zu machen, lauter.[78]

---

70 Arbeitskreis Gesellschaftsrecht, Verbot des Insiderhandelns, S. 19.

71 Hopt/Will a.a.O., S. 150.

72 Samm, Börsenrecht, S. 143.

73 A. a. O., S. 152 ff., vgl. dazu später ausführlicher 8. Kapitel.

74 Verbot des Insiderhandelns, S. 55 f.

75 § 38 des Vorschlags.

76 § 25 des Vorschlags.

77 Auch dieser Vorschlag wird später besprochen werden, 8.Kapitel.

78 Hauschka/Harm, BB 1989, S. 1189, 1195 ; vgl. auch von Rosen ZfK 1989, S. 658 - 664, 658; vgl. a. Hopt a.a.O., S. 381, 392.

B Keine gesellschaftsrechtliche Harmonisierung

I. Die Entstehung der „Insiderrichtlinie" der EG[79]

Die Regulierung des Insiderhandels erwies sich schon früh als eine die Grenzen der Mitgliedstaaten überschreitende Rechtsfrage. Bestrebungen auf Gemeinschaftsebene, dem Insiderhandel zu begegnen, existierten parallel zur Entwicklung in den Mitgliedstaaten[80] bereits seit 1970. Zu jenem Zeitpunkt galt das Problem innerhalb der Europäischen Gemeinschaft noch als ein gesellschaftsrechtliches. Art. 82 des Entwurf des Statutes einer Societas Europaea[81] sah zum Beispiel eine Registerpublizität für von den für die Rechnungslegung zuständigen Personen gekaufte Papiere und eine Abführungspflicht für Gewinne, die aus einem binnen 6 Monaten erfolgenden An- und Verkauf dieser Papiere erzielt wurden, vor.[82] Dem stark durch die damaligen französischen und amerikanischen Regelungen geprägten Artikel[83] blieb aber[84] wie auch den sogenannten „Wohlverhaltensregeln"[85] jede praktische Bedeutung versagt.[86] In der im Oktober 2001 erfolgten Neufassung des Statuts einer Societas Europaea finden Insiderregeln auch keine Erwäh-

---

79 ABl. EG vom 18. November 1989, L 334/30.

80 Für Frankreich: Loi n° 70 - 1208 du 23 decembre 1970, vgl. dazu Ducouloux-Favard, Gaz du Palais 1984 II, S. 419 - 423;für Spanien Gesetz Nr. 24 vom 20. Juli 1977, dazu Zurita in Hopt/Wymeersch, European Insider Dealing, S. 185 - 189; für Großbritannien: Financial Services Act v.1986, hierzu: Rider, in : Hopt /Wymeersch, European Insider Dealing, S. 313,324; FAZ v. 25. Februar 1994.

81 ABl. EG, 10. Oktober 1970, C 124/1.

82 Im Änderungsentwurf 1975 beibehalten: Beilage 4/1975 zum Bulletin der EG.

83 Hopt, ZGR 20 (1991), S. 18, 19.

84 Sehr kritisch Hopt/Will, a. a. O., S. 140 - 149.

85 ABl EG, 20. August 1977, L 212/37.

86 Hopt, ZGR 20 (1991), S, 18, 20.

nung mehr.[87] Der Erlass einer Insiderrichtlinie verzögerte sich dann bedingt durch den Widerstand von Deutschland und Italien, die weiterhin für eine freiwillige Selbstkontrolle eintraten, weiter.[88] Eine Beschleunigung der Arbeiten am Entwurf der Richtlinie erfolgte erst durch das Inkrafttreten der Einheitlichen Europäischen Akte im Jahre 1986,[89] in der die Mitgliedstaaten der EG die Verpflichtung zur Integration des Güter- Finanz- und Dienstleistungsmarktes bis zum Jahresende 1992 eingingen. Als eines der wichtigsten Instrumente zur Schaffung des erwünschten Finanzbinnenmarktes unterstrichen die beteiligten Partein dabei die Annäherung der Rechtsvorschriften im Bereich des Anlegerschutzes.[90] Gleich nach Unterzeichnung der Einheitlichen Europäischen Akte erarbeitete die EG-Kommission in den Jahren 1987[91] und 1988[92] für die Ausgestaltung der Richtlinie zwei Vorschläge, deren zweiter Eingang in die endgültige Fassung fand. Am 13. November 1989 erließ der EG-Ministerrat[93] schließlich die Richtlinie 89/592/EWG „zur Koordinierung der Vorschriften betreffend Insidergeschäfte".[94] Der erste Vorschlag der Kommission[95] war noch von einer Ermächtigung durch Art. 54 Abs. 3 lit. g EWG-Vertrag (Art 44 Abs. 2 lit. g in der Fassung des Vertrags zur Gründung der Europäischen Gemeinschaft,[96] nachfolgend: EG-Vertrag) ausgegangen, der die Koordinierung gesellschaftsrechtlicher

87 VO Nr. 2157/2001 vom 8. Oktober 2001; ABl. EG L 294 vom 11. Oktober 2001, S. 1.

88 Alessi, in : Hopt/Wymeersch, European Insider Dealing, .159,160.

89 Abgedruckt im Sartorius II, Nr.151.

90 Knebel, EuZW 1992, S.149,150.

91 Vorschlag vom 25. Mai 1987, ABl. EG, 11. Juni 1987, C 153/8).

92 Vorschlag vom 27. Oktober 1988, ABl. EG, 27. Oktober 1988, C 277/13.

93 Zu unterscheiden von 1. dem Europarat (dazu Oppermann, Europarecht Rz 47 ff. 2. dem Europäischen Rat (dazu Harnier, Kommentar zum EWG-Vertrag Rz 47 - 55 / Vorbemerkung zum 5. Teil).

94 ABl. EG vom 18. November 1989, L 334/30.

95 ABl. EG vom 18. Juli 1987.

96 Änderung zunächst durch den Vertrag von Amsterdam, BGBl Teil II 1998, S. 387 i.d.F.d. Bekanntmachung vom 28. April 1999, BGBl Teil II, 1999, S. 416, in Kraft getreten am 1. Mai 1999 gem. Bekanntmachung vom 6. April 1999, BGBl Teil II 1999, S. 296; Vertrag von Nizza vom 26. Februar

ordinierung gesellschaftsrechtlicher Schutzbestimmungen zugunsten der Gesellschafter und Dritter regelt und im Zusammenhang mit den

niederlassungsrechtlichen Bestimmungen des EG-Vertrages steht.[97] Der Ministerrat stützte sich dagegen nach entsprechender Stellungnahme durch das Europäische Parlament[98] auf Art 100a EWG-Vertrag (Art 95 des EG-Vertrags). Nach Art 95 des EG-Vertrags kommt dem Rat die alleinige Rechtssetzungsbefugnis zu, während die Kommission auf ein Vorschlagsrecht beschränkt ist. Im Regelfall gelten dagegen gem. Art 189 EWG-Vertrag[99] (Art 249 EG-Vertrag) für den Erlass von sekundärem Gemeinschaftsrecht grundsätzlich sowohl der Rat als auch die Kommission als kompetente Normgeber.

II. Rechtsfolgen der Richtlinie für Deutschland

Die Richtlinie als Rechtsetzungsform ist in Art 249 Abs. 3 des EG-Vertrags vorgesehen. Anders als die EG-Verordnung entfaltet sie für die Mitgliedstaaten, an die sie gerichtet ist, grundsätzlich nur hinsichtlich des zu verwirklichenden Ziels, nicht jedoch bezüglich der Mittelwahl verbindliche Wirkung. Sie gilt damit auch nicht unmittelbar im Verhältnis zwischen Mitgliedstaat und Bürger sondern bedarf eines Umsetzungsaktes in nationales Recht. Diese Rechtslage besteht zumindest während der Umsetzungsfrist,[100] die bei der Insiderrichtlinie am 1. Juli 1992 ablief.[101]

2001, ABl EG C 80 vom 10. März 2001, S. 1; beachte auch den EU-Vertrag vom 7. Februar 1992, BGBl Teil II 1992, S. 1253.

97 Einzelheiten sind hier allerdings strittig, Troberg in Groeben/Thiesing/-Ehlermann, Komm. zum EG-Vertrag, Art.54, Rz 13 ff.

98 ABl. EG vom 18. Juli 1987, S.93, C/187.

99 Beachte auch die inzwischen geltenden Änderungen durch den Vertrag über die Europäische Union, BGBl II 1992, S. 1253, 1256.

100 EuGH Slg 1979,S. 1629, 1645; EuGH Slg 1980, S. 1473, 1478.

101 Zu den potentiellen, aber nicht eingetretenen Folgen eines Verzugs mit der Umsetzung: Claussen, ZBB 1992, S. 267, 268 unter Verweis auf die EuGH

Die Ratio der Richtlinie als Normsetzungsinstrument bestand ursprünglich in der Schaffung eines geschmeidigen Mittels der Rechtsangleichung für den Staatenverbund der Europäischen Gemeinschaften[102] und im Schutz der Souveränität der nationalen Parlamente.[103] Die Praxis der Richtliniensetzung weicht freilich heute oft von dieser Ratio des EG-Vertrages ab und verpflichtet die nationalen Legislativen auf sehr detaillierte Vorgaben.[104] Anders verfährt aber die Insiderrichtlinie, die den Gesetzgebern der Mitgliedstaaten einen wichtigen Entscheidungsspielraum belässt. Art. 6 der Richtlinie eröffnete den Mitgliedstaaten gleichermaßen den Erlass strengerer wie auch zusätzlicher Vorschriften zur Regulierung des Insiderrechts und setzt insofern nur einen Mindeststandard. Außerdem unterliegt es dem Ermessen der Mitgliedstaaten, auf welche Weise sie Verstöße gegen die nationalen Vorschriften sanktionieren möchten. Art. 13 der Richtlinie ermöglichte in diesem Zusammenhang nicht nur eine straf- oder ordnungswidrigkeitenrechtliche, sondern auch eine zivilrechtliche Lösung.[105]

Adressaten der Richtlinie sind nur alle staatlichen Organe,[106] so dass die deutschen Insiderregeln als taugliches Mittel zur Erfüllung der Pflichten ausschieden. Erlaubt hätte die Richtlinie hingegen die gesetzliche Verankerung zivilrechtlicher Herausgabeansprüche von Outsidern gegen Insider.

III. Der Erlass des WpHG

Die Umsetzung der EG-Insiderrichtlinie in deutsches Recht vollzog sich schließlich in mehreren Schritten. Ihren Anfang nahm sie mit

---

-Rechtsprechung in ähnlichen Fällen: (Frankovich) EuGH NJW 1992, S. 165, 167; Classen, EuZW 1993, S. 83-87, insbes. 85.

102 Oppermann, a.a.O.

103 Bleckmann, Europarecht, Rn 139.

104 Dazu Ipsen, FS Ophüls, S.67,74; Oldekop JöR 1972,S.55,86 ff.

105 Eine solche prognostizierte noch Ernst, WM 1990, S. 461,461.

106 St. Rspr. des EuGH, vgl. z.B. EuGH Slg. 1984, S. 1891-1920, 1909.

der Redaktion eines Diskussionsentwurfes[107] und einer dazu abgegebenen Stellungnahme des Zentralen Kreditausschusses der deutschen Banken.[108] In enger Anlehnung an den Richtlinientext verfasst, enthielt der Diskussionsentwurf bereits die wichtigsten Eckpunkte der jetzigen gesetzlichen Regelung. Die Kritik des zentralen Kreditausschusses war an den meisten Stellen nicht grundsätzlicher, sondern klarstellender oder systematischer Natur. Sie fand in weiten Teilen Berücksichtigung im späteren Gesetzestext bzw. in der Regierungsbegründung. Am 3. November 1993 verabschiedete das Kabinett den Regierungsentwurf.[109] Die größtenteils geringfügigen Änderungen, die auf Stellungnahmen von Bundesrat,[110] Bundestag[111] und Bundesregierung[112] zurückgingen, fanden Eingang in den endgültigen Text des WpHG,[113] das als Art. 1 des Zweiten Finanzmarktförderungsgesetzes[114] am 1. August 1994 in Kraft trat.[115]

---

107 Unveröffentlichtes Dokument des BMF, das dem Verfasser leider nur undatiert und ohne Aktenzeichen vorliegt.

108 Unveröffentlichtes Dokument vom 20. August 1993.

109 BR-DS 793/93 (5. November 1993); BT-DS 12/6679 (27. Januar 1994).

110 BR-DS 793/1/93; BT-DS 12/6679, S. 94 ff.

111 Stellungnahme für den Finanzausschuss durch Hopt, WM 1994, S. 29 ff.

112 BT-DS 12/6679, S. 101 ff.

113 BGBl. I 1994, S. 1749 – 1760.

114 Zum Diskussionsentwurf des 4. Finanzmarktförderungsgesetzes siehe die elektronische Veröffentlichung von Claussen, www.hlfr.de/d/ aktuelles/ download/claussen_-_finanzmarkt.html.; WpHG nunmehr in der Fassung der Bekanntmachung vom 9. September 1998 (BGBl. I S. 2708), zuletzt geändert durch Artikel 3 des Gesetzes zur Änderung des Versicherungsaufsichtsgesetzes, insbesondere zur Durchführung der EG-Richtlinie 98/78/EG vom 27. Oktober 1998 über die zusätzliche Beaufsichtigung der einer Versicherungsgruppe angehörenden Versicherungsunternehmen sowie zur Umstellung von Vorschriften auf den Euro vom 21. Dezember 2000 (BGBl I S. 1857).

115 Änderungen der Insiderregelung durch das 3. Finanzmarktförderungsgesetz, Artikel 3 des Gesetzes vom 24. März 1998, BGBI. 1 1998 S. 529, 536 ff.; Regierungsentwurf BT-Drucksache 13/8933 (auch BR Drs. 605/97), Seite 92, betreffen im Wesentlichen Anpassungen an den EU-Vertrag; Zitat aus der Regierungsbegründung:" Zu Nummer 2 (§§ 2a, 12, 19, 26, 30, 36a, 36c): Die Änderung trägt der Tatsache Rechnung, dass mit dem Vertrag über die Europäische Union vom 7. Februar 1992 (BGBl. II S.

Die praktischen Erfahrungen mit der Insiderregelung des WpHG sind noch verhältnismäßig gering: In den Jahren 1995 bis 1999 endeten 13 Strafverfahren durch einen Strafbefehl. In 30 Fällen erfolgte eine Einstellung des Strafverfahrens gegen Zahlung einer Geldbuße nach § 153 a StPO. 57 weitere Verfahren wurden aus anderen Gründen eingestellt. Im Jahr 1999 untersuchte das Bundesaufsichtsamt für den Wertpapierhandel darüber hinaus 39 Sachverhalte auf das Vorliegen eines Insiderverstoßes.[116] Im Jahr 2000 stieg diese Zahl auf 55.[117]

C *Insiderverbot und Ad-hoc-Publizität im Überblick*

Das WpHG enthält im wesentlichen Regelungen über Mitteilungs- und Veröffentlichungspflichten bei Veränderungen des Stimmrechtsanteiles an börsennotierten Gesellschaften, Wohlverhaltensregeln für Wertpapierdienstleistungsunternehmen, das Insiderhandelsverbot und die Ad-hoc-Publizität, von denen allein die letzten beiden hier von Interesse sind. Sie finden sich in den Abschnitten über die Begriffsbestimmung und den Anwendungsbereich (§§ 1 und 2), die Errichtung eines Bundesaufsichtsamtes (§ 3 - 11), das Insiderhandelsverbot und präventive Maßnahmen (§§ 12 - 19), die Straf- und Bußgeldvorschriften (§§ 38 - 40) sowie in § 41, der Übergangsvorschriften enthält. Der Anwendungsbereich des Gesetzes ist grundsätzlich für den börslichen und den außerbörslichen Bereich des Wertpapierhandels eröffnet. Ein Papier ist allerdings auch dann nur als Insiderpapier gemäß § 12 WpHG zu qualifizieren, wenn eine Börsennotierung oder eine Einbeziehung in den

---

1251) für die bis dahin bestehende gemeinschaftsrechtliche Struktur und die mit dem Vertrag neu hinzugekommenen Bereiche ein gemeinsames Dach geschaffen wurde. Infolgedessen wird nun nicht mehr auf die Mitgliedstaaten der einzelnen Gemeinschaften, sondern auf die Mitgliedstaaten der Europäischen Union Bezug genommen."

116 Alle Angaben aus dem Jahresbericht 1999 des Bundesaufsichtsamtes für den Wertpapierhandel, veröffentlicht unter www.bawe.de/down/jb99.pdf.

117 FAZ vom 22. Juni 2001.

Freiverkehr vorliegt. Anteile an nicht börsennotierten Aktien- und Kommanditaktiengesellschaften sowie an Gesellschaften mit beschränkter Haftung sowie Personengesellschaften erfasst das WpHG somit nicht, wohl aber den außerbörslichen Handel mit börsennotierten Aktien und Kommanditaktien. Neben weiteren Aufgaben obliegt dem Bundesaufsichtsamt für Wertpapierhandel die Aufsicht über die Einhaltung der Insidervorschriften. Als selbständige Bundesoberbehörde ist es dem Bundesministerium für Finanzen nachgeordnet und dessen Weisungen unterworfen. Seine Zuständigkeit erstreckt sich, ohne dass es einen eigenen Unterbau besäße, auf das gesamte Bundesgebiet.[118] Unterstützung erfährt es allerdings im Wege der Kooperation durch die Landesbörsenaufsicht, welche insbesondere bei der Durchführung eilbedürftiger Maßnahmen nach § 6 Abs. 2 Satz 1 WpHG um Hilfe angerufen werden kann.[119] Den Präsidenten des Amtes ernennt auf Vorschlag der Bundesregierung der Bundespräsident. Zur Durchsetzung seiner Aufgaben darf sich das Bundesaufsichtsamt der Zwangsmittel nach dem Verwaltungsvollstreckungsgesetz bedienen und erfreut sich darüber hinaus bei Anhaltspunkten für Verstöße gegen das Insiderhandelsverbot zahlreicher Auskunftsrechte gegenüber Kreditinstituten, Emittenten und weiteren Personen. Sollten sich die Anhaltspunkte zu einem Verdacht auf das Vorliegen einer Straftat verdichten, muss das Bundesaufsichtsamt die verdachtsbegründenden Tatsachen der Staatsanwaltschaft anzeigen.

Das Insiderhandelsverbot selbst ist folgendermaßen gestaltet: § 14 Abs. 1 WpHG verbietet einem Insider, unter Ausnutzung seiner Kenntnis von einer Insidertatsache, Insiderpapiere für eigene oder fremde Rechnung zu erwerben oder zu veräußern (Transaktionsverbot), einem anderen eine Insidertatsache unbefugt mitzuteilen oder zugänglich zu machen (Mitteilungsverbot) und einem anderen auf der Grundlage seiner Kenntnis von einer Insidertatsache den

---

118 Zur Zuständigkeit von Bundesoberbehörden: Maurer, Verwaltungsrecht, § 22, Rn 41.

119 Näher: Kümpel, WM 1994, Festgabe für Thorwald Hellner, S.35, 35; Claussen, DB 1994, S. 969, 969f.

Erwerb oder die Veräußerung von Insiderpapieren zu empfehlen (Empfehlungsverbot).[120]

Als Insider (sog. Primärinsider) gilt nach § 13 WpHG, wer als Mitglied des Geschäftsführungs- oder Aufsichtsorgans oder als persönlich haftender Gesellschafter des Emittenten oder eines mit dem Emittenten verbundenen Unternehmens,[121] aufgrund seiner Beteiligung am Kapital des Emittenten oder aufgrund seines Berufes oder seiner Tätigkeit oder Aufgaben bestimmungsgemäß Kenntnis von einer nicht öffentlichen Tatsache hat, die sich auf einen oder mehrere Emittenten von Insiderpapieren oder auf Insiderpapiere bezieht und die geeignet ist, im Falle ihres Bekanntwerdens den Kurs der Insiderpapiere erheblich zu beeinflussen (Insidertatsache). Neben dem Insider inkriminiert das WpHG in § 14 Abs. 2 auch Dritte (sog. Sekundärinsider). Darunter versteht der Gesetzgeber solche Personen, die ohne Insider zu sein, Kenntnis von einer Insidertatsache erhalten haben. Ihnen untersagt die Vorschrift, unter Ausnutzung der Kenntnis von Insidertatsachen Insiderpapiere für eigene oder fremde Rechnung oder für einen anderen zu erwerben oder zu veräußern. Als Insiderpapiere gelten nach § 12 WpHG Wertpapiere, die entweder an einer inländischen Börse zum Handel zugelassen oder in den Freiverkehr[122] einbezogen sind oder in einem ande-

---

120 Vgl. zum Stand der Strafbarkeit sog. „scalpings" (der Kauf oder Verkauf von Wertpapieren in Kenntnis einer bevorstehenden Bewertung oder Kaufempfehlung) : Volk, ZIP 1999, S. 787 ff. und Schneider/Burgard, ZIP 1999, S. 381 ff; das LG Frankfurt hat mittlerweile die Strafbarkeit des „scalping" grundsätzlich bejaht: Az 5/2 KLS 92 Js 23140.2/98 P2/98; das Bundesaufsichtsamt für Wertpapierhandel teilt diese Auffassung, vgl. Jahresbericht 1999 des BAWe, veröffentlicht unter www.bawe.de/down/jb99.pdf, S. 19 bis 25. Auch das sog. „front-running" also der Kauf von Wertpapieren in Kenntnis einer bevorstehenden, kursrelevanten Order eines Dritten ist nach Auffassung des BAWe a.a.O. strafbar. Gem. § 88 BörsG ist des weiteren der sog. Kursbetrug unter Strafe gestellt.

121 Zur Auslegung ist § 15 AktG heranzuziehen, Assmann, ZGR 23 (1994), S. 237,238.

122 Freiverkehr: nach § 78 BörsG Handel in Papieren, die weder zum amtlichen Handel noch zum Geregelten Markt zugelassen sind.

ren Mitgliedstaat der Europäischen Gemeinschaften oder einem anderen Vertragsstaat des Abkommens über den Europäischen Wirtschaftsraum zum Handel an einem Markt zugelassen sind, der von staatlich anerkannter Stelle geregelt[123] und überwacht wird, regelmäßig stattfindet und für das Publikum mittelbar oder unmittelbar zugänglich ist. Nach § 12 Abs. 2 WpHG werden auch Zeichnungsrechte,[124] Terminkontrakte[125] und weitere Papiere in den Begriff des Insiderpapiers einbezogen. Der Verstoß gegen die bezeichneten Verbote zieht schließlich Sanktionen von bis zu 5-jähriger Freiheitsstrafe oder Geldstrafe nach sich (§ 38 WpHG).

Begleitet wird das eigentliche Insiderhandelsverbot durch die in §§ 15 und 39 WpHG verankerte Ad-hoc-Publizität. Danach ist der Emittent von Wertpapieren, die zum Handel an einer inländischen Börse zugelassen sind, verpflichtet, unverzüglich eine neue Tatsache zu veröffentlichen, wenn sie nicht öffentlich bekannt und in erheblicher Weise kursrelevant ist. Allerdings kann das Bundesaufsichtsamt den Emittenten nach § 15 Abs. 2 WpHG von der Veröffentlichungspflicht befreien, wenn letzterem durch deren Befolgung Schaden drohen würde. Der Verstoß gegen die Veröffentlichungspflicht kann nach § 39 Abs. 3 in Verbindung mit Abs. 1 Nr. 2 lit. a WpHG die Ahndung mit einer Geldbuße bis zu 3 Millionen DM nach sich ziehen.[126] Schließlich erfasst das Insiderhandelsverbot die geld- oder währungspolitischen Geschäfte des Bundes, des Landes und der deutschen Bundesbank nicht.

---

123 Geregelter Markt: Gem. § 71 BörsG Handel in Papieren, die nicht zum amtlichen Handel zugelassen sind.

124 Hierzu zählen gesetzliche oder vertraglich vereinbarte Bezugsrechte, Assmann/Schneider-Assmann, Koom. Zum WpHG, § 12, Rn 10 .

125 Börsengeschäfte, bei denen die Erfüllung erst zu einem Termin nach Vertragsabschluß zum Börsen- oder vereinbarten Kurs erfolgt, Haas, Wirtschaftslexikon, Termingeschäfte, Gegensatz: Kassamarkt.

126 Beachte auch das im Regierungsentwurf des Vierten Finanzmarktförderungsgesetzes vom 14. November 2001 hinzutretende Verbot der Kursmanipulation, § 20a EWpHG, http://www.bundesfinanzministerium.de/Anlage8361/ Gesetzentwurf.pdf.

Die Insiderregelung des WpHG enthält damit offensichtlich keine ausdrücklichen zivil- oder gesellschaftsrechtlichen Anknüpfungspunkte; im Gegenteil, § 15 Abs. 6 Satz 1 WpHG[127] schließt unmittelbare Schadensersatzansprüche aus der Verletzung der Ad-hoc-Publizitätspflichten aus.[128]

D Die kapitalmarktrechtliche Konzeption des WpHG

Bei Vergleich der Regelung des WpHG mit derjenigen der IHR der Börsensachverständigenkommission[129] ergeben sich einige grundlegende Unterschiede: die in der Literatur kritisierte[130] Gesellschaftsbezogenheit des Insiderbegriffs gab das WpHG zugunsten einer Definition des Insiders nach Organzugehörigkeit, Beteiligungshöhe und Aufgabengebiet auf. Auch die Insiderinformationen dürfen sich nun auf andere Unternehmen beziehen als dasjenige des Insiders; zu Insiderpapieren zählen auch solche, die von dem Insider fremden Gesellschaften emittiert wurden. Anders als die IHR kennt das WpHG keinen Gewinnherausgabeanspruch der Gesellschaft, der der Insider angehört. Darüber hinaus hat es mit dem Wertpapieraufsichtsamt eine Institution geschaffen, die den Wertpapierhandel am Kapitalmarkt und die rechtzeitige Veröffentlichung kursrelevanter Informationen überwacht. Ähnliche Unterschiede ergeben sich bei einem ersten Vergleich des WpHG mit den Reformentwürfen von *Hopt/Will*[131] und des Arbeitskreises Ge-

127 Beachte allerdings die hier anstehenden Änderungen durch den Regierungsentwurf des Vierten Finanzmarktförderungsgesetzes vom 14. November 2001, §§ 37b und c EWpHG, http://www.bundesfinanzministerium.de/Anlage8361/Gesetzentwurf.pdf.

128 Hierzu ausführlich: Steinhauer, Insiderhandelsverbot und Ad-hoc-Publizität, S. 134 ff.

129 Bundesanzeiger 1. Juli 1988, nichtamtlicher Teil, S. 2883-2885.

130 Horn, ZHR 136 (1972), S.369, 382 u.v.a.

131 Europäisches Insiderrecht, S. 150 f.

sellschaftsrecht.[132] Auch die dort angeregten Herausgabe- und Schadenersatzpflichten fanden keinen Niederschlag im WpHG.

Während sich die IHR und die genannten Entwürfe also vorwiegend dem Innenverhältnis des Insiders zu seiner Gesellschaft und den übrigen Aktionären widmeten und damit eine gesellschaftsrechtliche Grundlage hatten,[133] hat sich das WpHG von einer gesellschaftsrechtlichen Lösung abgekehrt; es regelt in erster Linie den Kapitalmarkt[134] und wird deshalb als kapitalmarktrechtliches Gesetz bezeichnet.[135] Das Kapitalmarktrecht hat sich aus dem Aktien- und Börsenrecht heraus entwickelt[136] und hat die Funktionsfähigkeit des Kapitalmarktes zum Regelungsziel. Diese Funktionsfähigkeit misst sich an Allokationseffizienz, operationaler und institutioneller Effizienz.[137] Hierunter ist zu verstehen, dass der Kapitalfluss durch bestmögliche Information über Anlagerisiken dorthin geleitet werden soll, wo die höchsten Renditen erzielt werden können; die Kosten des Anlageangebotes sollen minimiert und das Vertrauen der Investoren in den Markt gefestigt werden.[138] Der Schutz der Kapitalmärkte durch Verbotsnormen kann dabei sowohl von strafrechtlichen wie von zivilrechtlichen Maßnahmen, die dann allerdings nicht das Binnenrecht der Gesellschaft sondern das Außenrecht der Marktteilnehmer betreffen, flankiert werden.

Der Wechsel der Rechtsgrundlage der EG-Richtlinie von Art. 54 Abs. 3 lit. g (Art 44 Abs. 2 lit. g EG-Vertrag) zu Art. 100a Abs. 1 EWG- Vertrag (Art. 95 EG-Vertrag) determinierte diese Konzepti-

---

132 Arbeitskreis Gesellschaftsrecht, Verbot des Insiderhandels, S. 19.

133 Vgl. Anmerkung 1/§ 2 IHR, Bundesanzeiger, nichtamtlicher Teil, 1. Juli 1988, S. 2883-2885.; Baumbach-Hopt, Komm. zum HGB, Einl. IHR, Anh.16, Rn 9).

134 Vgl. die Regierungsbegründung, BR-DS 793/93, S. 101.

135 Assmann/Schneider-Assmann, Komm. zum WpHG, Einl., Rn 9.

136 Hopt, ZHR 140 (1976), S.201, 201ff. und ders. ZHR 141 (1977) ,S. 389, 419 ff.

137 Assmann/Schütze-Assmann, Hdb. Kapitalanlagerecht, § 1, Rn 22 ff.

138 Assmann/Schütze-Assmann, a.a.O.

on des WpHG. Zu Unrecht führen Teile der Literatur den Austausch der Rechtsgrundlage auf die Furcht vor der sogenannten „Politikverflechtungsfalle“[139] zurück.[140] Das Schlagwort bezeichnet das aus Art 100 Abs. 1 EWG-Vertrag (Art 94 EG-Vertrag) erwachsende Problem, dass der Ministerrat im Bereich der Rechtsangleichung einstimmige Beschlüsse zu fassen hat. Zudem entsendet jedes Mitgliedsland ein Mitglied seiner Regierung,[141] das deren Weisungen untersteht, so dass die Interessen der Mitgliedstaaten im Rat besonders konträr aufeinandertreffen.[142] Der Widerstand eines einzigen Mitgliedes konnte in der Vergangenheit auf diese Weise den Harmonisierungsprozess lähmen. Die Einführung des Art 100a EWG-Vertrag[143] (Art 95 EG-Vertrag) ermöglichte dann aber eine Beschlussfassung mit qualifizierter Mehrheit, soweit der Rechtsetzungsakt der Verwirklichung eines der in Art 8a EWG-Vertrag (Art. 18 EG-Vertrag) genannten Ziele, m. a. W. der Herbeiführung des Binnenmarktes, diente. Dies entspannte die Beschlusssituation bei Unterzeichnung der Einheitlichen Europäischen Akte.[144]

Der Grund für die Wahl des Art 100a EWG-Vertrag (Art 95 EG-Vertrag) als Ermächtigung für die EG-Richtlinie lag dennoch nicht in einer Umgehung des Einstimmigkeitsprinzips bzw. der „Politikverflechtungsfalle“: auch nach Art. 54 Abs. 3 lit. g EWG-Vertrag (Art 44 Abs. 2 lit. g EG-Vertrag) wäre bereits eine Beschlussfassung mit qualifizierter Mehrheit möglich gewesen.[145] Im Zusammenlesen mit der Präambel des Richtlinientextes, die als Ziel ein reibungsloses Funktionieren des Marktes fixierte, ergibt sich vielmehr, dass die Zugrundelegung von Art 100a EWG-Vertrag (Art

---

139 Scharpf „Die Politikverflechtungsfalle“, PVS 1985, S.332, 346 ff.
140 Paefgen, Die AG 1991, S. 380, 385; Hopt ZGR 20 (1991), S. 18, 22.
141 Art 2, Fusionsvertrag, Sartorius II, Nr. 220a.
142 Vgl. Oppermann, Europarecht, Rn 456.
143 Beachte auch hier die Änderungen durch den Vertrag über die Europäische Union.
144 Abgedruckt in Satorius II, Nr. 151.
145 Vgl. a. Troberg u.a., Komm. zum EWG-Vertrag, Art 54, Rz. 7.

95 EG-Vertrag) die kapitalmarktrechtliche[146] Perspektive der Richtlinie verdeutlichen sollte.[147] Auf der Grundlage von Art 54 Abs. 2 in Verbindung mit Art 54 Abs. 3 EWG-Vertrag (Art 44 EG-Vertrag) wäre dagegen nur eine gesellschaftsrechtliche Lösung möglich gewesen, wollte man dogmatische Unstimmigkeiten bei der Umsetzung in den Mitgliedstaaten vermeiden. Des Weiteren dürfte eine Rolle gespielt haben, dass der Erlass der Insiderrichtlinie noch im historischen Kontext der Verabschiedung der einheitlichen Europäischen Akte stand und die kapitalmarktrechtliche Konzeption im politischen Sinne harmonisierungsfreundlicher war. Überdies konnten die Mitgliedstaaten mit einer kapitalmarktrechtlichen Regelung und der damit verbundenen Schaffung von Wertpapieraufsichtsämtern nach dem Vorbild der US-amerikanischen *Securities and Exchange Commission* auch nach außen hin deutlich machen, dass sie eine effiziente Insiderüberwachung anstrebten.[148]

So ist es schließlich auch zu erklären, dass gesellschaftsrechtliche Elemente, etwa die Gesellschaftsbezogenheit des Insiderbegriffs oder Ansprüche der Gesellschaft auf Herausgabe des erzielten Insidergewinns weder in die Endfassung des Richtlinientextes noch in das WpHG aufgenommen wurden. Nicht erklärbar ist hierdurch allerdings, dass auch zivilrechtliche Ansprüche außenstehender Anleger am Kapitalmarkt, etwa in Form von Schadenersatz- oder Bereicherungsansprüchen, keinen Eingang in das WpHG fanden. Gerade eine solche zivilrechtliche Ergänzung[149] der straf- und ordnungswidrigkeiteinrechtlichen Regelung hätte weder im Gegensatz zur kapitalmarktrechtlichen Ermächtigungsgrundlage der Richtlinie

---

146 Vgl. Jenckel, Insiderproblem, S. 24.

147 Hier wiederum zutreffend Hopt, ZGR 20 (1991), S. 18, 20.

148 Zur US-amerikanischen S.E.C.: siehe 7. Kapitel.

149 Dies wird jetzt möglicherweise durch §§ 37b und c EWpHG, allerdings nur hinsichtlich der Tatbestände der Kursmanipulation und der Verletzung von Veröffentlichungspflichten, nicht aber hinsichtlich der Insidertatbestände erfolgen; Regierungsentwurf des Vierten Finanzmarktförderungsgesetzes vom 14. November 2001, http://www.bundesfinanzministerium.de/Anlage8361/Gesetzentwurf.pdf.

gestanden noch gegen Art. 6 der Richtlinie selbst verstoßen. Der deutsche Gesetzgeber hat insofern nur von seinem Spielraum bei der Umsetzung der Richtlinie in zulässiger Weise Gebrauch gemacht und sich auf die Einführung strafrechtlicher Sanktionen beschränkt.

E Zusammenfassung des 1. Kapitels

Während das deutsche Insiderrecht über die Verabschiedung der IHR zunächst einen gesellschaftsrechtlichen Lösungsweg eingeschlagen hatte, trugen nationale und europäische Reformbestrebungen schließlich zur Schaffung einer kapitalmarktrechtlich orientierten gesetzlichen Regelung in Form des WpHG bei. Infolgedessen schreibt das WpHG keine Schutzrechte für die Gesellschaft fest. Die vom europäischen Richtliniengeber belassenen Optionen, das kapitalmarktrechtliche Insiderhandelsverbot durch zivilrechtliche Maßnahmen umzusetzen oder Straftatbestände durch zivilrechtliche Ansprüche der Anleger zu flankieren, nahm der deutsche Gesetzgeber nicht wahr.

2. Kapitel: Insiderhandel und Treuepflichten

Insidergeschäfte weisen nicht notwendigerweise einen gesellschaftsrechtlichen Bezug auf. Insiderverstöße können von Börsenmaklern[150], von Finanzanalysten und Wirtschaftsjournalisten[151] begangen werden, die im Rahmen ihrer Berufsausübung kurssensible, nicht öffentliche Informationen erhalten haben. In dem vom U.S. Supreme Court verhandelten Fall „*Chiarella versus United States*“[152] war *Vincent Chiarella* für eine New Yorker Finanzdruckerei als Setzer tätig. In diesem Zusammenhang erhielt er kodierte Informationen über bevorstehende Unternehmenskäufe. Die kodierten Informationen konnte er erfolgreich dechiffrieren und kaufte daraufhin Papiere an den Zielgesellschaften. Später veräußerte er die Papiere wieder mit bedeutendem Gewinn. Dieser Fall weist weder Bezüge zum Binnenrecht der Käufergesellschaft noch des Kaufobjektes auf. *Chiarella* war ein typischer Marktinsider gem. § 13 Abs. 1 Nr. 3 WpHG, der kraft seiner beruflichen Tätigkeit von den Insidertatsachen erfuhr.

Einen Bezug zum Binnenrecht einer Aktiengesellschaft stellen hingegen Insiderhandelsaktivitäten von Mitgliedern des Vorstands, des Aufsichts- oder Beirats, bzw. von Aktionären her. Vorstand und Aufsichtsrat verbinden ihre organschaftlichen Bestellung, den Aktionär das Mitgliedschaftsrecht mit der Gesellschaft. Gegenstand dieses Kapitels wird sein, inwieweit das Institut der gesellschaftsrechtlichen Treupflicht für diesen binnenrechtlichen Bereich des Insiderhandelsproblems Lösungen bereithält.

---

150 Hierzu Schwarze, WM 1997, S. 1564 f.

151 Vgl. Eichele, WM 1997, S. 501-509, passim.

152 445 U.S. 222 (1980).

A *Treupflichten nach Rechtsprechung und Literatur*

Die Literatur hat sich bislang relativ selten[153] mit dem Problem befasst, ob Insiderhandel gesellschaftsrechtliche Treuepflichten verletzen kann. In einer neueren Arbeit lehnt *Steinhauer*[154] den Ansatz der Treupflichten zur Lösung des Insiderproblems allerdings ab. Seine Begründung hierfür lautet insbesondere, eine Vorverlagerung der Treuepflichtbindung auf den Insider, der erst durch den inkriminierten Erwerb von Papieren Aktionär der Gesellschaft werde, sei nicht möglich; auch dieser "Noch-Nicht-Aktionär" könne aber Insidergeschäfte tätigen, die geeignet seien, Interessen von Outsidern zu verletzen. Eine Unterscheidung zwischen dem bereits Aktien besitzenden Insider und dem im Erwerb befindlichen Insider sei willkürlich und führe zu unbilligen Ergebnissen.

Steinhauer ist mit der herrschenden Meinung in der Literatur darin Recht zu geben, dass gesellschaftsrechtliche Treuepflichtbindungen nach derzeitigem Rechtsverständnis das vormitgliedschaftliche Verhältnis nicht mit einschließen.[155] Jenseits treuerechtlicher Bindungen befindet sich hierdurch nicht nur der Aktien an der Gesellschaft erst erwerbende Insider; auch der Outsider, der zum Zeitpunkt des Insidergeschäftes keine Aktien an der Gesellschaft hielt,

---

153 Nur verwandte Themenkreise werden in der Arbeit von Markus Roth, Unternehmerisches Ermessen und Haftung des Vorstands, angesprochen: vgl. zum Bruch von Treuepflichten durch Verletzung von Wettbewerbsverboten und in Übernahmesituationen S. 63 ff.; auch in einigen Publikationen jüngeren Datums wird dieser Komplex nicht aufgegriffen: Jilg, Die Treupflicht des Aktionärs (2000); Stelzig, Zur Treuepflicht des Aktionärs (2000); Gedanken zur Verletzung von Treupflichten durch Insiderhandel finden sich aber bei Lutter, ZHR 153 (1989), S. 446, 458 und Kümpel, Bank- und Kapitalmarktrecht, Rn 14.77 ff., die beide die Verletzung von Treupflichten durch Insiderhandel als selbstverständlich ansehen.

154 Insiderhandelsverbot und Ad-hoc-Publizität, S. 213.

155 Vgl. hierzu Weber, Martin, Vormitgliedschaftliche Treuebindungen (1999), passim; Lutter, ZHR 153 (1989), S. 446, 460; Joussen, BB 1992, S. 1075, 1079; Claussen, ZHR 154 (1990), S. 488, 491.

beriefe sich vergeblich auf eine Verletzung gesellschaftsrechtlicher Treupflichten. Im Einzelfall kann dies zwar zu "ungerechten" Ergebnissen führen. Entscheidender ist demgegenüber jedoch, dass eine praktisch äußerst wichtige Gruppe von Insidern in Aufsichts- und Leitungsgremien dank einer Ausgabe von Kapitalbeteiligungen[156] oder aufgrund der Ausübung von Bezugsrechten aus Stockoptions oder Wandelanleihen bereits Aktien besitzt. Diese Gruppe von Insidern könnte sich mit der Begründung, ein „Noch-Nicht-Aktionär“ unterliege auch keiner gesellschaftsrechtlichen Treupflicht, Sanktionen entziehen. Eine solche Forderung nach Gleichheit im Unrecht ist rechtlich bedeutungslos. Der treurechtliche Aspekt des Insiderhandels darf vor diesem Hintergrund entgegen der Auffassung *Steinhauers* nicht ignoriert werden.

Die Rechtsprechung hat sich bislang noch nicht zu der Verletzung von Treupflichten durch Insiderhandel geäußert. Sie hat allerdings für einige andere Fallgestaltungen herausgearbeitet, unter welchen Voraussetzungen das Verhalten eines Aktionärs gegen gesellschaftsrechtliche Treupflichten verstoßen kann. Dabei kommt sie zu dem Ergebnis, dass - wenn auch in unterschiedlicher Ausprägung -[157] in Gesellschaften jeder Rechtsform ein besonderes Nähe-

---

156 Vgl. dazu Lotz, Die insiderrechtliche Beurteilung von Aktienoptionsplänen, passim; Harrer, Mitarbeiterbeteiligung und Stockoption-Pläne, Rn 213 ff. Friedrichsen, Aktienoptionsprogramme für Führungskräfte, S. 1 ff.; Kramarsch, Aktienbasierte Managementvergütung, S. 2 f.

157 Zur Personengesellschaft: Hueck, FS Huebner, S. 72-91, 72; BGH Z 68, 81 - 86, 81, 82; zur GmbH: BGH Z 9, S. 157 - 179, 163, BGH Z 14, S. 25 - 39, 38 ; Ulmer, Anm. zu ITT, NJW 1976,S.192 f. dazu, dass Anerkennung von Treuepflichten in der GmbH für Rspr. des BGH kein Novum sei; anders K. Schmidt, GesR., § 20 IV 2; BGH BB 1975, S. 1450 - 1451; BGH JZ 1976,S. 408 - 409, Anm. Wiedemann; NJW 1976, S. 191 - 192, Anm. Ulmer.; zur komplizierteren Entwicklung im Recht der Aktiengesellschaft, bei der die Existenz von Treuepflichten vom Reichsgericht zunächst ideologisch begründet, dann aber vom Bundesgerichtshof gänzlich negiert wurde: RGZ 146, S. 385 - 397, 395 f.; Hueck, Der Treuegedanke, S. 14; zur Aktienrechtsreform von 1937: Vgl. Fechner, Die Treuebindungen des Aktionärs, S. 39 ff. (1942); BGHZ 9, S. 157 - 179, 163; BGHZ 14, S. 25 - 39, 38 f.; BGHZ 18, S. 350 - 366, 365; BGH WM 1976, S. 449 - 450 (AUDI-

verhältnis zwischen den Gesellschaftern existiert, welches diese zur gegenseitigen Rücksichtnahme und Unterstützung verpflichtet. Als besondere Ausprägung des in § 242 BGB verankerten Rechtsgrundsatzes von Treu und Glauben bestimmen daher heute in Personengesellschaften, GmbHs und Aktiengesellschaften auch gesellschaftsrechtliche Treupflichten über das Verhältnis der Gesellschafter zueinander.[158] Der BGH erkannte dabei die Existenz von Treuepflichten in der Aktiengesellschaft erstmals in der „Linotype"-Entscheidung an.[159] In dieser Entscheidung sah der BGH einen Mehrheitsaktionär durch die Treupflichten daran gehindert, mit der Gesellschaft exklusive Gespräche über die Übernahme eines Betriebsteils zu führen ohne dabei dem Minderheitsaktionär eine Erwerbschance zu belassen. Die Literatur nahm das Urteil fast durchweg positiv auf.[160] Eine wichtige Fortführung dieser Rechtsprechung erfolgte sodann durch die „Girmes"-Entscheidung,[161] die ebenfalls ganz überwiegend auf Zustimmung in der Literatur

---

NSU). Zur Kritik der Literatur an der AUDI-NSU-Entscheidung: z.B. K. Schmidt, Gesellschaftsrecht 1. Auflage, § 20 IV; vgl. auch Lutter, JZ 1976, S. 562 – 563.

158 Vgl. hierzu: Palandt-Heinrichs, Komm. zum BGB, § 242 BGB, Rn 2. BGH Z 85, S. 39 - 61, 48; Weber, JuS 1992, S. 631, 633; Larenz/Canaris, SchuldR AT, § 10 I; Müko-Roth, Rn 5/§ 242 BGB; Soergel-Teichmann, Komm. zum BGB, § 242, Rn 40; Staudinger-J. Schmidt, Komm. zum BGB, § 242, Rn 98; insbesondere zur Ausprägung von § 242 BGB im Gesellschaftsrecht: RGZ 128, S. 1 - 18, 16; RGZ 142, S. 206 - 218, 216; RGZ 162, S. 388 - 397, 394 ; BGH NJW 1962, S. 859 - 859, 859; Hueck, FS Huebner, S. 72 - 91, passim.

159 BGH JR 1988, S. 505 - 509, Anm. Bommert; JZ 1989, S. 443 - 447, Anm. Wiedemann; NJW, S. 1579 - 1582, Anm. Timm.

160 Vgl. Hüffer, FS Steindorff 1990, S. 59, 62 ff.; Kort, ZIP 1990, S. 294; Lutter, ZHR 153 (1989), S. 446, 447 ff ; Henze, FS Kellermann, ZGR Sonderheft 10, S. 141 - 152; A. A.:Meyer-Landrut, FS Häubling 1989, S. 249, womit er seine abl. Kommentierung im Großkomm. zum AktG, Rn 34/§ 1 fortsetzt. Positiv auch : Bommert, JR 1988, S. 509, 511 (Urteilsanmerkung) ; Wiedemann, JZ 1989, S. 443, 447 (Urteilsanmerkung); Timm, NJW 1988, S. 1582, 1583 (Urteilsanmerkung).

161 WM 1995, S. 882 – 895.

stieß.[162] Hier wies der BGH erstmals darauf hin, dass auch ein Minderheitsaktionär einer Treupflichtbindung unterliegen könne. Die Treuepflicht verpflichte den Minderheitsaktionär, seine Mitverwaltungs- und Kontrollrechte unter angemessener Berücksichtigung der gesellschaftsbezogenen Interessen der anderen Aktionäre auszuüben. So dürfe er sich einer notwendigen Sanierung einer Gesellschaft nicht grundlos in den Weg stellen. Die „Girmes"-Entscheidung brachte eine weitere für die hier zur Untersuchung anstehenden Fragen bedeutsame Neuerung: während der BGH in „Linotype" die Existenz von Treupflichten noch mit der personalistischen Ausgestaltung der betroffenen Aktiengesellschaft in Verbindung gebracht hatte, schloss die Börsennotiz – und damit kapitalistische Ausgestaltung der Girmes-AG - nach Auffassung des BGH offenbar die Existenz von Treupflichten nicht mehr aus.

Ein Aktionär unterliegt nach den Leitentscheidungen des BGH in „ITT"[163], „Linotype"[164] und „Girmes"[165] und der mit diesen im Ergebnis im Einklang befindlichen Literatur also entweder dann einer Treuepflicht, wenn er als Mehrheitsaktionär durch Einflussnahme auf die Geschäftsführung die Interessen der Mitgesellschafter zu beeinflussen vermag oder wenn er als Minderheitsaktionär eine Beteiligung erreicht hat, die ihm die Erzwingung gewisser Minderheitsrechte ermöglicht. Ähnliche Kriterien wandten Rechtsprechung und Literatur an, wenn ein Gesellschafter wichtige Betriebsteile über die Köpfe einer Minderheit hinweg auslagerte,[166] an der Ausschließung des Bezugsrechtes bei einer Kapitalerhöhung[167] mitwirkte oder seine für einen wirksamen Beschluss erforderliche

---

162 Vgl. z.B. K. Schmidt, Gesellschaftsrecht, 2.A. § 20 IV 3; Lutter, JZ 1995, S. 1053, 1056; Häsemeyer, ZHR (160) 1996, S. 109, 112; kritisch aber: Flume, ZIP 1996, S. 165 f.; Marsch-Barner, ZIP 1996, S. 853 f.

163 BGH JR 1988, S. 505 – 509 (die allerdings zur Rechtslage bei der GmbH erging).

164 BGH BB 1975, S. 1450 – 1451.

165 BGH WM 1995S. 883-895,884 f.

166 BGH Z 83, S. 122 – 144.

167 BGH Z 33, S. 175 – 189.

Stimme bei der Ausschließung eines nicht mehr tragbaren Mitgesellschafters verweigerte.[168]

Gesellschaftsrechtliche Treupflichten könnten einem außenstehenden Aktionär auch Schutz vor Insidern bieten. In ihrer Rechtsposition tangiert werden könnten die Outsider durch aktive Insidergeschäfte ebenfalls dann, wenn ein Insider von beabsichtigten Transaktionen aufgrund seines Kenntnisvorsprungs absieht. Treupflichten werden dem Insider daneben möglicherweise gebieten, Kenntnisvorsprünge gegenüber Mitaktionären offen zu legen.

B Verletzung von Treupflichten durch Insider

I. Einordnung in die bisherige Rechtsprechung

Alle von der Rechtsprechung behandelten Fälle haben gemein, dass ein Gesellschafter entweder durch Obstruktion oder durch Diktat seine ihm durch Gesellschafterrechte vermittelte Herrschaftsmacht missbraucht hat. Ganz anders verhält es sich im Falle von Insidertransaktionen. Der Insiderhandel treibende Aktionär macht sich keinerlei ihm zugewiesene Herrschaftsmacht zunutze. Weder behindert er für das Unternehmenswohl zu treffende Mehrheitsentscheidungen noch verletzt er das Recht von Minderheiten auf Mitwirkung an unternehmerischen Entscheidungen. Der Insider profitiert lediglich von seinem privilegierten Wissen von nicht öffentlichen, kursrelevanten Tatsachen, indem er sich oder Dritte durch Aktientransaktionen bereichert, Tatsachen unbefugt weitergibt oder Kauf- und Verkaufsempfehlungen erteilt. Damit erfüllt der Insiderhandel treibende Aktionär nicht die von Rechtsprechung und Literatur bisher aufgestellten Voraussetzungen.

---

[168] BGH Z 16, S. 317 - 326, 322; hierzu auch Lutter/Hommelhoff, Komm. zum GmbHG, § 53, Rn 18.

II. Fortentwicklung bestehender Fallkonstellationen

Die bestehenden Fallgruppen einer Treupflichtverletzung können um den Tatbestand des Insiderhandels erweitert werden, wenn der Missbrauch von Sonderwissen durch Insiderhandel dem Missbrauch von Herrschaftsmacht hinsichtlich seiner Wirkungen auf das zwischen den Aktionären bestehende Rechtsverhältnis vergleichbar ist. Hierfür geben die wirtschaftlichen Interessen eines Aktionärs einen Maßstab vor.

1. Berührung von Anlagezielen durch Insiderhandel

Ein Unternehmen oder eine vermögende Privatperson mögen Beteiligungen erwerben, um ihren wirtschaftlichen Einfluss zu mehren und künftig Kontrolle über Beteiligungsgesellschaften auszuüben. Die Teilnahme an unternehmerischen und strategischen Grundsatzentscheidungen der Gesellschaft geht dann mit dem Willen einher, langfristig am Erfolg der Unternehmung zu partizipieren. Umstrukturierungen und Neuausrichtungen des Geschäfts gestaltet der unternehmerisch orientierte Aktionär aktiv mit, so dass er als wirtschaftlicher Eigentümer des Unternehmens erscheint.[169] Der Inhaber eines kleineren Aktienportefeuilles nimmt dagegen an unternehmenspolitischen Entscheidungen im Regelfall kaum Teil.[170] Allenfalls erscheint er einmal jährlich auf der Hauptversammlung,[171] wird oft aber auch Dritte zur Stimmabgabe nach § 134 Abs. 3 AktG bevollmächtigen, ihnen nach § 129 Abs. 3 AktG die Legitimation zur Geltendmachung des Stimmrechts im eigenen Namen übertragen oder eine Bank das Depotstimmrecht nach § 135 AktG wahrnehmen lassen.[172] Der Kleinaktionär oder Anleger ähnelt inso-

---

169 Vgl. zur Intention des AktG von 1965 : Kraft, AktG, S. 14

170 So schon Würdinger, Aktien- und Konzernrecht, 3.A., S.13 und 25.

171 Wiedemann, Gesellschaftsrecht, § 9 II c.

172 Vgl. hierzu K. Schmidt, Gesellschaftsrecht, § 9 II c.

fern weniger einem wirtschaftlichen Eigentümer des Unternehmens als einem bloßen Kreditgeber.[173]

Der Grossaktionär hat neben seinen unternehmerischen Absichten, der Kleinaktionär in der Regel ausschließlich Interessen, die die Beteiligung an einer Gesellschaft in ihrer Eigenschaft als Geldanlage betreffen.[174] Diese Interessen sind in Abgrenzung zu den unternehmerischen Interessen kapitalistischer Natur. Sie zielen etwa darauf ab, gebundene Mittel kurzfristig flüssig machen zu können (Liquiditätsinteresse) und eine optimale Rendite zu erzielen (Renditeinteresse). Auch besteht ein Bedürfnis nach Information über die Entwicklung des eigenen Vermögens (Informationsinteresse) und die Sorge um die ordnungsgemäße Verwaltung der erbrachten Einlage (Verwaltungsinteresse).[175]

Der Insiderhandel treibende Aktionär missbraucht keine Herrschaftsmacht sondern Wissensvorsprünge. Insofern kann er regelmäßig auch keine unternehmerischen Zielvorstellungen seiner Mitgesellschafter beeinträchtigen. In Konflikt mit den kapitalistischen Interessen der Mitaktionäre kann der Insider allerdings – abgesehen vom Liquiditätsinteresse- geraten.

2. Beeinträchtigung eines Informationsinteresses

Nicht alle Anleger verfügen am Markt zum gleichen Zeitpunkt über den gleichen Informationszugang: Ad-hoc-Mitteilungen werden in der Praxis vorzugsweise über ein elektronisches Informationsverbreitungssystem veröffentlicht.[176] Die Veröffentlichung erfolgt

---

[173] Würdinger a.a.O.; latente Interessengegensätze zwischen *bondholders* und *shareholders* (vgl. etwa zur für Aktionäre i.d.R. nachteiligen Erhöhung des Verschuldungsgrades durch Ausgabe einer Anleihe, FAZ vom 8. Juni 2001 zur Telekom Jumbo-Anleihe) widersprechen dieser Sichtweise nicht.

[174] Vgl. zu der Fragestellung: Hopt, Kapitalanlegerschutz, S. 83 ff., 289 ff.

[175] Hopt und Wiedemann, jeweils a.a.O.

[176] Stellungnahme der Daimler-Benz-AG, FAZ vom 23. Juni 1994; Stellungnahme des ZKA der deutschen Banken vom 20. August 1993 (unveröffent-

meist zunächst über die Deutsche Börse AG als privatrechtlichem Informationsanbieter und von dort aus per Fax an das Bundesaufsichtsamt für Wertpapierhandel, dann an die Regionalbörsen und etwas später an die elektronischen Medien wie zum Beispiel „vwd Public", „Reuters direct" oder den „Infodienst 15" der Deutschen Börse AG.[177] Private Anleger sind im Nachteil, soweit sie nicht über entsprechende Empfangsgeräte verfügen und können schon aus diesem Grund keine dem institutionellen Anleger gleichwertige Analysen vorbereiten. Auch soweit Privatanleger über das Internet grundsätzlich die Möglichkeit der Kenntnisnahme von Ad-hoc-Mitteilungen haben, können sie deren Studium nicht soviel Zeit widmen, wie institutionelle Anleger. Die hieraus resultierenden Informationsnachteile privater gegenüber institutionellen Anlegern sind bekannt und werden akzeptiert. Empirische Untersuchungen darüber, inwieweit durch Insiderhandel die bestehenden Informationsungleichgewichte verschärft werden, liegen - soweit ersichtlich - nicht vor.[178] Jedoch erfreut sich der Insider gegenüber anderen Aktionären eines Wissensvorsprunges. Gerade diesen Vorteil gäbe der Insider mit Preisgabe seiner Kenntnisse auf. Will er von seinem privilegierten Wissen profitieren, muss er daher grundsätzlich bestrebt sein, es so lange wie zur Realisierung von Kursgewinnen erforderlich für sich zu behalten.[179] Dies kann im Ergebnis den In-

---

licht) zum Diskussionsentwurf des BMF (ebf. unveröffentlichtes Dokument, dass Verf. nur undatiert und ohne AktZ vorliegt).

177 FAZ vom 3. Februar 1995, „Bundesaufsichtsamt für den Wertpapierhandel".

178 Die empirische Untersuchung von Seeger, Insiderhandel am deutschen Aktienmarkt, betrifft die Existenz bzw. die Entdeckung (Schmidt/Wulf, ZBB 1993, S. 57 ff.) von Insiderhandel als solchem, die Studien von Seyhun, 16 J. Fin. Econ., 149 (1982) und Givoly/Palmon, 58 J. Bus. 69 ff. (1985) die Frage nach Gewinnen aus Insiderhandel durch Führungskräfte.

179 Dieser Ansatz wird in der Informationsökonomik sowie unter Autoren der ökonomischen Analyse des Rechts zunehmend anerkannt; vgl. Le Roy. 27 J. Econ. Literature, S. 1583ff.; Ausubel, 80 Am. Econ. Rev., S. 1022 ff.; Salbu, 68 Wash.L. Rev., S. 307 ff.; Georgakopoulos, 26 Conn.L.Rev., S. 1 ff.; Manove, 104 Q.J. Econ, S. 823 ff.; Mendelson 117 U. PA. L. Rev., S. 470 ff.; Bainbridge, 52 Wash. & Lee L. Rev. 1189 (1995).

formationsfluss zu den übrigen Aktionären - zumindest bei Existenz einer erheblichen Anzahl von Insidern am Markt - behindern.[180] Allerdings ist diese Konsequenz in den Wirtschaftswissenschaften nicht unumstritten. Einige Autoren vertreten die Meinung, Insiderhandel sei für den Informationsfluss am Kapitalmarkt zuträglich, da Insiderhandel zur Anpassung der Aktienkurse an ihren wahren Wert beitrage. Informationen, die andernfalls öffentlich gar nicht verfügbar wären würden durch Insiderhandel mittelbar in den Börsenkurs Eingang finden. Stehe etwa ein noch nicht öffentlich bekanntes Ereignis bevor, dass geeignet sei, den Aktienkurs in die Höhe zu treiben, so könnten kleinere Kurserhöhungen aus Insiderkäufen dies signalisieren.[181] Auch der nicht informierte Anleger könnte insofern durch Marktbeobachtung kursrelevante Ereignisse antizipieren und seinen Informationsstand verbessern.[182] Da dieser Streit in den Wirtschaftswissenschaften noch nicht entschieden ist und empirische Belege für die widerstreitenden Auffassungen fehlen,[183] ist nicht eindeutig zu klären, ob Insiderhandel das Informationsinteresse des Anlegers beeinträchtigt.

3. Beeinträchtigung eines Renditeinteresses

Die Rendite einer Aktie ergibt sich aus der Dividende (ggf. noch einschließlich des Körperschaftsteueranrechnungsguthabens) zuzüglich des Kursgewinnes bzw. abzüglich des Kursverlustes.[184] Den Einfluss der Begehung von Insiderhandel auf diese Rendite erläutert *Schörner*[185] am Beispiel zweier Situationen an einem modell-

---

180 So auch Levmore, 68 Va. L. Rev. 177 ff. (1982).

181 Fishel, 13 Hofstra L. Rev. 127, 133 (1984); Manne, 4 CATO L. J., 933, 935 (1985).

182 Auf dieser Überlegung aufbauen werden von einigen Banken mittlerweile sogar Zertifikate, mit denen auf Insiderverhalten spekuliert werden kann, aufgelegt (FAZ vom 13. Juni 2001).

183 Lahmann, Insiderhandel, S. 115 ff.

184 Lippe, Lehrbuch für Bankkaufleute, S. 683.

185 Gesetzliches Insiderhandelsverbot, S. 143 ff.; Schörner selbst ist allerdings Gegner eines gesetzlichen Insiderhandelsverbotes.

haften Kapitalmarkt. In der ersten Situation seien alle Marktteilnehmer Outsider, die über denselben Informationsstand verfügten. Angeboten würden die Aktien zweier Unternehmungen X und Y. Beide Aktien seien mit 100 bewertet und mit einer Dividendenerwartung von 10 behaftet. Außerdem sei unterstellt, dass kurssensible Nachrichten jeweils einen Einfluss von 10 zu Gunsten oder zu Ungunsten des Kurswertes ausübten. Seien Informationsänderungen für beide Werte gleich wahrscheinlich, könnten also beide Aktien künftig ebenso mit 90 wie mit 110 notieren, wären alle Outsider weiterhin bereit, für beide Aktien jeweils 100 zu bezahlen. Gewinn und Verlust seien danach dem Zufall überlassen. Anders sei dies jedoch in der zweiten Situation, bei der Insider am Markt tätig sind. Den Insidern stünden die kurssensiblen Informationen früher zur Verfügung. Wüssten sie also, dass beispielsweise bei X eine Dividendenerhöhung anstehe und bei Y eine Dividendensenkung, so kauften sie verständlicherweise X-Aktien und verkauften Y-Aktien. Die Outsider hingegen sähen sich in Folge des starken Engagements in X-Aktien einem Überangebot an Y-Werten gegenüber. Im Extremfall seien am Markt nur die überbewerteten Y-Aktien, jedoch keine X-Aktien verfügbar, da diese sämtlich von Insidern gehalten würden. Naturgemäß reduziere sich hierdurch die Rendite der Outsider.

Diese Analyse vereinfacht bewusst. Sie basiert auf der unwahrscheinlichen Prämisse, dass die im Verhältnis zu den Outsidern für gewöhnlich zahlenmäßig stark unterlegenen Insider überhaupt finanziell in der Lage sind, den Gesamtbestand an Papieren einer Unternehmung aufzukaufen. Weiterhin berücksichtigt das Modell nicht, dass einige Outsider aufgrund eigener Analysen über einen besseren Informationsstand verfügen. Schließlich weist *Schörner* selbst darauf hin, dass für die Outsider auch Möglichkeiten bestehen, Renditeverluste durch Verzicht auf Investitionen in verdächtige Werten zu vermeiden oder durch erhöhte Dividendenforderungen auszugleichen. Dennoch trifft die im Modellfall erfolgte Beobachtung, dass Insiderhandel die Renditen der Anlagen nicht informierter Marktteilnehmer beeinträchtigt, grundsätzlich zu. Denn wie bei jedem Modell werden hier nur die tatsächlich eintretenden

Effekte übertrieben. Mögen auch die Renditeeinbussen in der Praxis weniger auffällig sein, so wirken sie sich doch zu Lasten der Outsider aus. Der Hinweis, Outsider könnten die Verluste durch Analyse und kaufmännische Vorsicht reduzieren, steht diesem Ergebnis nicht entgegen. Schließlich stellt die Analyse für den Outsider einen zusätzlichen Kostenfaktor, sei es nur der eigene Zeitaufwand, dar. Sie bietet auch keine Gewähr für die Richtigkeit einer Entscheidung und mag trotz großer Sachkompetenz der Outsider in Börsengeschäften gerade deshalb unzutreffend sein, weil der Outsider die Insidertatsache eben nicht kannte. Das Renditeinteresse der Outsider wird insofern durch Insiderhandel beeinträchtigt.

4. Beeinträchtigung des Verwaltungsinteresses

In einer Gesellschaft, deren Papiere Gegenstand krimineller Aktivitäten sind, wird das Vertrauensverhältnis erheblich gestört. Aus Insiderhandel erwirtschaftete Gewinne werden darüber hinaus im Regelfall nicht gegenüber dem Finanzamt deklariert,[186] so dass das Risiko einer Entdeckung durch Außenprüfungen seitens des Finanzamtes oder durch die Steuerfahndung zu befürchten ist. Ermittlungen in steuerstrafrechtlichen wie auch in insiderrechtlichen Verfahren werden mit großer Anteilnahme durch die Presse verfolgt,[187] was für die Gesellschaft erhebliche Ansehensverluste bewirken kann. Diese Ansehensverluste können auf den Wert des Portefeuilles des Aktionärs durchschlagen. Durch Insiderhandel wird dem-

---

[186] Vgl. Süddeutsche Zeitung vom 10. Januar 1992 zum damaligen Insiderskandal an der Frankfurter Börse, in dessen Folge 40 Millionen DM aus Insidergewinnen der Steuer hinterzogen werden sollten; seinerzeit konnte die Staatsanwaltschaft lediglich die steuerstrafrechtlichen Tatbestände verfolgen, da Insiderhandel noch nicht unter Strafe gestellt war.

[187] „Pfleiderer Vermögensverwaltung GmbH & Co. KG“: vgl. Jahresbericht des BAWe 1999, veröffentlicht unter www.bawe.de/down/jb99.pdf „Escom“: FAZ vom 5. Juli 1996; „Krones“: FAZ vom 19. und 31. August 1995, 4., 9. und 13. September 1995; „Eurotunnel“: FAZ vom 10. August 1995; „Klöckner“, Börsenzeitung vom 29. Januar 1993; „Warschauer Skandal“: Die Welt vom 26. November 1992; „Dresdner Bank“: FAZ vom 6. Juni 1992; „Wünsche AG“: Handelsblatt vom 4. November 1992.

entsprechend auch das Interesse des Aktionärs an einer seriösen Verwaltung seiner Investition beeinträchtigt.[188]

III. Ergebnis

Anders als in den bisher von der Rechtsprechung entschiedenen Fällen zu Verstößen gegen gesellschaftsrechtliche Treupflichten, stellt Insiderhandel keinen Missbrauch von Herrschaftsmacht oder von Veto- oder Kontrollrechten einer Minderheit dar. Dennoch kann die Begehung von Insiderhandel durch einzelne Aktionäre in ähnlicher Weise Interessen von Mitgesellschaftern verletzen. In besonderem Masse betroffen ist hierbei das Interesse des Outsiders an einer angemessenen Rendite seiner Aktien und an einer seriösen Verwaltung seines Vermögens. Die Begehung von Insiderhandel bildet daher zukünftig einen weiteren Tatbestand, der durch die gesellschaftsrechtlichen Treupflichten untersagt ist. Der Aktionär kann unter Berufung auf die gesellschaftsrechtliche Treuepflicht verlangen, dass der Insideraktionär sich loyal verhält und das Betreiben von Insiderhandel unterlässt.

C Treuepflichten bei Unterlassung einer Transaktion

Nicht nur die aktive Vornahme von Insidergeschäften, auch das Unterlassen einer beabsichtigten Transaktion aufgrund von internen Kenntnissen kann zu Renditebeeinträchtigungen des Outsiders führen. Ob er sich hiergegen ebenfalls auf Grundlage gesellschaftsrechtlicher Treupflichten wehren kann, erscheint hingegen zweifel-

---

188 Beachte auch den Vorschlag im Regierungsentwurf des Vierten Finanzmarktförderungsgesetzes vom 14. November 2001 sog. "Director's Dealing" kraft Gesetzes zu publizieren; http://www.bundesfinanzministerium.de /Anlage8361/Gesetzentwurf.pdf.

haft. Die Fragestellung soll an folgendem Sachverhalt verdeutlich werden:

Aktionär A ist an der X-AG beteiligt. Er beabsichtigt, die Beteiligung in den nächsten Tagen erheblich zu erhöhen. Auf Grund seines privilegierten Informationszuganges erfährt er dann aber von bevorstehenden beträchtlichen Verlusten aus Warentermingeschäften der Gesellschaft. Daraus resultierende Kurseinbrüche befürchtend sieht A davon ab, die geplanten Aktienkäufe durchzuführen.

Dieser Sachverhalt erfüllt bereits vom Wortlaut her nicht den strafrechtlichen Tatbestand des § 14 WpHG. Dieser verlangt einen rechtsgeschäftlichen Vorgang, der aber im Fall des Unterlassens eines Kaufs oder Verkaufs nicht vorliegt.[189] Auch die Treuepflichten gegenüber den Aktionären der X- AG kann A nur verletzt haben, wenn gerade diese Treuepflichten ihn zwängen, den Kauf der Papiere vorzunehmen. Denn wegen Unterlassens ist zivilrechtlich nur haftbar, wer einer Pflicht zum Handeln unterlag.[190] Der Aktionär ist durch die Treupflicht gehalten, die Interessen seiner Mitgesellschafter zu respektieren. Zu beachten ist aber, dass er durch die gesellschaftsrechtliche Treuepflicht nicht gezwungen werden kann, den Interessen seiner Mitgesellschafter einen höheren Stellenwert als seinen berechtigten Eigeninteressen einzuräumen.[191] Im gegebenen Fall kann er seine Mitgesellschafter vor eventuellen Renditeminderungen nur dadurch bewahren, dass er die verlustträchtigen Papiere kauft und sich hierdurch aktiv selbst schädigt. Hierzu ist er durch die ihm obliegende Treupflicht nicht mehr verpflichtet. Eine rechtspraktische Erwägung erleichtert es, dieses Ergebnis zu akzep-

---

189 Assmann/Schneider-Assmann-Cramer, Komm. zum WpHG, § 14, Rn 9; Assmann, Die AG 1994, S. 246 f.; ders. ZGR 23 (1994), S. 519; Kümpel, Bank- und Kapitalmarktrecht, RZ. 14.189.

190 BGH NJW 1966, S. 1456-1458,1457; Palandt-Thomas, Komm. zum BGB, § 823, Rn 36 sowie ebd. Heinrichs, Rn 84 vor § 249 BGB; Medicus, Bürgerliches Recht, Rn 642.

191 BGH NJW 1989, S. 166-168, 167; Baumbach/Hopt, Komm. zum HGB, § 109, Rn 23.

tieren: allen Insiderfällen haften überaus große Beweisschwierigkeiten auf Grund der meist anonymen Vorgehensweise der Insider an.[192] Dies hat den deutschen und andere Gesetzgeber zwar nicht gehindert, gesetzliche Insiderhandelsverbote zu erlassen; einige Verurteilungen und Ermittlungsverfahren bestätigen zudem, dass im Einzelfall auch ein Insiderdelikt belegt werden kann.[193] Kaum gelingen kann aber der Nachweis eines Unterlassungsfalles. Nicht nur fehlt es an einer äußerlich erkennbaren Handlung wie zum Beispiel einer der Bank des Insiders erteilten Kaufs- oder Verkaufsorder. Auch die Kausalität zwischen dem Wissensvorsprung des Insiders und dessen Investitionsentscheidung dürfte durch einen Kläger kaum darzulegen sein. Eine zivilrechtliche Verfolgung von Unterlassungsfällen wäre insoweit in der Mehrzahl der Fälle ohnehin zum Scheitern verurteilt.

D Treupflicht zur Offenlegung von Informationen

Kapitalmarktrechtlich gebietet § 15 WpHG nur dem Emittenten von Wertapieren die Offenlegung kursrelevanter Tatsachen im Rahmen der Ad-hoc-Publizität. Die Verletzung der Offenlegungspflicht sanktioniert § 39 WpHG als Ordnungswidrigkeit mit einem Bußgeld während § 15 Abs. 6 WpHG gegen den Emittenten gerichtete Schadenersatzansprüche wegen Verletzung von Offenlegungspflichten ausdrücklich ausschließt.[194] Neben die kapitalmarktrechtliche Veröffentlichungsverpflichtung des Emittenten könnte auf der Grundlage der Treupflichten auch eine gesellschaftsrechtliche Offenlegungsverpflichtung für Insideraktionäre treten.

---

192 Vgl. zum „Krones-Fall": FAZ vom 19. und 31. August sowie 4.,9. und 13. September 1995; zum „Schwacke-Fall": FAZ vom 14.,18. und 27. Oktober 1995; zu einem in London abgeschlossenen Insiderverfahren: Faz vom 17. März 1995; zu „Escom": FAZ vom 4. September 1996.

193 So auch Hopt, Inside Information in : Hopt/Wymeersch, S. 219, 224.

194 Hierzu ausführlich Steinhauer, Insiderhandelsverbot und Ad-hoc-Publizität, S. 134 ff.

I. Verletzungen von Aktionärsinteressen

Wie erwähnt[195] bestehen die kapitalistischen Interessen des Aktionärs im Informations-, Rendite-, Liquiditäts- und Verwaltungsinteresse. Es liegt auf der Hand, dass das Informationsinteresse des Aktionärs durch die Nichtoffenlegung von Kenntnisvorsprüngen beeinträchtigt wird. Gleiches gilt für das Renditeinteresse, wie folgender Fall deutlich macht:

Ein Aktionär A kauft am Tag X 100 Aktien der Z-AG; die Aktien büßen am Tag X+1 auf Grund eines noch nicht öffentlichen, aber dem Aktionär B bekannten, kursrelevanten Ereignisses vom Tag X-1 20 an Wert ein.

Der Aktionär A hat hier zweifellos eine erhebliche Renditeeinbuße erlitten, die durch Offenlegung seitens des B hätte vermieden werden können. Bei voller Kenntnis der zu erwartenden Kursentwicklung hätte er niemals gekauft. Liquiditäts- und Verwaltungsinteresse sind hingegen nicht berührt. Der Aktionär ist nicht Adressat der Publizitätspflicht nach § 15 WpHG, so dass er auch nicht Betroffener eines ordnungswidrigkeitenrechtlichen Verfahren nach § 39 WpHG sein kann. Da die Nicht-Offenlegung von Informationsvorsprüngen insofern Interessen der Outsider verletzt, kann ein Insider etwa nach der US-amerikanischen *disclose or abstain-rule* zur Offenlegung dieser Kenntnisvorsprünge verpflichtet sein.[196] Als Berechtigte einer solchen Offenlegungspflicht kommen einzelne Aktionäre, deren Gesamtheit wie auch der Markt an sich in Betracht.

II. Offenlegung gegenüber einzelnen Aktionären

Ein aus der gesellschaftsrechtlichen Treuepflicht ableitbarer Anspruch eines einzelnen Aktionärs auf Offenlegung kursrelevanter Tatsachen war schon Gegenstand der „AUDI-NSU“- Entscheidung

---

195 Vgl. oben B.

196 S.E.C. v. Cady Roberts and Co., 40 S.E.C., 907, 912.

des BGH, der in Kürze folgender Sachverhalt zugrunde lag: Die VW-AG hatte als Mehrheitsaktionärin der AUDI-NSU-AG einen Gewinnabführungs- und Beherrschungsvertrag mit dieser geschlossen. Darin hatte die VW-AG sich verpflichtet, auf Verlangen der AUDI-NSU-Aktionäre während der Dauer von 6 Monate ab Handelsregistereintragung des Vertrages VW-Aktien gegen AUDI-NSU-Aktien umzutauschen. Nach Vertragsschluss, aber vor Eintragung der Rechtsänderung erwarb VW von der Israel-British-Bank, einem damaligen Großaktionär der AUDI-NSU,[197] ein Aktienpaket zu 226 je Aktie. Nach Eintragung des Vertrages beantragte VW die Kursaussetzung[198] und unterbreitete allen AUDI-NSU-Aktionären ein Ankaufsangebot zu 226. Ein klagender Aktionär, der kurz zuvor zu einem Preis unter 226 veräußert hatte, verlangte Schadenersatz für von ihm erlittene Kursverluste.[199] Das als Vorinstanz des BGH zuständige OLG Celle hatte diesbezüglich zunächst argumentiert: „Der [...] außenstehende Aktionär hat nicht Anspruch auf vorherige Information, um etwa vorgesehene Aktienverkäufe zu den noch bestehenden, aber in Kürze sich ändernden Kursen noch rechtzeitig unterlassen zu können. Eine solche [...] Information diente nicht der vertraulichen Unterrichtung der Aktionäre, sondern müsste eine allgemeine Mitteilung an die Öffentlichkeit enthalten. Denn die Namen der außenstehenden Aktionäre sind der herrschenden Gesellschaft [...] in den meisten Fällen unbekannt. Die Aktien werden in der Regel als Inhaberpapiere am freien Markt erworben und ins Depot genommen, so dass die Inhaber nicht hervortreten. Nachrichten an die Aktionäre erfolgen gewöhnlich durch Veröffentlichung in den Gesellschaftsblättern (§ 121 Abs. 3 AktG).“[200] Schließlich kam das OLG Celle zu dem Schluss, dass die Veröffentlichung geheimhaltungsbedürftiger Nachrichten dem

---

197 Lutter, JZ 1976, S. 562-563.

198 Nach § 43 Abs. 1 Nr. 1 BörsG kann der Börsenvorstand die Notierung von Papieren bei Gefährdung des ordnungsgemäßen Handels, etwa durch starke Kursschwankungen, aussetzen; dazu: Baumbach-Hopt, Komm HGB, Anhang 14 § 43 BörsG, Rn 1.

199 Vgl. auch die Vorinstanz OLG Celle, WM 1974, S. 1013-1016,1014.

200 OLG Celle, WM 1976, S. 1013-1016, 1015.

Mehrheitsaktionär nicht zumutbar sei. Der BGH[201] schloss sich dieser Ansicht an: ein Mehrheitsaktionär sei nicht gehalten - auf die Gefahr hin, durch eine vorzeitige Information das Börsenpublikum zu beunruhigen - dem Minderheitsaktionär das Risiko eines Aktiengeschäfts abzunehmen. Die Verletzung einer gesellschaftsrechtlichen Treuepflicht scheide insbesondere aus, da zwischen den Aktionären keine über die allgemeinen Rechtsgrundsätze der §§ 226, 242, 826 BGB hinausgehenden Bindungen bestünden oder jedenfalls keine Haftung für Vermögensnachteile jenseits des innergesellschaftlichen Bereichs auslösen könnten.[202] Es ist denkbar, dass die Gerichte heute - angesichts der in der „Linotype“[203]- und der „Girmes“-Entscheidung[204] geänderten Auffassung hinsichtlich der Existenz von Treupflichten in der Aktiengesellschaft - anders entscheiden würden. Hiergegen spricht allerdings folgende Überlegung: Sofern tatsächlich eine Information einzelner Aktionäre über kursrelevante Tatsachen erfolgen sollte, wäre hierin grundsätzlich eine Verletzung des Gleichbehandlungsgrundsatzes nach § 53 a AktG gegenüber den übrigen Aktionären zu sehen.[205] Eine sachliche Rechtfertigung dafür, nur einigen außenstehenden Aktionären kursrelevante Tatsachen zukommen zu lassen, dürfte in der Regel nicht bestehen. Die Mitteilung kursrelevanter Tatsachen an einzelne Mitaktionäre erscheint zudem aus einem anderen Grunde bedenklich. Ein Aktionär machte sich nach §§ 14 Abs. 1 Nr. 2 i. V. m. 38 WpHG wegen unbefugter Weitergabe von Insidertatsachen strafbar.[206] Selbst wenn also die gesellschaftsrechtliche Treupflicht eine Offenlegung des Kenntnisvorsprungs geböte, so würde diese Pflicht doch mit der strafrechtlichen Pflicht kollidieren, die unbefugte Weitergabe kursrelevanter Insiderinformationen an Dritte zu

---

[201] BGH WM 1976, S.449-450, 449.

[202] BGH, a.a.O., S. 450.

[203] BGH JR 1988, S. 505,509.

[204] BGH WM 1995, S. 882-895.

[205] Vgl. zu den Voraussetzungen einer Ungleichbehandlung: Hüffer, Komm. zum AktG, § 53a, Rn 1 ff.

[206] Vgl. hierzu Schneider/Singhoff, FS Kraft, S. 585 ff. mit der Einschränkung auf konzernfreie Aktiengesellschaften.

unterlassen. Die höherrangige, strafbewehrte Schweigepflicht gebietet dem Insider dann, dem Auskunftsverlangen eines Outsiders nicht nachzukommen.

III. Offenlegung gegenüber allen Aktionären

Das OLG Celle[207] hatte in Erwägung gezogen, ein Aktionär könne interne Informationen an alle Mitaktionäre durch eine Veröffentlichung in den Gesellschaftsblättern bekannt zu geben. Eine derartige Offenlegung wäre nicht nach §§ 14, 38 WpHG strafbar, wenn sie im Sinne der Vorschrift befugt war. Die „Gesellschaftsblätter" finden im Aktiengesetz nur in §§ 25 und 121 AktG Erwähnung. Nach § 25 Satz 1 AktG ist eine Bekanntmachung in den Bundesanzeiger einzurücken, wenn das Gesetz oder die Satzung bestimmen, dass eine Bekanntmachung durch die Gesellschaftsblätter erfolgen soll. Nach § 25 Satz 2 AktG kann die Satzung neben dem Bundesanzeiger auch andere Blätter als Gesellschaftsblätter bezeichnen. Gesetzlich vorgeschriebene Bekanntmachung ist insbesondere die Einberufung der Hauptversammlung nach § 121 Abs. 3 AktG. Zu Gesellschaftsblättern können alle in Deutschland erscheinenden Tages-, Wochen-, Monatszeitungen oder -zeitschriften bestimmt werden, auch wenn sie fremdsprachig sind.[208] Eine Bekanntmachung ist dann ordnungsgemäß, wenn die Veröffentlichung in allen Gesellschaftsblättern vorgenommen wurde.[209] Der Aktionär läuft hier aber gleichermaßen Gefahr, sich wegen unbefugter Weitergabe einer Information nach §§ 14, 38 WpHG strafbar zu machen. Der Bundesanzeiger kann zwar von allen Anlegern, auch wenn sie nicht Aktionäre sind, eingesehen werden. Die Nachricht ist aber nur an die Aktionäre der betroffenen Gesellschaft gerichtet. Auch entspricht die Veröffentlichung im Bundesanzeiger nicht dem in § 15 Abs. 3 WpHG vorgesehenen Verfahren der Ad-hoc-Publizität. Sie kann zu erheblichen Verzögerungen bei der Veröffentlichung füh-

---

[207] WM 1976, S. 1013-1016, 1015.

[208] Hüffer, Komm. zum AktG, § 25, Rn 2 f.

[209] KK zum AktG-Kraft, § 25, Rn 10.

ren. Die Veröffentlichung über elektronische Wege nach Aufhebung des Schriftformerfordernisses[210] in § 125 Abs. 2 AktG durch das NaStraG[211] erscheint ebenfalls nicht als befugte Weitergabe. Die Ad-hoc-Publizität verlangt eine marktbezogene Öffentlichkeit und damit nicht nur eine Mitteilung an alle Aktionäre sondern an alle Anleger. Damit sind nicht nur die Personen inbegriffen, die bereits Aktien an der betroffenen Gesellschaft halten, sondern auch sonstige Marktteilnehmer, die beispielsweise Papiere der Gesellschaft erst künftig erwerben möchten. Die Umsetzung des Vorschlags des OLG Celle kann damit nach heutiger Rechtslage zu strafrechtlichen Konsequenzen für den veröffentlichenden Aktionär wegen unbefugter Weitergabe von Insiderinformationen führen.

Um einer aus der Treupflicht resultierenden Mitteilungspflicht zu genügen, kommt daher eine Veröffentlichung, die sich auf die Aktionäre der Gesellschaft beschränkt, nicht in Betracht.

---

210 Zitat aus der Regierungsbegründung vom 10. Mai 2000 (...) zu § 125 AktG in der Form des NaStraG: „ § 125 handelt von den Mitteilungen für die Aktionäre. § 125 Abs. 2 AktG spricht bisher von einer „Übersendung" der Mitteilung. Die neue Formulierung in § 125 Abs. 2 AktG ist offener und macht dadurch deutlich, dass auch elektronische Übertragungsformen (Bedienung einer Mailing-Liste, Push-Technologien etc.) für diese Mitteilungen in Zukunft nicht ausgeschlossen sein sollen. Die Zahl der auch von Privatanlegern im Wege des electronic banking oder electronic broking geführten Wertpapierdepots hat erheblich zugenommen und wird voraussichtlich künftig noch weiter an Bedeutung gewinnen. Es ist denkbar, dass ein elektronischer Mitteilungsservice als Alternative zur herkömmlichen schriftlichen Übersendung angeboten und von Depotkunden gewünscht wird. Desgleichen ist eine solche Mitteilungsform zwischen Gesellschaft und Namensaktionär denkbar und soll nicht ausgeschlossen sein. Der Begriff „mitteilen" bedeutet dabei, dass die Gesellschaft die organisatorischen Vorkehrungen zu treffen hat, damit die Information den Aktionär unter normalen Umständen erreicht. Dies ist heute regelmäßig auf postalischem Wege, also schriftlich erfüllt. Hat der Aktionär eine E-Mail-Adresse nicht freiwillig für die Mitteilungen angegeben, so kann er gegenwärtig nicht auf den elektronischen Übertragungsweg verwiesen werden."

211 Das Gesetz zur Namensaktie und zur Erleichterung der Stimmrechtsausübung (Namensaktiengesetz - NaStraG) vom 18.01.2001 (BGBl. I S. 123) trat am 25.01.2001, zum Teil auch zum 1. Januar 2000 in Kraft.

IV. Offenlegung durch Mitteilung an den Markt

Der Insideraktionär kann selbst keine Mitteilung an den Markt nach § 15 WpHG durchführen, da die Verantwortlichkeit hierfür beim Emittenten selbst liegt. Der Aktionär kann eine solche Veröffentlichung allerdings anregen oder beantragen. Sofern der Insideraktionär gleichzeitig Mitglied des Vorstands ist, sollte der Aufsichtsrat entsprechend § 112 AktG über das Anliegen entscheiden, im übrigen der Vorstand selbst.[212] Der Vorstand kann eine Veröffentlichung verweigern, wenn die Verweigerung unbedingt erforderlich ist, um Schaden von der Gesellschaft fernzuhalten. Als Maßstab können dabei die zu § 93 AktG entwickelten Kriterien eines Geschäftsgeheimnisses dienen. Hiernach zählen zu solchen Geheimnissen Tatsachen, die aus dem geäußerten oder nach dem aus dem Unternehmensinteresse ableitbaren Willen der Gesellschaft nicht offenkundig werden sollen, sofern ein objektives Geheimhaltungsbedürfnis besteht.[213] Darunter können Herstellungsverfahren, Produktionsvorgaben, Kundenstamm, Finanzpläne, wesentliche Personalentscheidungen fallen,[214] sofern sie kursrelevant sind. Ggf. muss das Bundesaufsichtsamt für den Wertpapierhandel den Emittenten von der Veröffentlichungspflicht nach § 15 Abs. 1 Satz 2 WpHG befreien. Allerdings ginge es zu weit, wenn man dem außenstehenden Aktionär ein Recht zuerkennen wollte, vermittels dessen er den Insideraktionär zur Einleitung des beschriebenen Veröffentlichungsprozederes, etwa im Rahmen eines gerichtlichen Eilverfahrens zwingen könnte. Im Ergebnis besteht also keine Pflicht des Insideraktionärs, kursrelevante Nachrichten in irgendeiner Weise gegenüber außenstehenden Aktionären zu veröffentlichen.

---

212 Vgl. die entsprechende Stellungnahme zum aktienrechtlichen Geheimnisverrat bei KK zum AktG-Geilen, § 404, Rn 32.

213 RGZ 149, S. 329-334(zu § 17 UWG); Wiesner, MünchHdb/Aktienrecht, § 25, Rn 29.

214 v. Stebut, Geheimnisschutz, S. 39 ff., 53 ff.

E *Insidergeschäfte als verbotene Sondervorteilsnahme*

I. Sondervorteile nach § 26 Abs. 1 AktG

Dem Aktionär ist es als besondere Ausprägung der Treupflichten gesellschaftsrechtlich verboten, nach sog. Sondervorteilen im Sinne von § 26 Abs. 1 AktG zu streben.[215] Die Vornahme von Insidergeschäften, die ja in der Ausnutzung eines besonderen Informationsvorsprunges bestehen, könnten ein Streben nach Sondervorteilen darstellen. Nach § 26 Abs. 1 AktG muss jeder einem Aktionär eingeräumte besondere Vorteil in der Satzung unter Bezeichnung des Berechtigten festgesetzt werden. Unterbleibt diese Festsetzung, sind Verträge und Rechtshandlungen zu ihrer Ausführung unwirksam; diese Unwirksamkeit kann nicht durch spätere Satzungsänderung geheilt werden. Sondervorteile nach § 26 Abs. 1 AktG sind allerdings nur solche, die einem Gesellschafter aus Anlass der Gründung der Aktiengesellschaft gewährt werden. In der Regel fallen hierunter Umsatzprovisionen,[216] überhöhte Vergütungen,[217] das Recht zum Wiederkauf eingebrachter Sachen[218], wohl auch das Recht zur Entsendung von Aufsichtsratsmitgliedern[219] sowie über § 131 AktG hinausgehende Informationsrechte.[220] § 26 Abs. 1 AktG wird vor diesem Hintergrund keine praktische Bedeutung für Insidersachverhalte erlangen können. Kaum eine Gesellschaft wird einem ihrer Aktionäre ausdrücklich die Vornahme (strafbarer) Insideraktivitäten in der ja notariell beurkundungspflichtigen Satzung zugestehen. Zudem entfaltet die Festsetzung von Sondervorteilen in der Satzung bereits dann keine Legalisierungswirkung, wenn der

---

215 K. Schmidt, Gesellschaftsrecht, § 21 II 3 b.

216 KG JW 1938, S. 2754.

217 Hüffer, Kommentar zum AktG, § 26, Rn 6.

218 RGZ 81, S. 404, 409.

219 Hüffer, Komm. zum AktG, § 101, Rn 30 ff.

220 H.M.: Röhricht in Grosskomm. AktG, § 26, Rn 17; Hachenburg-Ulmer, Komm. zum GmbHG, § 5, Rn 176; a.A. Geßler/Hefermehl-Eckhardt, Komm. zum AktG, § 26, Rn 13.

Sondervorteil gegen einfaches Aktienrecht, etwa Kapitalerhaltungsvorschriften verstößt.[221] Dies muss erst recht bei einem Verstoß gegen Strafvorschriften wie §§ 14, 38 WpHG gelten.

II. Sondervorteile nach § 243 Abs. 2 Satz 1 AktG

§ 243 Abs. 2 Satz 1 AktG gewährt einem Aktionär das Recht, einen Hauptversammlungsbeschluss anzufechten, wenn ein Aktionär bei der Ausübung seines Stimmrechts nach Sondervorteilen gestrebt hat. Die Sondervorteile nach § 243 Abs. 2 Satz 1 AktG sind dabei nicht identisch mit denjenigen nach § 26 Abs. 1 AktG.[222] *Hüffer* liefert die wohl umfassendste Definition des Begriffes „Sondervorteil" im Zusammenhang mit § 243 AktG:[223] Sondervorteile seien ohne Rücksicht auf die Art der Erlangung jedwede Vorteile, sofern es bei einer sämtliche Umstände des Falles ergreifenden Würdigung als sachwidrige, mit den Interessen der Gesellschaft oder ihrer Aktionäre unvereinbare Bevorzugung erscheine, dem Aktionär oder einem Dritten den Vorteilserwerb zu gestatten oder den bereits vollzogenen Erwerb hinzunehmen. Diese Umschreibung wird in der Literatur zum Teil dahingehend präzisiert, dass es sich um einen Sondervorteil dann handele, wenn der Vorteil nicht all denjenigen zufließe, die sich gegenüber der Gesellschaft in einer gleichartigen Lage befänden.[224] In der Praxis erfasst § 243 Abs. 2 AktG nur Resttatbestände, die nicht bereits unter die materielle Beschlusskontrolle des § 243 Abs. 1 AktG fallen. In der Regel wird aber dann, wenn eine verbotene Sondervorteilsnahme vorliegt, auch ein Verstoß gem. § 243 Abs. 1 AktG vorliegen.[225] Nach der Rechtsprechung können etwa folgende Verhaltensweisen unter den Begriff der Sondervorteilsnahme fallen:

---

[221] Hüffer, Komm. zum AktG, § 26, Rn 3.

[222] Hüffer, Komm. zum AktG, § 26, Rn 3.

[223] Geßler/Hefermehl-Hüffer, Komm. zum AktG, § 243 AktG, Rn 70.

[224] GK-Schilling, Komm. zum AktG, § 243, Rn 21; Baumbach-Hueck, Komm. zum AktG, § 243, Rn 10; zum Teil Abw. KK zum AktG-Zöllner, § 243, Rn 207.

[225] Hüffer, Komm. zum AktG, § 243, Rn 36.

- Unternehmensübernahme durch Mehrheitsgesellschafter unter Zurücksetzung der Interessen der Minderheit[226]
- Abschluss eines Betriebspachtvertrages mit einem Mehrheitsgesellschafter[227] trotz besseren Angebotes eines Minderheitsgesellschafters
- Eingriff in Geschäftschancen der Gesellschaft durch Mehrheitsgesellschafter.[228]

Nach den vorstehenden Untersuchungen liegt in der Verwertung von Insiderwissen zweifellos ein Vorteil, der nicht allen am Kapitalmarkt tätigen Aktionären offen steht. Die Gestattung von Insidergeschäften stellt auch eine sachwidrige und mit den Interessen der Aktionäre unvereinbare Bevorzugung dar. Die Vorschrift wird jedoch auf Insidersachverhalte kaum Anwendung finden können, da die Gestattung von Insidergeschäften nur in Ausnahmefällen durch einen Hauptversammlungsbeschluss der Aktiengesellschaft vorgenommen werden wird. Ausnahmesituationen sind etwa denkbar, wo aufgrund der „Holzmüller"-Entscheidung des BGH[229], nach den Vorschriften des Umwandlungsgesetzes[230], bei aktienrechtlichen Grundsatzgeschäften wie der Eingliederung oder dem Abschluss eines Ergebnisabführungsvertrages, oder nach der Satzung der Gesellschaft zur Durchführung wesentlicher Restrukturierungsmaßnahmen eine Zustimmung der Hauptversammlung geboten ist. Vorstellbar ist etwa, dass wesentliche Betriebe oder Betriebsteile der Aktiengesellschaft unter Preis an einen Gesellschaf-

---

226 BGH NJW 1988, S. 1579 (Linotype).

227 OLG Frankfurt, Die AG 1973, S. 136-138, 137.

228 BGH WM 1977, S. 361-363, 363.

229 BGH NJW 1982, S. 1703 ff. betreffend die Zustimmungspflicht der Hauptversammlung bei Ausgliederung des wertvollsten Teilbetriebs; vgl. a. zum Erfordernis eines Hauptversammlungsbeschlusses analog § 179a AktG bei Verkauf des gesamten Vermögens der Tochtergesellschaft an ein anderes Konzernunternehmen; LG Hannover, DB 2000, S. 1607-1608 (n.rkr.); vgl. nun auch „Moto Meter"-Entscheidung des BverfG, BB 2000, S. 2011-2014.

230 Beachte insbesondere die Zustimmungspflichten nach §§ 13, 50, 65, ggf. i.V.m. mit 125, 176 sowie nach 128 und 193 UmwG.

ter veräußert werden, da der erwerbende Gesellschafter über Sonderwissen verfügte. Ist die Gesellschaft börsennotiert, kommt eine Gestattung durch die Hauptversammlung schon deshalb nicht in Betracht, weil hierin ein Verstoß gegen §§ 14, 38 WpHG läge. In solchen Fällen kann der zustimmende Hauptversammlungsbeschluss dann wegen Sondervorteilsnahme angefochten werden. Eine Anfechtung wird dann Erfolg haben können, wenn der außenstehende Aktionär neben dem Vorliegen eines Insidergeschäftes auch nachweisen kann, dass der Aktiengesellschaft oder einem anderen Aktionär dadurch ein Schaden entstand[231] und der Insider vorsätzlich[232] handelte.

F Qualifikation eines Insideraktionärs

Die bloße Aktionärseigenschaft genügt möglicherweise nicht, damit ein Gesellschafter aufgrund von Treuepflichten an der Vornahme von Insiderhandel gehindert ist. Rückschlüsse können für diese Fragestellung eventuell aus einer unabhängig von gesellschaftsrechtlichen Treubindungen geführten Diskussion gewonnen werden, die sich allgemein damit befasst, unter welchen Voraussetzungen ein Gesellschafter einem Insiderhandelsverbot unterfallen kann.

I. Fixe Beteiligungsgrenzen und Vorgabe des HGB

Nach § 5 Abs. 1 Nr. 3 des Gesetzesvorschlages des Arbeitskreises Gesellschaftsrecht[233] soll ein Aktionär ab einer Beteiligung von 10 % Insider sein, gem. § 2 Nr. 1 c der Insiderhandelsrichtlinien[234] (IHR) ab 25 % . Zum Teil wird auch auf eine Beteiligung im Sinne

231 Hüffer, Komm. zum AktG, § 243, Rn 33.

232 Kölner Kommentar zum AktG- Zöllner, § 243, Rn 22.

233 Verbot des Insiderhandels, S. 57.

234 Bundesanzeiger, 1. Juli 1988, S. 2883-2885.

des Handelsrechts abgestellt;[235] eine Beteiligung wäre danach dann gegeben, wenn das Engagement zur Herstellung einer dauernden Verbindung zum Unternehmen dient.[236] Pate für den Vorschlag des Arbeitskreises hat der amerikanische Securities Exchange Act[237] gestanden, der Registrierungspflichten für Großaktionäre vorsieht. Allein aus Praktikabilitätsgründen[238] musste hier eine Mindestbeteiligung festgesetzt werden um eine zeitaufwendige Registrierung von Streubesitz zu vermeiden. Die von den IHR gewählte 25% - Schwelle lässt sich etwa aus §§ 179 Abs. 2 Satz 1, 182 Abs. 1 Satz 1 und 222 Abs. 1 Satz 1 AktG. Hiernach bedürfen gewisse Grundsatzentscheidungen einer Dreiviertelmehrheit, so dass eine opponierende Minderheit ab einer Beteiligung von 25 % + 1 Stimme eine Sperrminorität innehat.[239] Die handelsrechtliche Regelung[240] nach § 271 HGB hat zur Voraussetzung, dass der Anteilsbesitz aus unternehmerischen Gründen gehalten wird.[241] Diesen Ansätzen ist zwar zuzugeben, dass ab dem Erreichen gewisser Beteiligungsgrenzen bzw. bei entsprechendem unternehmerischen Engagement die Wahrscheinlichkeit privilegierten Informationszuganges zunimmt, weil der Grossaktionär bei Grundsatzentscheidungen oftmals eingebunden werden wird und somit Möglichkeiten der Kenntnisnahme von kursrelevanten Tatsachen erhält. Das Aktienrecht normiert aber weder ein Informationsrecht für Grossaktionäre, welche über dasjenige des für alle Aktionäre geltenden § 131

---

235 Claussen, ZBB 1992, S. 267, 270.

236 KK zum AktG-Claussen/Keeth, § 271, Rn 1 u.7 ff..

237 15 U.S.C. § 78 p(b); vgl. hierzu Wolffe/Naffziger, Law of Business Corporations, S. 485, 504ff.

238 Wolffe/Naffziger, Law of Business Corporations, S. 480 und 504 ff.

239 Statt vieler: Kübler, Gesellschaftsrecht, § 16 III 26.

240 Claussen a.a.O.; auch Hopt, ZGR 20 (1991), S. 19, 36 f.;

241 Baumbach/Hopt, Komm. zum HGB, § 271, Rn 3 f; außerdem will Claussen noch einen Unterschied zwischen DAX und nicht Dax-indizierten Gesellschaften machen; DAX = Deutscher Aktienindex, seit 1988 von der Arbeitsgemeinschaft Deutscher Wertpapierbörsen, der Börsenzeitung und der Frankfurter Wertpapierbörse konzipierter Index für die 30 „besten" deutsche Standardwerte; Auswahlkriterien sind Börsenumsatz und -kapitalisierung, Woll, Wirtschaftslexikon;

AktG hinausginge noch sind Großaktionäre von dieser Beteiligung an Geheimnisträger i. S. v. § 404 AktG. Eine starre Grenze bei Erreichen einer bestimmten Beteiligung ist daher ebenso wie das Erfordernis einer unternehmerischen Beteiligung abzulehnen. Eine solche Beteiligung kann allenfalls eine widerlegbare Vermutung begründen, dass ein Aktionär sich eines privilegierten Informationszugangs erfreut.

II. Kausalität zwischen Beteiligung und Information

§ 13 Abs. 1 Nr. 2 WpHG erklärt hingegen denjenigen zum Insider, der *auf Grund* seiner Beteiligung am Kapital des Emittenten Kenntnis von Insidertatsachen hat.[242] Dies setzt einen Kausalzusammenhang zwischen der Beteiligung und dem Informationszugang voraus.[243] Der Ansatz[244] des WpHG wurde von der *Schutzvereinigung der Kleinaktionäre* angegriffen; diese drängte nach Bekanntwerden des Regierungsentwurfes weiterhin auf die gesetzliche Verankerung einer Mindestbeteiligungsschwelle,[245] da ein Kleinaktionär, der etwa aufgrund der Beantwortung seines Auskunftsersuchens nach § 131 AktG in der Hauptversammlung durch den Vorstand von bevorstehenden, nicht-öffentlichen und kurssensiblen Maßnahmen erfahre, nicht in gleicher Weise haften solle, wie ein Großaktionär.[246] Dieser Fall dürfte jedoch praktisch auszuschließen sein: wenn sich das Auskunftsrecht des Aktionärs auch grundsätzlich auf Insidertatsachen erstreckt,[247] so ist doch umstrit-

---

242 BGBl.1994, Teil I, S. 1749-1760.

243 Regierungsbegründung, BR-DS 793/93, S. 147.

244 Zum Erfordernis einer 5 %-Schwelle endsprechend § 21 WpHG: Schneider/Singhof; FS Kraft, S. 585, 602; ablehnend: Süßmann, Die AG 1999, S. 162, 167.

245 Handelsblatt vom 29. April 1994.

246 Assmann-Schneider-Assmann, Komm. zum WpHG, § 13, Rn 17.

247 Vgl. zum Umfang des Auskunftsrechts: OLG Hamburg, Die AG 1969, S. 150-151, 151; KG, Die AG 1973, S. 25-28, 26; Baumbach-Hueck, Komm. zum AktG § 131, Rn 7; KK zum AktG-Zöllner, § 131, Rn 23.

ten, ob die Weitergabe von Insiderinformationen in der beschränkten Öffentlichkeit der Hauptversammlung strafwürdiges Unrecht im Rahmen der §§ 14, 38 WpHG darstellt.[248] Aufgrund der unklaren Rechtslage wird - insoweit im Einklang mit der Auffassung *Assmanns* - das betroffene Vorstandsmitglied jedoch die Auskunft regelmäßig nach § 131 Abs. 3 Nr. 5 AktG verweigern, um einer Bestrafung gem. §§ 14 Abs. 1 Nr. 2, 38 WpHG zu entgehen. Es ist daher äußerst unwahrscheinlich, dass ein Kleinstaktionär aufgrund seiner Beteiligung von Insidertatsachen Kenntnis nimmt. Die Forderung der Schutzvereinigung der Kleinaktionäre nach einer Mindestbeteiligungsschwelle ist insoweit überflüssig. Abgesehen von der vorstehend behandelten Frage herrscht mittlerweile weitestgehend Einigkeit im Schrifttum, dass das Ursächlichkeitserfordernis gem. § 13 Abs. 1 Nr. 2 WpHG dem Bedürfnis nach Rechtssicherheit und hinreichender Begrenzung des Insiderpersonenkreises Rechnung trägt.[249]

III. Besonderheiten des Gesellschaftsrechts

Die aus kapitalmarktrechtlicher Sicht überzeugende Definition des Insideraktionärs ist für eine gesellschaftsrechtliche Betrachtung aufgrund der unterschiedlichen Regelungsintentionen der beiden Rechtsmaterien nicht verbindlich. Es soll daher anhand von 2 Fallbeispielen überprüft werden, ob bzw. inwieweit die kapitalmarktrechtliche Definition des Insideraktionärs gem. § 13 Abs. 1 Nr. 2 WpHG in das Gesellschaftsrecht übernommen werden kann.

---

248 Vgl. zum Meinungsstand: Benner-Heinacher, DB 1995, S. 766, 767; Joussen, DB 1994, S. 2485, 2485 f.; Kümpel, WM 1994, S. 2137, 2138; Süßmann, Die AG 1999, S. 162, 163 f.

249 Peltzer, ZIP 1994, S. 740; Hopt, FS Heinsius, S. 289,303; Assmann, Die AG 1994, S. 237, 239; ders. ZGR 23 (1994), S. 495, 506; Caspari, ZGR 23 (1994), S. 530, 537; Weber, BB 1995, S. 158, 161; Claussen, DB 1994, S. 27,27; Wüsthoff, Das Auskunftsrecht des Aktionärs nach § 131 AktG zwischen Insiderhandelsverbot und Ad-hoc-Publizität nach dem WpHG, passim.

1. Fallbeispiel: *Aktionär A hält 10 Aktien an der börsennotierten Z-AG. Gleichzeitig ist er für die Z anwaltlich tätig und erfährt in dieser Eigenschaft von Insidertatsachen, welche er für eigene Transaktionen in Z-Aktien verwendet.*

2. Fallbeispiel: *Aktionär A ist zu 25 % an der Z-AG beteiligt. Auch hier berät er diese gleichzeitig anwaltlich und erfährt in dieser Eigenschaft von Insidertatsachen, die er für eigene Transaktionen in Z-Aktien nutzt.*

Im ersten Fall ist A kapitalmarktrechtlich nach § 13 Abs. 1 Nr. 2 WpHG kein Insider aufgrund seiner Beteiligung, da die Kenntnisnahme der Informationen nicht durch die Beteiligung ursächlich bedingt war. Allerdings wäre er Insider aufgrund seiner Tätigkeit nach § 13 Abs. 1 Nr. 3 WpHG. Fraglich ist, ob er - abgesehen von Berufspflichten oder einer eventuellen Verpflichtung durch die Insiderhandelsrichtlinien - durch die gesellschaftsrechtliche Treuepflicht gehindert ist, die Transaktionen durchzuführen. Im Fall 1 steht der Aktienbesitz des A in keinem kausalen Zusammenhang mit der Kenntnisnahme von den Insidertatsachen. A ist lediglich - wie viele andere Privatpersonen - Inhaber eines kleinen Aktienportefeuilles, vermittels dessen er Kapitaleinkünfte zu erzielen beabsichtigt. Aufgrund seines Aktienbesitzes wäre A noch nicht einmal theoretisch in der Lage gewesen, einen Zugang zu internen Informationen zu erlangen. Da er insofern auch keine Verantwortung gegenüber Gesellschaft und Mitgesellschaftern trägt, ist es dem A daher auch nicht aufgrund der gesellschaftsrechtlichen Treupflicht verwehrt, die Insidertatsachen für eigene Spekulationen auszunutzen. Auch im Fall 2 besteht kein konkreter kausaler Zusammenhang zwischen der gesellschaftsrechtlichen Beteiligung und der Kenntnisnahme von der Information. Ein Unterschied zum Fall 1 besteht jedoch insoweit, als er diesmal auch aufgrund seiner Beteiligung an die Information hätte gelangen können. Anders formuliert: Während es in Fall 1 zufällig war, dass der für die Z tätige A auch einige Z-Werte besaß, war es im Fall 2 zufällig, dass A die Information nicht aufgrund seiner Beteiligung an Z, sondern aufgrund seiner anwaltlichen Tätigkeit für diese erhielt. An dieser

Stelle geht der Zufall zu seinen Lasten. Denn seine privilegierte Stellung verpflichtet ihn, mit kurssensiblen Tatsachen verantwortlich umzugehen. Es erscheint deshalb im 2. Fall gerechtfertigt, es dem A aufgrund der Treupflicht zu untersagen, von seinem Kenntnisvorsprung Gebrauch zu machen.

IV. Praktische Handhabung durch 5 %-Grenze

Praktisch zu handhaben ist das oben gefundene Ergebnis dann, wenn ab einem Anteilsbesitz von 5 % die widerlegbare Vermutung besteht, dass der Aktionär die Insiderinformationen aufgrund seiner gesellschaftsrechtlichen Stellung erlangt hat. Für die 5 %-Schwelle spricht zum einen § 21 WpHG, wonach unter anderem derjenige, der mehr als 5 % an einer börsennotierten Gesellschaft erwirbt, dies dem Bundesaufsichtsamt mitzuteilen hat. Die 5 %-Grenze in § 21 WpHG geht über die nach der Transparenzrichtlinie[250] vorgeschriebene 10 %-Grenze hinaus. Nach der Regierungsbegründung zu § 21 WpHG fußt diese Abweichung auf der Überlegung, dass bei größeren Aktiengesellschaften bereits bei einer 5 %-Beteiligung erhebliche Kapitalwerte in Rede stehen können.[251]

In der insiderrechtlichen Literatur wird zudem vertreten, dass Organmitglieder einer börsennotierten Gesellschaft zur Vorbereitung von Strukturmaßnahmen, die einer mehrheitlichen Zustimmung der Hauptversammlung bedürfen, befugt sind, Insidertatsachen solchen Aktionären mitzuteilen, die zu mindestens 5 % an der Gesellschaft beteiligt sind.[252] Ohne hier entscheiden zu müssen, ob eine solche Befugnis hier besteht, ist doch festzustellen, dass ab einem Beteili-

---

250 Auf Art 54 EWGV beruhende Richtlinie des Rates vom 12. Dezember 1988 über die bei Erwerb und Veräußerung einer bedeutenden Beteiligung an einer börsennotierten Gesellschaft zu veröffentlichenden Informationen (88/627/EWG), (Abl. Nr. C 255 vom 25. September 1987, S. 6).

251 BT-Drucks. 12/6679, S. 52.

252 Schneider/Singhof, FS Kraft, S. 585, 602; ablehnend: Süßmann, Die AG 1999, S. 162, 167.

gungsbesitz von 5 % auf dem Aktionär eine größere Verantwortung lastet, möglicherweise, wenngleich nicht mit Sicherheit, auch ein verstärkter Informationszugang sich ergeben kann und deshalb die Begründung einer widerlegbaren Vermutung gerechtfertigt ist.

V. Ergebnis

Ein Aktionär ist dann gesellschaftsrechtlich als Insider zu qualifizieren und somit durch die Treupflicht gehalten, Insidergeschäfte zu unterlassen, wenn er aufgrund seiner Beteiligung die abstrakte Möglichkeit hatte, an Insiderinformationen zu gelangen. Es kommt dabei nicht darauf an, ob die konkrete Kenntnisnahme auf der Beteiligung beruhte. Dieses Ergebnis ist auch für die Praxis handhabbar, wenn etwa ab Erreichen einer Beteiligungsgrenze von 5 % eine widerlegbare Vermutung besteht, dass die Kenntnisnahme auf der Beteiligung beruhte. Der Insider kann diese Vermutung dann im Einzelfall entkräften.

G Zusammenfassung des zweiten Kapitels

Ein Aktionär verletzt durch die Vornahme von Insidergeschäften die Treupflichten gegenüber seinen Mitaktionären, da Insidergeschäfte deren Anlageinteressen beeinträchtigen. Der Outsideraktionär kann aufgrund einer Verletzung der Treupflichten Unterlassung, möglicherweise auch Schadenersatz[253] vom Insider verlangen. Jedenfalls kann er aber Unterlassung verlangen, um aus den Insidergeschäften drohende Reputationsschäden einzuschränken bzw. abzuwehren. Hingegen kann ein Aktionär durch die Treupflichten nicht gezwungen werden, von beabsichtigten Geschäften, die er aufgrund seines Insiderwissens für verlustträchtig hält, Abstand zu nehmen oder Insidertatsachen Einzelpersonen oder dem Markt mitzuteilen. Schließlich ist ein Aktionär ebenfalls aufgrund

[253] S.u., 6. Kapitel.

des aktienrechtlichen Verbotes der Sondervorteilsnahme gem. § 243 Abs. 2 AktG im Einzelfall gehalten, Insidergeschäfte zu unterlassen. Bei einem Verstoß können außenstehende Aktionäre den missbräuchlich gefassten Hauptversammlungsbeschluss anfechten. Praktisch werden solche Fälle äußerst selten sein. Der Insideraktionär unterliegt der Treupflicht, wenn er durch seine Beteiligung bedingt die abstrakte Möglichkeit hatte, an die konkret ausgenutzte Information zu gelangen. Es kommt dagegen nicht darauf an, ob er im Einzelfall die Information tatsächlich aufgrund seiner Beteiligung erlangte.

3. Kapitel: Pflichten von Organen gegenüber Aktionären

Sowohl § 13 Abs. Nr. 1 WpHG als auch § 2 Abs. 1 lit. a der IHR qualifizieren die Mitglieder des Geschäftsführungs- und Aufsichtsorgans des Emittenten als Insider. Diese Organmitglieder werden möglicherweise auch gesellschaftsrechtlich unter den Begriff des Insiders fallen, so dass gesellschafts- oder zivilrechtliche Pflichten ihnen gegenüber den Aktionären die Vornahme von Insidergeschäften untersagen.

A Qualifikation von Organmitgliedern als Insider

Vorstands- und Aufsichtsratsmitglieder müssten, um gesellschaftsrechtlich als Insider qualifiziert werden zu können, in entsprechender Anwendung der oben[254] erarbeiteten Kriterien einen gesellschaftsrechtlich vermittelten Informationszugang zu Insidertatsachen haben. Nach § 76 Abs. 1 AktG hat der Vorstand die Gesellschaft in eigener Verantwortung zu leiten. Daraus ergeben sich unter anderem die in §§ 77 und 78 AktG normierten Geschäftsführungs- und Vertretungsbefugnisse des Vorstands, wonach dieser auch die Richtlinien der Geschäftspolitik festlegt und die Position eines angestellten Unternehmers erhält.[255] Das Aktiengesetz enthält dabei zwar keine ausdrücklichen Informationsrechte des Vorstands gegenüber anderen Gesellschaftsorganen. Welchen Stellenwert das Aktiengesetz der informationellen Ausstattung des Vorstands einräumt, verdeutlicht sich jedoch umgekehrt an den zahlreichen Informationspflichten des Vorstands. So gebietet ihm § 90 AktG die Berichterstattung an den Aufsichtsrat; §§ 74, 81, 90, 92 erlegen ihm Auskunftspflichten gegenüber den Arbeitnehmern und deren Organen auf. Nach § 131 AktG hat er den Aktionären in der Hauptversammlung Rede und Antwort zu stehen. Diese Mittei-

---

[254] S. o., 2. Kapitel.

[255] Vgl. Raiser, Kapitalgesellschaftsrecht, § 14, Rn 3.

lungsobliegenheiten machen nur deshalb Sinn, weil die Auskunftsberechtigten lediglich partielle Kenntnis von Unternehmensinterna zu haben pflegen;[256] das Vorstandsmitglied dagegen verfügt sowohl über originäre Kenntnis der im eigenen Gremium gefassten Beschlüsse als auch über Informationen, an die es durch seine Verbindungen in Politik und Wirtschaft sowie den Nachrichtenfluss innerhalb des Unternehmens gelangen mag. Schließlich laufen beim Vorstand als oberstem Entscheidungsorgan der Aktiengesellschaft sämtliche Informationen aus dem laufenden Geschäftsbetrieb – wenn auch in gefilterter Form – zusammen. Diese Kenntnisse versetzen den Vorstand einerseits in die Lage, sich ein weitgehend lückenloses Bild von den für geschäftpolitische Entscheidungen erheblichen Faktoren zu machen. Da die Informationen auf Grund ihrer Tragweite oft weitreichende wirtschaftliche Konsequenzen nach sich ziehen werden und deshalb als kursrelevant einzustufen sein können, bieten sie dem Vorstandsmitglied andererseits auch die Möglichkeit, sich ihrer missbräuchlich zur Durchführung von Insidergeschäften zu bedienen. Es steht somit außer Zweifel, dass Vorstandsmitglieder auch gesellschaftsrechtlich zum Kreis der Insider zählen.

Spiegelbildlich zu den Berichtspflichten des Vorstands stehen dem Aufsichtsrat Auskunftsrechte nach § 90 Abs. 1 AktG zu.[257] Sie betreffen die beabsichtigte Geschäftspolitik, andere grundsätzliche Fragen der Geschäftsführung, die Rentabilität der Gesellschaft, insbesondere des Eigenkapitals, den Gang der Geschäfte, den Umsatz und die Lage des Unternehmens und schließlich solche Geschäfte, die für die Rentabilität und die Liquidität der Gesellschaft von erheblicher Bedeutung sein können. Daneben hat der Aufsichtsrat außerordentliche Auskunftsrechte nach § 90 Abs. 1 Satz 2 AktG gegenüber dem Vorstand. Unter Umständen kann der Aufsichtsrat sich direkt an sonstige Angestellte der Gesellschaft wen-

---

256 Raiser a.a.O., § 14, Rn 1.

257 Vgl. Mestmäcker, Konzerngewalt, S. 95; Semler, Aufsichtsrat, S. 1.

den, um diese um Berichterstattung zu bitten.[258] Ebenso wie der Vorstand benötigt der Aufsichtsrat die Kenntnis von internen Vorgängen primär dazu, um seine Aufgaben pflichtgemäß erfüllen zu können. Auch ihn versetzen sie jedoch notwendigerweise in die Lage, kursrelevante Tatsachen missbräuchlich zu Insidergeschäften zu nutzen. Die Mitglieder des Aufsichtsrates fallen damit ebenfalls unter den gesellschaftsrechtlichen Insiderbegriff.

B Unterlassenspflichten von Aufsichtsrat und Vorstand

An früherer Stelle konnte bereits gezeigt werden, dass Insidergeschäfte die Interessen außenstehender Aktionäre beeinträchtigen können.[259] Es macht für den Aktionär keinen Unterschied, ob die Geschäfte durch Mitgesellschafter oder Verwaltungsangehörige durchgeführt werden. Deshalb soll untersucht werden, ob Aufsichtsrats- und Vorstandsmitglieder durch zivil- und gesellschaftsrechtliche Pflichten gegenüber den Aktionären gehindert sind, Insidergeschäfte vorzunehmen. Die Mitglieder beider Gremien unterliegen - wie sich aus § 116 AktG ergibt - als die Widerparte der dualen Verwaltung der Aktiengesellschaft einer sehr ähnlich ausgeprägten Pflichtbindung. Die im folgenden behandelten Pflichten von Vorstandsmitgliedern gelten daher grundsätzlich entsprechend für Aufsichtsratsmitglieder. Auf Abweichungen in Einzelfällen wird gegebenenfalls gesondert hingewiesen.

I. Gesetzlich statuierte Pflichten

Nach § 93 Abs. 2 in Verbindung mit Abs. 1 AktG sind Vorstandsmitglieder gegenüber der Gesellschaft zum Ersatz des dieser aus Pflichtverletzungen entstehenden Schadens verpflichtet. § 93 Abs. 2 in Verbindung mit Abs. 1 AktG beinhaltet neben dem Schadener-

---

258 Mestmäcker a.a.O., S. 45.

259 S.o., 2. Kapitel, B II.

satzanspruch auch ein Recht auf pflichtgemäßes Verhalten der Geschäftsleitung.[260] Nicht ausschließlich die Gesellschaft, auch Drittgläubiger sind berechtigt, den Anspruch nach § 93 Abs. 5 AktG geltend zu machen. Aktionäre dagegen sind nach einhelliger Meinung nicht Inhaber des Anspruchs nach § 93 Abs. 2 AktG. Sie können nach § 147 AktG lediglich die Geltendmachung seitens der Gesellschaft erzwingen, soweit sie mehr als 10 % des Aktienkapitals auf sich vereinen.[261] § 93 Abs. 2 AktG scheidet daher als Grundlage einer gegenüber den Aktionären bestehenden Pflicht des Verwaltungsmitgliedes, Insiderhandel zu unterlassen, aus.[262] Im Ergebnis verhält es sich nicht anders mit den Ansprüchen nach §§ 117 Abs. 1 Satz 2, 309 Abs. 4 Satz 1 und 318 Abs. 1 und 3 AktG. Zwar versetzen diese den Aktionär in die Lage, Ansprüche gegen Mitglieder des Vorstandes aus teils eigenem, teils fremdem Recht geltend zu machen. § 117 Abs. 1 Satz 2 AktG fordert dafür allerdings, dass jemand vorsätzlich unter Benutzung seines Einflusses auf die Gesellschaft ein Mitglied des Vorstands, des Aufsichtsrates, einen Prokuristen oder Handlungsbevollmächtigten dazu bestimmt hat, zum Schaden der Gesellschaft oder ihrer Aktionäre zu handeln. Eine solche Konstellation wird sich jedoch im Zusammenhang mit Insidergeschäften im Regelfall nicht ergeben. § 309 Abs. 4 Satz 1 AktG hat in Verbindung mit Abs. 1 zur Voraussetzung, dass bei Bestehen eines Beherrschungsvertrages die Vorstandsmitglieder des herrschenden Unternehmens sich ein Fehlverhalten zuschulden kommen ließen. § 318 Abs. 1 und Abs. 3 AktG gewährt nur dann einen Anspruch, wenn bei Fehlen eines Beherrschungsvertrages dem gesetzlichen Vertreter des herrschenden Unternehmens ein Vorwurf der Pflichtverletzung entsteht. Im Aktien-

---

260 So ausdrücklich für die GmbH: Rowedder-Koppensteiner, Komm. zum GmbHG, § 43, Rn 48.

261 Vgl. auch: v. Stebut, DB 1973, S. 613,614; Rümker, BB 1972, S. 1208, 1210; Schwark, DB 1971, S. 1605, 1607.

262 Hüffer, Komm. zum AktG § 93, Rn 19 ; Godin-Wilhelmi, Komm. zum AktG, § 93, Rn 1 und 8; Mü Hdb. GesR, Band 4, § 26, Rn 25 (Wiesner); Kübler GesR, § 15 III 5 c.

gesetz findet sich daher keine Grundlage für eine gegenüber den Aktionären bestehende Pflicht, Insiderhandel zu unterlassen.

II. Dienstvertrag mit Schutzwirkungen für Aktionäre

Vorstandsmitglieder erhalten ihre Position durch einen verbandsrechtlichen Bestellungsakt, der nach § 84 Abs. 1 AktG durch den Aufsichtsrat vorzunehmen ist. Durch diesen Bestellungsakt werden jedoch lediglich die gesetzlichen Kompetenzen des Vorstandsmitgliedes begründet. Die näheren Konditionen seiner Tätigkeit für die Gesellschaft sind einem neben der Bestellung abzuschließenden Anstellungsvertrag vorbehalten.[263] In diesem Anstellungsvertrag werden üblicherweise Vergütung, Aufwandsentschädigungen, Urlaubsansprüche und Wettbewerbsverbote aufgenommen. Auch die Pflicht des Vorstands, Insidergeschäfte zu unterlassen, mag ausdrücklich - etwa durch Einbeziehung der Insiderhandelsrichtlinien der Börsensachverständigenkommission[264] - oder konkludent Eingang in den Dienstvertrag gefunden haben. Vertragspartner des Vorstands, der das Unterlassungsgebot einfordern könnte, ist dann wegen § 1 Abs. 1 Satz 2 AktG die Aktiengesellschaft als juristische Person geworden, nicht aber die Aktionäre. Wollten die Aktionäre dennoch Rechte aus diesem Vertrag herleiten, so müsste es sich bei diesem entweder um den gesetzlich geregelten Vertrag zugunsten Dritter nach § 328 BGB oder um den von der Rechtsprechung entwickelten Typus des sogenannten Vertrages mit Schutzwirkung zugunsten Dritter handeln. Eine lebensnahe Auslegung des Anstellungsvertrages ergibt, dass ein Vertrag zugunsten Dritter im Sinne von § 328 BGB nicht vorliegt. Nach § 328 BGB kann eine Leistung an einen Dritten mit der Wirkung bedungen werden, dass der Dritte unmittelbar das Recht erwirbt, die Leistung zu fordern. Weder den Vertragsparteien noch den Aktionären wird es jedoch darum gehen, dass jeder Aktionär in einer börsennotierten Aktienge-

---

263 Vgl. z. B. K. Schmidt, Gesellschaftsrecht, § 28 II 2 d.

264 Bundesanzeiger vom 1. Juli 1988, nichtamtlicher Teil, S. 2883-2885.

sellschaft gegenüber dem Vorstandsmitglied einen Anspruch auf die bedungene Arbeitsleistung erhalten soll. Möglicherweise kann der Anstellungsvertrag aber als sogenannter Vertrag mit Schutzwirkung zugunsten der Aktionäre eingestuft werden. Gegenüber einem deliktsrechtlichen Anspruch bietet dies den Vorzug, dass der Geschäftsherr sich für deliktisches Handeln eines Gehilfen nach § 831 BGB nicht exkulpieren kann, die kurzen Verjährungsfristen nach § 853 BGB nicht greifen und der Anspruchsgegner[265] entsprechend §§ 282, 285 BGB nachweisen muss, dass ihm weder eine Verhaltenspflichtverletzung noch ein Verschulden zur Last fällt.[266]

1. Die Auffassung der Rechtsprechung und Literatur

Die von der Rechtsprechung für das Vorliegen eines Schutzvertrages zugunsten Dritter aufgestellten Voraussetzungen[267] sind im Wege der ergänzenden Vertragsauslegung nach § 157 BGB zu ermitteln.

- Der Dritte muss den Risiken einer Pflichtverletzung ebenso ausgesetzt sein wie der Vertragspartner, er muss sich in sogenannter „Leistungsnähe" befinden.

- Dem Gläubiger muss am Schutz des Dritten gelegen sein. Insbesondere bei primären Vermögensschäden des Dritten verfährt die Rechtsprechung dagegen mittlerweile unter Verzicht auf die sog. „Wohl-und-Wehe"-Formel[268] großzügig, wobei die Entscheidungen in dieser Hinsicht jedoch sehr stark einzelfallbe-

---

265 Zum Begriff der pVV: Soergel-Wiedemann, Komm. zum BGB, Rn 352 vor § 275; Palandt-Heinrichs, Komm. zum BGB, § 276, Rn 123 ff.; MüKo zum BGB Emmerich, Rn 218 vor § 275; BGHZ 11, S. 80-89, 83 ff.; Staudinger-Löwisch, Komm. zum BGB, Rn 21 vor § 275 BGB; RGZ 106, S. 22-25.

266 MüKo zum BGB-Gottwald, § 328, Rn 78.

267 RGZ 91, S. 21 - 27, 24; RGZ 102, S. 231 - 235, 232; vgl.a. Larenz, Schuldrecht AT, § 17 II; zur Weiterentwicklung der Rechtsprechung: BGH Z 56, S. 269 - 275, 273; BGH NJW 1984, S. 355 - 357, 356.

268 BGH Z 51, S. 91 - 95, 95.

zogen ausfallen.[269] Ein personenrechtlicher Einschlag ist jedenfalls in der Regel entbehrlich.

- Beide oben genannten Kriterien müssen für den Schuldner bei Vertragsabschluss erkennbar gewesen sein[270] und der Dritte eines zivilrechtlichen Schutzes bedürfen. Dies gilt insbesondere, wenn der Dritte nicht imstande ist, von weiteren Schuldnern Befriedigung zu erlangen.[271]

Grundsätzlich ist die Rechtsprechung von dem Bestreben geprägt, den Kreis der Drittbegünstigten eng zu ziehen, um Vertrags- und Haftungsrisiko überschau- und kalkulierbar zu halten.[272] Die Einbeziehung eines größeren Personenkreises wurde bislang nur ausnahmsweise[273] für zulässig erachtet.[274] Diese restriktive Linie verfolgt die Rechtsprechung auch in den gesellschaftsrechtlichen Entscheidungen. Die Judikatur hat bei einer größeren Anzahl von Gesellschaftern das Bestehen einer Schutzwirkung entweder offen gelassen oder abgelehnt.[275] Das gesellschaftsrechtliche Schrifttum hat sich zu der Frage, inwieweit ein Anstellungsvertrag Schutzwirkungen zugunsten von Gesellschaftern zeitigen könne, fast ausschließlich im Zusammenhang mit dem Recht der GmbH befasst. Hier sind die Meinungen geteilt.[276] Vereinzelt wird hingegen die

---

269 Vgl.a. BGH NJW 1984, S. 355-357, 356; MüKo zum BGB-Gottwald, § 328, Rn 88.

270 BGH Z 49, S. 350 - 356, 353.

271 BGH Z 70, S. 327 - 330, 330.

272 OLG Zweibrücken, NJW 1984, S. 1635 - 1639, 1646; BGH NJW 1976, S. 1843 1844, 1844.

273 Vgl. a. RGZ 160, S. 153 - 157, 155.

274 BGH Z 69, S. 82 - 89, 86 ff. (Lastschriftverfahren).

275 BGH Z 75, S. 321 - 334, passim; BGH NJW 1980, S. 1524 - 1527, 1526; BGH DB 1985, S. 165 - 165; BGH NJW 1983, S. 1053 - 1059, 1054.

276 Vgl. zur Diskussion: Ballerstedt, Kapital, Gewinn ..., S. 179; Hachenburg-Schilling, Komm. zum GmbHG, § 43, Rn 23 (6. Auflage); K. Schmidt, Gesellschaftsrecht, § 36 II 4 c; Hachenburg-Mertens, Komm. zum GmbHG, § 43, Rn 110 (7. Auflage); Scholz-Schneider, Komm. zum GmbHG, § 43, Rn

Auffassung vertreten, dass auch in der Aktiengesellschaft Klagen von Aktionären gegen Organmitglieder möglich seien.[277] Grundlage hierfür sei der Anstellungsvertrag des Organmitglieds. Dort finde sicherlich keine unmittelbare Beteiligung der Aktionäre statt, jedoch bestehe eine „rechtsgeschäftliche Brücke" zu ihnen. Zu finden sei diese im Ineinandergreifen von Bestellung bzw. Anstellungsvertrag einerseits und Gesellschaftsvertrag andererseits. Beide zusammen bildeten das organisationsrechtliche Geflecht, das Gesellschaft und Organmitglieder miteinander verbinde. Als „formaler Aufhänger" (sic) für Aktionärsrechte gegen Organmitglieder biete sich auch die Rechtsfigur des Vertrages mit Schutzwirkung zugunsten Dritter an.[278]

2. Kritik und Stellungnahme

Träfe die dargestellte Einzelmeinung zu, könnten außenstehende Aktionäre von Insiderhandel treibenden Vorstandsmitgliedern Unterlassung verlangen. Dies ist aber abzulehnen,[279] wenn auch der Anstellungsvertrag zwischen Gesellschaft und Organmitglied in tatsächlicher Hinsicht ganz erhebliche Wirkungen für die Aktionäre zeitigen mag. Auch wird man nicht ausschließen können, dass gewisse Risiken Dritter für die Parteien bei Vertragsabschluss schon erkennbar waren. Schließlich wird das Organmitglied als Schuldner auch nicht dadurch von seiner Haftung befreit, dass es in Form der Aktionäre einer großen Anzahl Dritter gegenübersteht, die es weder nach Person noch nach Quantität kennt.[280] Doch ist zu berücksichtigen, dass das eigentliche Risiko für die Aktionäre nicht dem Vertragsabschluss entspringt. Denn dessen Regelungsinhalt vermittelt dem Gesellschaftsorgan im Normalfall nicht die Kompetenzen,

---

213; Baumbach/Hueck-Zöllner, Komm. zum GmbHG; § 43, Rn 2; Lutter/Hommelhoff, Komm. zum GmbHG, § 43, Rn 25

277 Raiser, ZHR 153 (1989), S. 1, 12 f.

278 Raiser, a.a.O.

279 Pflugradt, Leistungsklagen, S. 37 ist insofern unentschieden.

280 BGH NJW 1987; S. 1758-1760, 1760.

kraft deren es sich einen privilegierten Wissenszugang verschafft oder gefährliche Herrschaftsmacht erlangt. Diese Position wird ihm vielmehr durch seine organschaftliche Bestellung eröffnet. Im übrigen bestehen ausschließlich deliktische Pflichten zwischen Vorstand und Aktionären in der Publikums-Aktiengesellschaft. Der Vertrag mit Schutzwirkung zugunsten Dritter darf insofern nicht als Ersatz für eine allgemeine „deliktsrechtliche Generalklausel"[281] überstrapaziert werden. Der Schutzvertrag zugunsten Dritter sollte an dieser Stelle nicht um eine weitere Fallgruppe bereichert werden. Ein Schutzvertrag zugunsten Dritter zwischen Organmitglied und Aktionär in der Publikums-Aktiengesellschaft besteht daher nicht. Die Aktionäre haben folglich auch auf diese Weise kein rechtliches Instrument zur Verfügung, um sich gegen Insiderhandel durch Organmitglieder zu wehren.

III. Die „actio negatoria" als Abwehranspruch

Als individuelles Abwehrrecht des Aktionärs gegen rechtswidriges Organhandeln gelangte in der jüngeren Vergangenheit die „actio negatoria"[282] in die Diskussion. Sie soll dem Aktionär neben den gesetzlich gewährleisteten Anfechtungs- und Nichtigkeitsklagen[283] einen negatorischen Anspruch einräumen. Möglicherweise kann dieses Institut auch als Grundlage eines Abwehranspruches gegen Insiderhandel dienen.

1. Das "Hafenbetriebsurteil"

Im „Hafenbetriebsurteil" musste der BGH unter anderem über die Frage entscheiden, ob ein Aktionär bei schwerwiegenden Eingriffen in seine Rechte und Interessen auf Unterlassung klagen dürfe.[284] Der BGH urteilte, jedem Aktionär stehe ein verbandsrechtlicher

[281] MüKo zum BGB-Gottwald, § 328, Rn 86; Soergel-Hadding, Komm. zum BGB, § 328, Rn 13.

[282] Vgl. vorab K. Schmidt, Gesellschaftsrecht, § 21 V 3.

[283] §§ 245 ff. AktG.

[284] BGH Z 83, S. 122 – 144.

Anspruch darauf zu, dass die Gesellschaft seine Mitgliedschaftsrechte achte und alles unterlasse, was diese Rechte über das durch Satzung und Gesetz gedeckte Maß hinaus beeinträchtige. Da das Abwehrrecht auf der Mitgliedschaft beruhe, sei die Unterlassungsklage allerdings gegen den Verband und nicht gegen den Vorstand zu richten, zu dem der Aktionär schließlich in keinerlei Rechtsbeziehungen stehe.[285]

2. Anwendbarkeit der „actio negatoria“ auf Insiderfälle

Die Entscheidung des BGH erlaubte bei isolierter Betrachtung einem Aktionär, eine Klage gegen die Gesellschaft mit dem Ziel zu richten, sie habe für die Unterlassung von Insiderhandel seitens des Vorstands Sorge zu tragen. Insiderhandel ist nicht durch die Satzung gedeckt, gesetzlich verboten und beeinträchtigt die Interessen des Aktionärs. Das Hafenbetriebsurteil des BGH ist aber auch im Zusammenhang mit einer kurz zuvor von *Knobbe-Keuk* geäußerten Literaturmeinung zu verstehen, auf die der BGH Bezug nimmt.[286] Nach *Knobbe-Keuk*[287] kann der Aktionär die Gesellschaft nur dann mit Erfolg auf Unterlassung verklagen, wenn der Vorstand die Satzung der Gesellschaft faktisch dadurch ändert, dass er beispielsweise dem Unternehmen eine neue geschäftliche Ausrichtung gebe.[288] Dem Aktionär kann nicht wegen jedweden gesetzwidrigen Eingriffs des Vorstands ein Klagerecht gegen die Gesellschaft zustehen. Der Aktionär müsse es in der Tat sogar hinnehmen, wenn der Vorstand betrügerische oder Schmuggelgeschäfte betreibe oder Geschäfte unter Verstoß gegen Wirtschaftsstrafgesetze abschließe. Dies seien - wenn auch ungesetzliche - Maßnahmen der Geschäftsführung, deren Überwachung dem Aktionär nicht obliege.[289] Das

[285] BGH a.a.O., S. 133 f.

[286] BGH a.a.O., S. 135.

[287] FS Ballerstedt, S. 239 - 255, passim, insbes.: S. 251 ff.

[288] Zustimmend: Lutter, AcP 180, S. 84, 142 f.; Timm, Die AG 1980, S. 172 – 185; kritisch: Hommelhoff, Konzernleitungspflicht, S. 474 ff., 475; Wiedemann, Gesellschaftsrecht, § 8 IV 1 c dd.

[289] FS Ballerstedt, S. 239 - 255, S. 252.

Institut der actio negatoria diene nicht den Individualinteressen der Aktionäre, sondern nur der Aufrechterhaltung der innergesellschaftlichen Kompetenzordnung.

Wenn ein Aktionär sich im Wege der actio negatoria aber noch nicht einmal gegen ungesetzliche Geschäftsführungsmaßnahmen verteidigen kann, so kann er dies erst recht nicht gegen Insidergeschäfte. Diese werden meist nämlich noch nicht einmal dem Geschäftsführungsbereich zuzurechnen sein, sofern sie nicht ausnahmsweise für die Gesellschaft abgeschlossen werden. Vielmehr gehören sie im Regelfall dem privaten Bereich der Vorstandsmitglieder an. Dieser mag zwar bei einer im Lichte der Öffentlichkeit stehenden Gesellschaft nie vollkommen von der betrieblichen Sphäre des Unternehmens zu trennen sein. So schaden private Fehltritte der leitenden Manager unter Umständen auch dem Ansehen der Gesellschaft und somit mittelbar auch den Aktionären. Jedoch lässt sich im Wege der actio negatoria in diesem Bereich keine Abhilfe schaffen. Die actio negatoria bietet dem Aktionär daher keine Verteidigungsgrundlage gegen Insiderhandel treibende Vorstandsmitglieder.

IV. Treupflichten gegenüber den Aktionären

Es besteht Anlass zu der Frage, ob die Mitglieder der Unternehmensverwaltung -ähnlich wie die Mitgesellschafter-[290] durch Treupflichten gegenüber den Aktionären gehindert sind, Insidergeschäfte vorzunehmen. Aktionäre und Vorstandsmitglieder stehen in vielerlei Hinsicht miteinander in Verbindung. Diese Verbindungen könnten zu einem Treupflichten auslösenden gesteigerten sozialen Kontakt[291] führen. Der Streubesitz nimmt Kontakt zum Vorstand überwiegend über die Hauptversammlung auf,[292] bei Großaktionären bestehen regelmäßig auch außerhalb jener mannigfache Kon-

---

290 S.o., 2. Kapitel, B II.

291 MüKo zum BGB-Roth, § 242 BGB, Rn 5 m.w.N.

292 Vgl. Martens, Leitfaden HV, S. 5, 13, 20, 21.

takte zu Vorstandsmitgliedern.[293] Der Lehre und der Rechtsprechung ist die Unterwerfung von Geschäftsführungsorganen unter Treueverpflichtungen dabei nicht fremd, soweit es das Verhältnis zur Gesellschaft angeht.[294] Hieran anknüpfend wird vereinzelt sogar geschlossen[295], dass die Treuepflicht dem Vorstand gegenüber der Gesellschaft auch die Vornahme von Insidergeschäften untersage.[296] Jedoch lassen sich aus der einheitlichen Anerkennung von Treuepflichten zwischen Vorstand und Aktiengesellschaft keine Rückschlüsse für das Verhältnis Vorstand-Aktionäre gewinnen. Denn fast widerspruchslos wird die Existenz von Rechtsbeziehungen in diesem Verhältnis negiert.[297] Allenfalls könnten Treuebindungen zwischen Gesellschaft und Vorstand im Rahmen der §§ 117 Abs. 2 Satz 1 und 318 Abs. 1 AktG reflexartig bestimmend für Schadenersatzansprüche von Aktionärsseite werden.[298] Darüber hinaus bestünden jedoch keine Bindungen zwischen Management und Kapitaleignern.[299] Aktionärsansprüche könnten neben den aktienrechtlichen Spezialvorschriften ausschließlich aus den §§ 823 Abs. 1 und Abs. 2 BGB hergeleitet werden, die als deliktsrechtliche Anspruchsgrundlagen gegen jedermann griffen, ohne dass es einer Sonderbeziehung bedürfe.[300] Soweit vereinzelt einmal behauptet wird, eine Treuepflicht bestehe auch gegenüber den an der Gesellschaft Beteiligten,[301] erscheinen diese Äußerungen eher etwas unbedacht und verallgemeinernd und ermangeln jeder Begründung.

---

293 Vgl. Lutter, ZHR 153 (1989), S. 446, 458 f.

294 BGHZ 10, S. 187 - 196, 192; BGH Z 49, S. 30 - 33, 31; KK zum AktG-Zöllner, Einleitung, Rn 152-156; KK zum AktG-Martens, § 93, Rn 20; K. Schmidt unter Berufung auf die „corporate opportunities doctrine", Gesellschaftsrecht, §§ 28 II 4 a und 20 V 3.

295 Raiser, Kapitalgesellschaftsrecht, § 14, Rn 11 und 44.

296 Vgl. Raiser a.a.O., Rn 67 - 70.

297 Einzige Ausnahme ist hier wiederum Raiser, ZHR 153 (1989), S. 1, 12 f.

298 KK-Zöllner, Rn 156/Einleitung; [§ 318 I steht in Verbindung mit konzernrechtlichen Verantwortlichkeiten des Vorstandes, der Verf.].

299 So auch BGH Z 83, S. 122 - 144, 133 f.

300 Godin-Wilhelmi, Komm. zum AktG, § 93, Rn 2 und 8; RGZ 158, S. 248 - 257, 250.

301 Kübler, Gesellschaftsrecht, § 15 III 5 a.

Nach derzeit allgemeiner Rechtsauffassung existieren also zwischen Vorstandsmitgliedern und Aktionären keine Treuebindungen, vermittels derer es letzteren möglich wäre, Unterlassungsansprüche zu stellen.

C Zusammenfassung des dritten Kapitels

Nach derzeitiger Rechtslage verletzen Mitglieder der aus Aufsichtsrat und Vorstand bestehenden Unternehmensverwaltung durch die Begehung von Insiderhandel keine Pflichten gegenüber den Aktionären ihrer Gesellschaft. Weder wird Insiderhandel gegenüber den Aktionären durch besondere aktienrechtliche Pflichten untersagt, noch lassen sich drittschützende Unterlassungsgebote aus dem Anstellungsvertrag der Verwaltungsmitglieder, dem Institut der actio negatoria oder gesellschaftsrechtlichen Treubindungen ableiten. Dies erscheint zunächst unbefriedigend, erklärt sich aber aus der im deutschen Aktienrecht konsequent verfolgten und allenfalls im Bereich der Kapitalerhaltung durchbrochenen Trennung zwischen der Körperschaft und ihren Gesellschaftern. Eine Verpflichtung der Unternehmensverwaltung besteht nur gegenüber der Gesellschaft selbst. Wie sich zum Beispiel in der amerikanischen Rechtsordnung zeigt,[302] ist diese Trennung allerdings nicht zwingend, sondern nur durch die bisherige historische Entwicklung des deutschen Aktienrechts vorgegeben. Insofern ist nicht auszuschließen, dass bei einem zukünftigen Wandel der aktienrechtlichen Lehrmeinungen auch vertragliche und korporative Bindungen zwischen Verwaltung und Kapital entwickelt werden.

---

[302] S.u., 7. Kapitel.

4. Kapitel: Deliktsrechtlicher Schutz von Outsidern

Eine der interessantesten Fragen, die sich im Zusammenhang mit einer zivil- bzw. gesellschaftsrechtlichen Untersuchung des Insiderproblems stellt, ist diejenige, ob von Aktionären, die sich durch Insiderhandel finanziell benachteiligt fühlen, Schadensersatzansprüche gegen Insider geltend gemacht werden können. In den Wortlaut des WpHG sind solche Ansprüche im Gegensatz zu früheren Entwürfen des Arbeitskreises Gesellschaftsrecht[303] und von *Hopt/Will*[304] nicht aufgenommen worden. Im folgenden sollen die Bestimmungen des allgemeinen Zivilrechts aber auf Lösungsmöglichkeiten untersucht werden.[305]

A Die Verletzung absoluter Aktionärsrechte

Nach § 823 Abs. 1 BGB ist derjenige, der vorsätzlich oder fahrlässig das Leben, den Körper, die Gesundheit, die Freiheit, das Eigentum oder ein sonstiges Recht eines anderen widerrechtlich verletzt, dem anderen zum Ersatz des daraus entstandenen Schadens verpflichtet. Wie schon dargelegt, kann der Aktionär geltend machen, die Rendite seiner Aktien werde durch Insiderhandel beeinträchtigt.[306] Fraglich ist jedoch, inwieweit die Aktie zu den nach § 823 Abs. 1 BGB geschützten Rechtsgütern zählt.

---

303 Verbot des Insiderhandels, S. 43 f.

304 Europäisches Insiderrecht, S. 158 ff.

305 Mangels praktischer Relevanz im Börsenhandel sollen Fragen der Sach- und Rechtsmängelhaftung sowie einer Haftung aus c.i.c. hier nicht näher untersucht werden, hierzu Kaiser, WM 1997, S. 1557, 1559; zur Megede in Assmann/Schütze, Handbuch des Kapitalanlagerechts, § 14, Rz. 59; Holschbach, NJW 1973, S. 2006; Baumbach/Duden/Hopt, Kommentar zum HGB, Insiderhandelsrichtlinien (Anhang 16), Rn 14; im Ergebnis Ansprüche aus c.i.,c auch verneinend: Steinhauer, Insiderhandelsverbot und Ad-hoc-Publizität, S. 75 ff., 82, eingehend zur amerikanischen Rechtslage hinsichtlich des Bestehens von Aufklärungspflichten bei Insiderhandel nach dem Law of Contracts: Levmore, 68 Va. L.Rev., 117 (1982).

306 S.o., 2. Kapitel B II.

I. Schutz der Aktie als Wertpapier

Die Aktie kann als *Wertpapier*[307] ein privates Recht in der Weise verbriefen, dass zur Geltendmachung des Rechts die Innehabung der Urkunde notwendig ist.[308] In ihrer Funktion als Wertpapier ist die Aktie durch § 823 Abs. 1 BGB vor Entzug, das heißt also beispielsweise vor Diebstahl oder Unterschlagung im Rahmen des Rechtsgutes Eigentum geschützt. Durch Insiderhandel wird die Aktie jedoch nicht körperlich entzogen; sie erleidet lediglich eine potentielle Renditeminderung. Die Aktie in ihrer Eigenschaft als Wertpapier wird daher durch § 823 Abs. 1 BGB nicht vor Insiderhandel geschützt.

II. Schutz der Aktie als Mitgliedschaftsrecht

Die Aktie verkörpert auch die *Mitgliedschaft* und damit die aus der Mitgliedschaft erwachsenden Rechte. Diese können in Teilhabe-, Schutz- und Vermögensrechte eingeteilt werden. Zu den Teilhaberechten zählt insbesondere das Recht zur Teilname an Versammlungen, das Stimmrecht sowie auch das Informationsrecht. Als Schutzrechte werden etwa die Klage- und Anfechtungsrechte verstanden. Die Vermögensrechte schließlich umfassen Gewinnbezugsansprüche sowie das Recht auf Teilhabe am Liquidationserlös.[309] Auch die Aktie in ihrer Funktion als verkörpertes Mitgliedschaftsrecht gilt als sonstiges Recht im Sinne von § 823 Abs. 1 BGB[310] und darf wie auch der GmbH-Anteil[311] nicht verletzt werden.[312] Ein Eingriff in Teilhaberechte des Aktionärs - etwa das Informationsrecht - durch die Insiderhandelsaktivitäten selbst ist al-

---

307 K. Schmidt, Gesellschaftsrecht, § 26 IV.

308 H. M., vgl. z. B. Brox, Handels- und Wertpapierrecht, Rn 475.

309 K. Schmidt, a. a. O., § 19 III und Raiser, Kapitalgesellschaftsrecht, § 9, Rn 6.

310 Mü-Ko zum BGB, Mertens, § 823, Rn 152.

311 RGZ 100, S. 274 - 279, 278.

312 RGZ 158, S. 248 - 256, 255.

lerdings nur in Sonderkonstellationen denkbar.[313] Ein Eingriff in Schutzrechte des Aktionärs durch das Begehen von Insiderhandel scheidet gänzlich aus. In Betracht kommt nur die Verletzung von Vermögensrechten, insbesondere des Gewinnbezugsrechts des Aktionärs - schließlich konnte bereits nachgewiesen werden, dass Insiderhandel Renditeeinbussen des Aktionärs herbeiführen kann. Der Schutz des aktienrechtlichen Mitgliedschaftsrechts durch § 823 Abs. 1 BGB ist jedoch beschränkt. Er erstreckt sich nur auf den Zuweisungsgehalt der Aktie, welcher nur dann berührt wird, wenn in die durch die Aktie im einzelnen verbrieften Rechte eingegriffen wird. Hiervon erfasst wäre etwa die Verletzung des Gleichbehandlungsgrundsatzes bei der Zuteilung von Bezugsrechten.[314] Im Wesentlichen werden vom Schutzbereich des § 823 Abs. 1 BGB also verkörperte Herrschaftsrechte erfasst, Reflexschäden aus der vorsätzlichen Schädigung des Gesellschaftsvermögens erlangen keine Bedeutung.[315] Insbesondere auch eine nachteilige Beeinflussung des Börsenkurses der Aktie stell grundsätzlich keinen Eingriff in das Mitgliedschaftsrecht dar.[316] Die Aktie ist kein Wertrecht und vermittelt keine wertmäßige Teilhabe am Unternehmen. [317] Eine Verletzung von § 823 Abs. 1 BGB ist in solchen Konstellationen nur ausnahmsweise festzustellen, wenn gleichzeitig ein Eingriff in Herrschaftsbefugnisse vorliegt.[318]

Durch den Insiderhandel werden jedoch gerade keine Vermögensrechte des Aktionärs entzogen: Sein formeller Anspruch auf Beteiligung am Gewinn und am Liquidationserlös der Gesellschaft bleibt erhalten und der Aktionär wird auch nicht an der Geltendmachung

---

313 Vgl. hierzu Joussen, DB 1994, S. 2485-2488, 2486 f.; Wüsthoff, Das Auskunftsrecht des Aktionärs, passim.

314 Mü-Ko zum BGB, Mertens, § 823, Rn 152.

315 Etw. abweichend: OLG München, NJW-RR 1991, S. 928, 929; dazu kritisch Habersack, Mitgliedschaft, S. 156 f.

316 A.A. Reuter, FS Lange, S. 707, 718.

317 GK zum AktG -Schilling, § 93, Rn 65; Geßler-Hefermehl, Komm. zum AktG, § 93, Rn 94.

318 Überzeugend: Habersack, Mitgliedschaft, S. 278 f.

seiner Ansprüche gehindert. Durch Insiderhandel verursachte Renditeminderungen führen folglich nicht zu einer Verletzung des Mitgliedschaftsrechts.

Ebenfalls nicht möglich ist es, die Ertragseinbuße als Eingriff in den eingerichteten und ausgeübten Gewerbebetrieb, der von der Rechtsprechung als sonstiges Recht im Sinne von § 823 Abs. 1 BGB anerkannt wird,[319] zu qualifizieren. Die Aktie begründet für den Aktionär nur die Mitgliedschaft, verschafft ihm aber keinen unmittelbaren Anteil am Gewerbebetrieb. Dieser steht nur der Gesellschaft selbst zu.[320] Der Aktionär kann daher einen Schadenersatzanspruch gegen Insider nicht[321] auf die Verletzung eines absoluten Rechtes nach § 823 Abs. 1 BGB stützen.[322]

B Verletzung von Schutzgesetzen durch Insider

Nach § 823 Abs. 2 BGB ist derjenige dem anderen zum Schadenersatz verpflichtet, der gegen ein den Schutz des anderen bezweckendes Gesetz verstößt. Zu prüfen ist, ob ein Insideraktionär durch die Vornahme von Insidergeschäften gegen Schutzgesetze zugunsten der Aktionäre verstößt.[323]

---

319 Z.B. BGHZ 45, S. 296 - 311, 307.

320 RGZ 158, a. a. O.

321 Großfeld/Weber, Die AG 1993, S. 201, 206, kommen nur deshalb zu einem anderen Ergebnis, weil in dem von ihnen ersonnenen Fall von Insiderhandel außerhalb der Börse ein Genosse seinen Genossenschaftsanteil aufgrund von Insideraktivitäten des Vorstandes verlor. Der Verlust des Genossenschaftsanteils ist aber durch § 823 I BGB kompensierbar.

322 Ohne eingehende Begründung im Ergebnis ebenso: Steinhauer, Insiderhandelsverbot und Ad-hoc-Publizität, S. 82.

323 Als Beispiele für kapitalmarktrechtliche Normen mit Schutzcharakter zugunsten der Anleger gelten etwa §§ 264a StGB und 89 BörsG, vgl. BGH WM 1991, S. 2090 sowie OLG Düsseldorf, WM 1989, S. 175, 179.

I. Schutz der Aktionäre durch § 93 Abs. 2 AktG

Sofern der Insiderhandel nicht durch Aktionäre, sondern durch Mitglieder von Vorstand oder Aufsichtsrat vorgenommen wird, kommt als Schutzgesetz § 93 Abs. 2 AktG in Betracht. Nach § 93 Abs. 2 AktG sind Vorstandsmitglieder, in Verbindung mit § 116 AktG auch Aufsichtsratsmitglieder, die ihre Pflichten verletzen, der Gesellschaft zum Ersatz des daraus entstehenden Schadens verpflichtet. Es besteht kein Zweifel, dass Vorstandsmitglieder durch die Vornahme von Insidergeschäften ihre Pflichten gegenüber der Gesellschaft verletzen.[324] Allerdings ist § 93 Abs. 2 AktG kein Schutzgesetz im Sinne von § 823 Abs. 2 BGB zugunsten der Aktionäre, da die Vorschrift nach Wortlaut und Sinn und Zweck nur den Schutz der Gesellschaft bezweckt.[325] Ein Aktionär kann daher in Verbindung mit § 93 Abs. 2 AktG bzw. § 116 AktG in Verbindung mit § 93 Abs. 2 AktG keine Ansprüche aus § 823 Abs. 2 BGB gegen Insiderhandel treibende Mitglieder des Vorstands oder des Aufsichtsrats herleiten.

II. Schutz der Aktionäre durch § 1 der IHR

§ 1 Nr. 1 der Insiderhandelsrichtlinien (IHR) der Börsensachverständigen-Kommission[326] untersagt es Insidern, Geschäfte in Insiderpapieren, unter Ausnutzung von Insiderinformationen, von denen sie aufgrund ihrer Stellung Kenntnis erlangt haben, zum eigenen oder zum Vorteil Dritter abzuschließen. Teilweise wird erwogen, ob § 1 Nr. 1 der IHR als Schutzgesetz im Sinne von § 823 Abs. 2 BGB anzusehen ist.[327] Hierzu müsste es sich jedoch bei den IHR zunächst überhaupt um ein Gesetz im Sinne von § 823 Abs. 2

---

[324] Kümpel, Bank- und Kapitalmarktrecht, Rn 14.79; Lutter, ZHR 153 (1989), S. 445, 447.

[325] Geßler-Hefermehl, Komm. zum AktG, § 93, Rn 90; KK zum AktG-Mertens, § 93, Rn 85 ;GK zum AktG-Schilling, § 93, Rn 67; RGZ 159, S. 221 - 227, 224; RGZ 115, S. 289 - 296, 296.

[326] Bundesanzeiger vom 1. Juli 1988, nichtamtlicher Teil, S. 2883-2885.

[327] Grunewald, ZBB 1990, S. 128, 129; Pfister, ZGR 10 (1981), S. 318, 341f.

BGB handeln. Unter Gesetzen nach § 823 Abs. 2 BGB sind nicht nur Gesetze im förmlichen Sinne, d. h. vom Parlament im Wege des vom Grundgesetz vorgeschriebenen Gesetzgebungsverfahrens verabschiedete Normen,[328] sondern auch sog. materielle Gesetze, das heißt Verordnungen, gemeindliche Satzungen und polizeiliche Vorschriften.[329] Jedoch ist der Normcharakter des Gesetzes bereits dem Wortlaut des § 823 Abs. 2 BGB nach unabdingbar, so dass allgemeine Grundsätze des menschlichen Zusammenlebens unterhalb der öffentlich-rechtlichen Normebene in diesem Zusammenhang keinen Schutzcharakter entfalten können.[330] Private Normsetzung ist im Zusammenhang mit § 823 Abs. 2 BGB unbeachtlich.[331] Den IHR fehlt gerade ein öffentlich-rechtlicher Normcharakter.[332] § 1 Nr. 1 IHR ist daher kein Schutzgesetz im Sinne des § 823 Abs. 2 BGB.[333]

III. Schutz der Aktionäre durch § 14 WpHG

§ 14 WpHG verbietet einem Insider, unter Ausnutzug seiner Kenntnis von einer Insidertatsache Insidergeschäfte vorzunehmen. Die Frage nach dem Schutzgesetzcharakter des § 14 WpHG berührt eines der zentralen Probleme bei der Auslegung des WpHG. Unklar ist nämlich, ob das Gesetz ausschließlich dem Funktionenschutz des Kapitalmarktes oder auch dem Individualschutz der Anleger dient. An dieser grundsätzlichen Frage entscheidet sich auch, ob in Verbindung mit § 14 WpHG zivilrechtliche Ansprüche einzelner Anleger durchsetzbar sind. Die vor Erlass des Gesetzes zum Teil geäußerten Hoffnungen, der Gesetzgeber würde im Gesetz aus-

---

328 Degenhart, Staatsrecht, Rn 228.

329 OLG Hamm, JZ 1981, S. S.277-278, 277 f.; Palandt-Thomas, Komm. zum BGB, § 823, Rn 139.

330 Deutsch, JZ 1963, S.388, 389.

331 Müko zum BGB-Mertens, § 823, Rn 157.

332 Vgl. statt vieler: Hopt, Journal of Comparative Business and Capital Market Law, 1986, S. 381, 383.

333 So ohne weitere Begründung auch : Holschbach, NJW 1973, S. 2006, 2008.

drücklich bestimmen, ob § 14 WpHG ein Schutzgesetzcharakter im Sinne des § 823 Abs. 2 BGB zukomme,[334] haben sich nicht erfüllt. Folglich divergieren heute die hierzu vertretenen Standpunkte.

1. Argumente für einen ausschließlichen Funktionenschutz

a) Anonymität des Börsengeschäftes

Nach Teilen der Literatur[335] werden wichtige Aufgaben, namentlich die Zentralisierung von Kapitalangebot und –nachfrage, durch Insiderhandel gestört, da Investoren diesen als Beeinträchtigung der Chancengleichheit werteten. Hiervor müsse der Markt als solcher geschützt werden. Für einen daneben bestehenden Individualschutz der Anleger bestehe keine Notwendigkeit, da die Transaktionen anonym abgewickelt würden. Auch § 12 WpHG bestätige, dass nur ein Marktschutz beabsichtigt sei. Die Vorschrift beziehe gerade solche Wertpapiere nicht in die Insiderregelung ein, die nur an Börsen in Drittstaaten zum Handel zugelassen oder an keiner Börse notiert seien. Die vorstehende Argumentation überzeugt nicht. Das Argument der Anonymität scheitert bereits daran, dass das WpHG nicht nur für börsliche Transaktionen gilt, sondern auch für außerbörsliche Direktgeschäfte in börsennotierten Papieren. Die Beschränkung des Schutzes auf EU- bzw. EWR-Staaten ergibt sich aus der historischen Entstehung des Gesetzes durch Umsetzung einer EG-Richtlinie.[336] Sie beinhaltet lediglich eine geographische, aber keine funktionelle Eingrenzung des Schutzbereichs.

b) Nachweisprobleme

Die Auffassung, angesichts der rechtlichen und tatsächlichen Schwierigkeiten, Geschädigte und Schäden eines Insiderverstoßes nachzuweisen, sei ein Schutzgesetzcharakter nicht existent, ist ab-

---

334 Claussen, ZBB 1992, S. 267, 268; Trölitzsch als Berichterstatter einer öffentlichen Diskussion zwischen Caspari und Assmann, ZGR 23 (1994), S. 547, 548.

zulehnen.[337] Nachweisprobleme existieren auch in anderen Rechtsgebieten und werden dort durch Beweiserleichterungen und Beweislastumkehr, nicht aber durch Verneinung der materiellen Anspruchsgrundlage gelöst.[338]

c) <u>*Historische und systematische Auslegung*</u>

Zum Teil[339] wird ein Individualschutz unter Bezug auf die Regierungsbegründung zu § 13 WpHG verneint. Dort wird ausgeführt, dass eine Insidertatsache auch dann öffentlich sein könne, wenn der einzelne Anleger nicht die Möglichkeit der Kenntnisnahme gehabt habe. Die Schutzrichtung des Gesetzes bestehe in der Funktionsfähigkeit der Wertpapiermärkte im Europäischen Wirtschaftsraum.[340] Die Autoren, die sich auf diesen Passus in der Regierungsbegründung stützen, verschweigen, dass die Regierungsbegründung an anderer Stelle entgegengesetzte Aussagen trifft: der Staat habe für einen wirksamen Anlegerschutz Sorge zu tragen,[341] für die Funktionsfähigkeit der Märkte sei das Vertrauen der Anleger von entscheidender Bedeutung[342] und das Gesetz wolle das Vertrauen der Anleger durch konkrete Verbesserungen des Anlegerschutzes erhöhen.[343] Die Auslegung der Regierungsbegründung lässt insofern keine eindeutige Aussage zu.

Als Argument für einen ausschließlich durch das WpHG intendierten Funktionenschutz wird auch die Klarstellung in § 15 Abs. 6

---

335 Caspari, ZGR 23 (1994), S. 530, 532 f.

336 Abl. EG vom 18. November 1989, L 334/30.

337 Assmann/Schneider, Komm. zum WpHG -Assmann/Cramer, § 14, Rn 109.

338 So z.B. zur Beweislastumkehr im Bereich der Umwelthaftung: Schmidt-Salza, Kommentar zum Umwelthaftungsrecht, § 6, Rn 84.

339 So Happ, JZ 1994, S. 240, 243.

340 BR-Drs 793/93, S. 142 f.; im Ergebnis ebenso: Kaiser, WM 1997, S. 1557, 1560.

341 BR-Drs a.a.O., S. 101.

342 BR-Drs a.a.O. , S. 102.

343 Vgl. BR-Drs a.a.O., S. 1.

WpHG herangezogen.[344] § 15 Abs. 6 WpHG bestimmt, dass im Falle des Verstoßes gegen die Veröffentlichungspflicht nach § 15 Abs. 1 WpHG der Emittent einem anderen nicht zum Ersatz des hieraus entstehenden Schadens verpflichtet sei. Dies soll den Schluss zulassen, zivilrechtliche Ansprüche könnten auch nicht auf das Insiderhandelsverbot selbst gestützt werden.[345] Dies stehe auch im Einklang mit der Präambel des Richtlinientextes,[346] die ebenfalls uneingeschränkt auf ein Funktionieren des Kapitalmarktes abgestellt habe. Dieser Begründung ist nicht zu folgen. § 15 Abs. 6 WpHG legt es gerade nicht nahe, dass ein Anspruchsausschluss auch für § 14 WpHG gilt. Umgekehrt scheint er bei § 14 WpHG Individualansprüche für möglich zu halten, da er sie dort nicht ausdrücklich ausschließt.[347] Allenfalls wollte der Gesetzgeber die endgültige Klärung der Frage den Gerichten überlassen.

Soweit auf die EG-Richtlinie verwiesen wird, die angeblich einen Anlegerschutz ausschließe,[348] wird sie unvollständig zitiert. Insbesondere in ihrer Präambel konstatiert sie die Interdependenz zwischen dem Vertrauen der Anleger und dem Funktionieren des Kapitalmarktes. Das Vertrauen der Anleger basiere auf der Zusicherung der Gleichbehandlung und dem Schutz gegen die unrechtmäßige Verwendung von Insiderinformationen.[349] Schließlich warnt die Richtlinie auch vor der Gefahr der Übervorteilung einzelner Anleger durch Insidergeschäfte.[350]

---

344 Kümpel, Bank- und Kapitalmarktrecht, Rn 14.92.

345 Kümpel a.a.O.

346 ABl. EG , 18. November 1989, L 334/30.

347 Vgl. hierzu auch Steinhauer, Insiderhandelsverbot und Ad-hoc-Publizität, S. 134 ff.; beachte die Änderungen durch den Entwurf des 4. FinanzmarktförderungsG vom 14. November 2001; http:/www.bundesfinanzministerium.de/Anlage8363; zu den Änderungen des § 15 Abs. 6 siehe "Ausblick" am Ende dieser Arbeit.

348 Kümpel a.a.O.

349 ABl. der EG, 18. November 1989, L 334/30.

350 Vgl. auch Tippach, WM 1993, S. 1269, 1272.

d) *Billigkeits- und wirtschaftliche Erwägungen*

Gegen eine anlegerschützende Wirkung des § 14 WpHG soll auch sprechen,[351] dass die Anleger, die auf derselben Marktseite wie der Insider tätig seien, ohnehin einen größeren Gewinn erzielten, als sie vernünftigerweise hätten erwarten können. Eine Reduzierung dieses Gewinns durch Insiderhandelsaktivitäten falle demgegenüber nicht ins Gewicht. Es könne nicht Schutzzweck des WpHG sein, der Gruppe der ohnehin erfolgreichen Anleger maximale Gewinne zu sichern. Überdies seien aber auch die auf der Marktgegenseite handelnden Anleger nicht geschützt, da Insiderhandel positive Marktwirkungen entfalte: er führe zur Anpassung der Börsenkurse an die tatsächlichen Gegebenheiten; schließlich würden durch die Insiderhandelsaktivitäten indirekt Informationen in den Markt transportiert, die den Wertpapierkurs seinem wahren Wert annäherten. Diese Argumentation geht fehl. Zum einen setzt sie systematisch unscharf bei der Schadensberechnung an, die richtigerweise unabhängig von der Frage des Schutzgesetzcharakters zu sehen ist. Unabhängig davon ist aber nicht nachvollziehbar, weshalb das Anlageglück des parallel zum Insider auf derselben Marktseite tätigen Outsiders, das ja auch durch gründliche Marktanalysen bzw. das Eingehen eines hohen spekulativen Risikos verdient wurde, gegen Verluste aus Insiderhandel aufgerechnet werden soll. Erfolgreiche Anleger werden von der Rechtsordnung ebenso geschützt wie weniger erfolgreiche. Auch ist § 823 Abs. 2 BGB keine soziale Umverteilungsnorm, in die Billigkeitserwägungen eingehen könnten.

Auch der Auffassung, die die Schutzgesetzeigenschaft von § 14 WpHG ablehnt, da Insiderhandel positive Wirkungen auf den Markt entfalte, ist nicht beizupflichten.[352] Allerdings steht diese These im Einklang mit einer unter Ökonomen und Juristen, die sich mit der ökonomischen Analyse des Rechts befassen, verbreiteten

---

[351] Insiderhandelsverbot und Ad-hoc-Publizität, S. 106 ff.

[352] Steinhauer a.a.O.

Meinung.[353] Das Kernargument dieser Lehre lautet, dass die Anpassung der Börsenkurse an ihren wahren Wert ein ökonomisch positiv zu wertender Effekt sei, wobei die Anpassung sich wie folgt vollziehe: nicht informierte Anleger beobachteten den Markt; sobald sich aufgrund von Verkäufen oder Käufen durch Insiderhandelsaktivitäten Kursbewegungen ergäben, enthalte der Wert des Papiers mehr Informationen, so dass er der tatsächlichen Sachlage angenähert werde. Kauften die Outsider in der Folge Insiderpapiere bezahlten sie hierfür einen exakteren Preis als in Absenz von Insiderhandel.[354] Dieses Argument wird im Wesentlichen von grundsätzlichen Gegnern einer staatlichen Regulierung des Insiderhandels vertreten und ist zumindest in Deutschland seit Erlass des WpHG kaum mehr zu vernehmen. Soweit ersichtlich, hat sich auch keine Regierung eines betroffenen Staates bislang durch diese Argumentation von einer Regulierung des Insiderhandels langfristig abhalten lassen. Überdies werden gewichtige Gegenargumente vertreten; insbesondere erscheint sehr fraglich, inwieweit eine Anpassung der Börsenkurse an ihren wahren Wert überhaupt positive Auswirkungen auf die Markteffizienz haben kann. Unter Markteffizienz sei nicht ein Zustand zu verstehen, in dem alle existenten Informationen im Börsenkurs widergespiegelt würden sondern nur alle legal verfügbaren Informationen.[355] Insiderhandel führt nach dieser Auffassung zu einer vorzeitigen und damit suboptimalen Anpassung der Börsenkurse. Weitere Argumente sprechen aus ökonomischer Sicht gegen Effizienzsteigerungen durch Insiderhandel, insbesondere der Vorwurf von Steigerungen von Transaktions-

---

353 Manne, 4 CATO L. J. 933, 935 (1985); ders. 44 Harvard Bus. Rev. 113, 115
(1966); ders. Insider Trading and the Stock Market, 155-159; Schneider DB 1993, S. 1229, 1431 f.; Schörner, Gesetzliches Insiderhandelsverbot, S. 52 f.; v. Stebut, DB 1974, S. 613, 618.

354 Vgl. a. Heller, 37 Bus. Law 517, 533 (1982).

355 Fama, 25 J.Fin. 383, 384-385 (1970); Beeson, 144 U. Pa. L-Rev., 1077, 1085 (1996); Klock, 10 Ga.St.U.L.Rev. 297, 300 (1994).

kosten an Händlermärkten[356] sowie die durch Insiderhandel eintretende Negativauslese, die sog. „adverse selection" von Kapitalmarktpapieren.[357]

Ungeachtet der Tatsache, dass diese Gegenargumente Zweifel an der inhaltlichen Richtigkeit der vorgenannten Auffassung begründen, ist die Argumentation aber auch systematisch irrig. Seit 1994 existiert ein geltendes gesetzliches Insiderhandelsverbot in Deutschland; eine Entscheidung der Legislative gegen den Insiderhandel ist gefallen. Es ist insofern unzulässig, den Schutzgesetzcharakter einer Norm mit angeblich positiven Effekten des Insiderhandels zu bestreiten.

e) *Haftungsfolgen und alternative Anspruchsgrundlagen*

Hopt hat zum Teil einen zivilrechtlichen Anlegerschutz aufgrund des WpHG vertreten.[358] In neueren Ausführungen scheint er zu schwanken.[359] Bei § 14 WpHG, so meint *Hopt*, sei in besonderem Maße zu beachten, dass bei Bejahung des Schutzgesetzcharakters sämtliche Marktteilnehmer gegen den Insider anspruchsberechtigt wären. Dies führe zu drakonischen Haftungsfolgen. Dies ist aber keine Frage des Schutzgesetzcharakters des § 14 WpHG, sondern des Kausalzusammenhanges zwischen Insidergeschäft und Schaden sowie ggf. der Schadensberechnung. Schließlich ist *Hopt* der Auffassung, die Bejahung eines Schutzgesetzcharakters der §§ 14, 38 WpHG sei auch insofern unnötig, als ohnehin genügend andere deliktische und vertragliche Anspruchsgrundlagen zu Verfügung stünden. Dies ist allerdings unrichtig. Denn, wie in dieser Arbeit

---

356 Schmidt, in: Hopt/Wymeersch, European Insider Dealing, S. 27 ff.; Weber, Wolfgang, Insider-Handel, Informationsproduktion und Kapitalmarkt, S. 51-57.

357 Ausubel. 80 Am. Econ. Rev., 1022-1041 (1990); Akerlof, Q.J.Econ. 488, 489 (1970) zum berühmten lemon-and-plums-market.

358 Stellungnahme für den Finanzausschuss des Deutschen Bundestages, WM 1994, S. 29, 32.

359 ZHR 159 (1995), S. 135, 159.

gezeigt werden konnte, bestehen vorbehaltlich des noch nicht untersuchten § 826 BGB bzw. unter gewissen Umständen den gesellschaftsrechtlichen Treupflichten keine Anspruchsgrundlagen von Outsidern gegen Insider.

2. Argumente für einen Anlegerschutz durch § 14 WpHG

Andere Autoren meinen, dass § 823 Abs. 2 BGB in Verbindung mit § 14 WpHG dem Anleger einen klare Anspruchsgrundlage gegen Insider zur Verfügung stelle.[360] Regierungsbegründung und EG-Richtlinie machten eine individualschützende Wirkung des Insiderverbots schwer widerlegbar.[361] In diesem Zusammenhang wird auch auf die Vorgängernorm des § 15 WpHG, § 44a BörsG verwiesen,[362] die anerkanntermaßen[363] zivilrechtliche Ansprüche geschädigter Anleger erlaubt habe. Indes bietet auch diese Auffassung Anlass zur Kritik. Denn der Verweis auf § 44a BörsG, der von der Rechtsprechung als Schutzgesetz bereits anerkannt worden war, trägt nicht weit. § 44a BörsG ist die Vorgängernorm von § 15 WpHG. Hinsichtlich der Verletzung der Ad-hoc-Publizität hat der Gesetzgeber eine Geltendmachung von Schadenersatzansprüchen jedoch ausdrücklich ausgeschlossen.

3. Eigene Stellungnahme

Wenn ein deliktisches Verhalten bereits durch eine Strafe oder ein Bußgeld sanktioniert ist, wird vom BGH zum Teil die sog. Subsidiaritätsklausel[364] angewandt. Der Schutz nach § 823 Abs. 2 BGB soll dann zurückstehen, wenn durch die anderweitigen Sanktionen bereits ein ausreichender Schutz gewährleistet ist. Dies gilt jedoch nicht, wenn die Interessen des verletzten Privaten gerade auch eines

---

360 Assmann, ZGR 23 (1994), S. 494, 499, 522.

361 Assmann, Die AG 1994, S. 196, 203.

362 Claussen, DB 1994, S. 27, 31.

363 Schwark, NJW 1987, S. 2041, 2045; Baumbach/Hopt, Komm. zum HGB, Anhang 14, § 44a BörsG, Rn 1.

364 BGH NJW 1980, S. 1792-1793, 1792 f.; BGHZ 84, S. 312-320, 314 f.

zivilrechtlichen Schutzes bedürfen, wie dies insbesondere bei Betrug, Untreue und Erpressung der Fall ist.[365] Ebenso hat der BGH für die dem § 14 WpHG verwandten Straftatbestände des Kursbetruges nach § 80 BörsG[366] und des Kapitalanlagebetruges nach § 264a StGB[367] entschieden. Die Subsidiaritätsklausel findet daher auf § 14 WpHG keine Anwendung. Es kommt daher hier auf eine Auslegung des Gesetzes nach Wortlaut, Geschichte, Systematik und Telos hinsichtlich seines Individualschutzes an.[368] Es spräche dabei für einen bezweckten Individualschutz, wäre die Anlegerschaft in den Wortlaut des § 14 WpHG aufgenommen worden. Dies ist hier aber nicht der Fall. Wie bereits aus der Darstellung des Meinungsstandes ersichtlich, ergibt die historische Auslegung kein eindeutiges Ergebnis für oder gegen einen von der Norm bezweckten Anlegerschutz.[369] Auch die systematische Auslegung führt nicht weiter. § 14 WpHG steht zwar in unmittelbarer Nähe des die Ad-hoc-Publizität regelnden § 15 WpHG. Doch auch über den Individualschutz dieser Norm gehen die Meinungen im Schrifttum auseinander.[370] Die objektiv-teleologische Auslegung hält nicht an Wortlaut und Geschichte fest, sondern orientiert sich an objektiven Zwecken des Rechts, wie gerechter Streitentscheidung, Friedenssicherung und Gleichbehandlung gleichliegender Tatbestände.[371] Allerdings darf sich der Deuter einer Vorschrift auch im Wege der teleologischen Auslegung nicht über die Ergebnisse der historischen und der wörtlichen Interpretation hinwegsetzen, es sei denn

---

365 MüKo zum BGB-Mertens, § 823, Rn 143.

366 BGH NJW 1986, S. 837-841, 840.

367 BGH ZIP 1991, S. 1597-1599, 1599.

368 Vgl. Schmiedel, Deliktsobligationen, S. 168 ff.; Müko-Mertens, a.a.O. zur Bedeutung der rechtpolitischen Zielsetzung.

369 Dies war z.B. bei § 264 a StGB anders, so dass dort bereits auf Grundlage der historischen Auslegung ein Individualschutz bejaht werden konnte; BGH ZIP 1991, S. 1597-1599, 1599 unter Verweis auf BT-Drs. 10/318, S. 22, 23.

370 Assmann/Schneider-Kümpel, Komm. zum WpHG, § 15, Rn 15 ff; Kümpel, Bank- und Kapitalmarktrecht, Rn 14.91; Hopt, ZHR 159 (1995), S. 135, 158 ff.; Assmann, ZGR 23 (1994), S. 494, 529.

371 Larenz-Canaris, Methodenlehre, S. 333f.

letztgenannte stünde im Widerspruch zu Verfassungsgrundsätzen oder anerkannten Rechtsprinzipien.[372] Für einen Verfassungsverstoß lässt sich aber vorliegend nichts erkennen. Nach den nationalen Auslegungsmethoden muss daher ein Individualschutz durch § 14 WpHG verneint werden.

Die nationalen Auslegungsmethoden werden allerdings in zulässiger Weise durch die richtlinienkonforme Auslegung ergänzt, wobei der methodologische Streit, ob die richtlinienkonforme Auslegung ein weiterer Auslegungsgrundsatz neben den genannten ist oder auf allen Stufen miteinfließt, hier keiner Erörterung bedarf.[373] Der EuGH hat mehrfach entschieden, dass die nationalen Gerichte den Beurteilungsspielraum, der ihnen eingeräumt ist, in Übereinstimmung mit den Anforderungen des Gemeinschaftsrechts auszulegen und anzuwenden haben.[374] Dieses Postulat gilt für das gesamte nationale Recht.[375] Der zeitliche Anwendungsbereich der richtlinienkonformen Auslegung beginnt spätestens mit dem Ablauf der Umsetzungsfrist. Nach ganz überwiegender Meinung genießt die richtlinienkonforme Auslegung dabei Vorrang vor den Ergebnissen der nationalen Auslegungsmethoden. Dies wird unter anderem der Solange II -Entscheidung des BVerfG[376] entnommen, da diese auch der europarechtskonformen Auslegung den Vorrang vor der verfassungskonformen Auslegung einräumt.[377] In Solange II - Entscheidung hat das BVerfG bestimmt, dass es seine Gerichtsbarkeit über die Anwendbarkeit von abgeleitetem Gemeinschaftsrecht nicht mehr ausüben und dieses nicht mehr am Maßstab des Grundgesetzes prüfen wolle, solange die EG und die Rechtsprechung des EuGH Grundrechtsschutz gewährleisten. Der Vorrang der richtli-

---

372 Engisch, Einführung in das juristische Denken, 7.A., S. 249.

373 Hierzu: Lutter, JZ 1992, S. 593, 604, Fn. 133.

374 EuGH EuZW 1998, S. 474-487, 476 mit Anmerkung Bayreuther; EuGH Slg. 1987, S. 3969-4012, 3987; insbesondere aber auch EuGH Slg. 1984, S. 1891-1920, 1901; EuGH Slg. 1984, S. 1921-1944, 1932.

375 Zuleeg, ZGR 9 (1980), S. 466, 471.

376 BVerfG E 73, S. 339-388, 340.

377 Vgl. Lutter, a.a.O., S. 604.

nienkonformen Auslegung gilt auch dann und gerade dann, wenn das hiernach gefundene Ergebnis nach den nationalen Auslegungsmethoden unvertretbar wäre und sich die generelle Vermutung, der historische Gesetzgeber habe die Umsetzungsvorschriften richtlinienkonform erlassen wollen, nicht bestätigt.[378] In der Tat führt vorliegend eine richtlinienkonforme Auslegung zu einem Ergebnis, das von demjenigen der nationalen Auslegungsmethoden abweicht. Bereits aus der Präambel des Richtlinientextes ergibt sich die auch individualschützende Wirkung des Insiderhandelsverbots: [...] Das reibungslose Funktionieren des Marktes hängt weitgehend von dem Vertrauen der Anleger ab. Dieses Vertrauen beruht unter anderem auf der den Anlegern gegebenen Zusicherung, dass sie gleichgestellt sind und dass sie gegen die unrechtmäßige Verwendung einer Insider-Information geschützt werden. [...] Verwiesen werden kann insoweit auch auf die Publizitätsrichtlinien, die Vorläufer der Vorschriften über die Ad-hoc-Publizität sind.[379] Die Transparenzrichtlinie 88/627/EWG vom 12. Dezember 1988[380] und die Wertpapierdienstleistungsrichtlinie 93/22/EWG[381] vom 10. Mai 1993 haben in ihre Präambeln das Ziel des Anlegerschutzes aufgenommen. Letztere schreibt darüber hinaus in Art. 21 vor, die zuständigen Behörden hätten die notwendigen Unterrichtungsmaßnahmen zu ergreifen, damit die Anleger jederzeit die Bedingungen des von ihnen geplanten Geschäftes und seiner Abwicklung beurteilen könnten. Die Börsenzulassungsrichtlinie 79/279/EWG vom 5. März 1979[382] schließlich gibt den zuständigen Stellen in Art. 13 II die Kompetenz, den Emittenten aus Gründen des Anlegerschutzes zur Veröffentlichung von Auskünften aufzufordern. Die der Ad-hoc-Publizität zugrundeliegenden Richtlinien der EG haben somit sämtlich eine eindeutig anlegerschützende Tendenz. Im Ergebnis ist daher aufgrund des Vorrangs der richtlinienkonformen

---

378 Lutter, a.a.O.

379 RegBegr. BR-Drs. 793/93.

380 ABl. EG, 17. Dezember 1988, L334/30.

381 ABl. EG, 11. Juni 1993, L 348/62.

382 ABl. EG, 16. März 1979, L 66/21.

Auslegung festzustellen, dass § 14 WpHG ein Schutzgesetz zugunsten der Aktionäre und der übrigen Anleger ist.

C Insiderhandel als sittenwidrige Schädigung

Nach § 826 BGB ist zum Schadenersatz verpflichtet, wer einem anderen in einer gegen die guten Sitten verstoßenden Weise vorsätzlich Schaden zufügt.[383]

I. Verstoß gegen die guten Sitten

Ein Verstoß gegen die guten Sitten liegt nach allgemeiner Meinung dann vor, wenn das Handeln des Delinquenten gegen das Anstandsgefühl aller billig und gerecht Denkenden verstößt.[384] Es war lange streitig, ob Insiderhandel eine wirtschaftlich und rechtlich zu verurteilende Tat darstelle[385] und ist dies wohl immer noch.[386] Aus diesem Grunde herrschte ebenfalls Uneinigkeit, ob Insiderhandel einen Verstoß gegen die guten Sitten im Sinne von § 826 BGB verkörpere. Zum Teil galten die Insiderhandels-Richtlinien der Börsensachverständigen-Kommission[387] als Maßstab einer guten Geschäftsmoral, diese wiederum als Bestandteil der guten Sitten.[388] Andere sahen die Sittenwidrigkeit in den durch die Nicht-Offenbarung erzeugten Funktionsstörungen des Kapitalmarktes.[389]

---

383 Darüber hinaus gewährt § 826 BGB auch präventive Unterlassungsansprüche MüKo zum BGB-Mertens, § 826, Rn 85; Soergel-Hönn/Dönneweg, Komm. zum BGB, § 826, Rn 92; RGZ 48, S. 114 - 129, 118.

384 RGZ 80, S. 219 - 226, 221; BGH Z 69, S. 295 - 302, 297; MüKo zum BGB-Mayer-Maly, § 138, Rn 12 u. v. a.

385 Bundesanzeiger von 1. Juli 1988, S. 2883-2885.

386 Vgl. das neuerliche Plädoyer zugunsten des Insiderhandel von Schneider, DB 1993, S. 1429-1435, passim.

387 Vgl. o., 1. Kapitel .

388 Coing, Die AG 1975, S. 120, 122; so auch Rümker, BB 1972, S. 1208, 1211

389 Hasslinger, Zivilrechtliche Ansprüche gegen Insider, S. 58 ff.

Dritte waren schließlich der Ansicht, aus Insidergeschäften erzielte Gewinne hätten nichts Unmoralischeres an sich als aus anderen Geschäften erwirtschaftete Profite.[390] Einige bezweifelten die Sittenwidrigkeit zumindest für den Fall, dass Insidergeschäfte zum regulären Börsenkurs abgewickelt würden.[391] Dieser Streit dürfte heute an Aktualität verloren haben. Die guten Sitten gelten als das Minimum an gemeinsamer moralischer Wertung innerhalb einer Rechtsgemeinschaft.[392] Die Wertung von Situationen und Vorgängen erfolgt im Hinblick auf die zunehmende Verrechtlichung des Zusammenlebens in steigendem Maße durch die materielle und formelle Gesetzeslage.[393] Dies bedeutet zwar nicht, dass jeder Gesetzesverstoß deshalb auch ein Verstoß gegen die guten Sitten sein müsste.[394] Insbesondere könnte dies etwa bei einem Verstoß gegen die Vorschriften über die Ad-hoc-Publizität gemäß § 15 WpHG zweifelhaft sein, der nach § 39 WpHG lediglich als Ordnungswidrigkeit verfolgt werden könnte. Ebenfalls unklar erscheint, ob ein Verstoß gegen den Corporate Governance Kodex der sog. "Baums-Kommission"[395], der nicht einmal Gesetzeskraft erlangt hat, zu einer Sittenwidrigkeit führen könnte. Es ist vielmehr erforderlich, dass die verletzten Vorschriften einen klaren Ausdruck sittlicher Wertung beinhalten.[396] Einen solchen Ausdruck sittlicher Geringschätzung eines Verhaltens verkörpern aber jedenfalls Strafvorschriften.[397] Davon machen §§ 14, 38 WPHG trotz ihrer rechtshistorischen und auch rechtspolitischen Umstrittenheit keine Ausnahme. Denn selbst, wenn Insiderhandel in der Vergangenheit und auch in der Zukunft nicht als sittenwidrig gewertet worden wäre bzw. werden sollte, so ist dies nicht von Bedeutung für die gegenwärtige Gesetzesanwendung. Auch die guten Sitten sind der Wandlung der

---

390 Schneider, DB 1993, S. 1429, 1431.
391 Holschbach, NJW 1973, S. 2006, 2008.
392 MüKo-Mayer-Maly, § 138, Rn 11.
393 Vgl. Larenz-Canaris, Allgemeiner Teil des BGB, § 22 III a.
394 BGH Z 22, S. 167 - 186, 180.
395 http://www.corporate-governance-code.de/ger/news/rede-crommes.html
396 Soergel-Hönn, Komm. zum BGB, § 826, Rn 12.
397 MüKo, a. a. O., § 138, Rn 36.

gesellschaftlichen Anschauungen unterworfen.[398] Maßgeblich ist damit nicht die Kongruenz des Insiderhandels mit den guten Sitten zu einem früheren oder noch kommenden Zeitpunkt, sondern allein zum heutigen. Da Insiderhandel aber gegen die im WpHG in Normkraft erwachsene herrschende Wirtschafts- und Sozialethik[399] verstößt, verletzt er auch die guten Sitten im Sinne von § 826 BGB.[400] Diese Ansicht wird auch durch eine neuere Entscheidung des Landgerichts Augsburg im sogenannten "Infomatec-Fall"[401] gestützt. Das Landgericht ging dort davon aus, dass bei einer Verletzung des § 88 BörsG durch einen Kursbetrug ohne weiteres auch ein Sittenverstoß nach § 826 BGB angenommen werden könne.

II. Schädigungsvorsatz des Insiders

Unterstellt, Insiderhandel verursacht einen Schaden beim Outsider muss der Insider zumindest bedingten Vorsatz diesbezüglich haben. Er muss also den Eintritt eines Schadens zumindest für möglich halten und ihn für den Fall der Verwirklichung billigend in Kauf genommen haben.[402] Die Anforderungen an die subjektive Vorstellung des Täters sind dabei nicht zu überspannen. Der Insider muss weder den präzisen Kausalverlauf vorausgesehen haben,[403] noch muss sich sein Vorsatz gegen einen konkreten Aktionär richten.[404] Kann der Insider nicht übersehen, wen seine Handlung schädigen würde, ist ihm aber die Gefährdung gewisser Personenkreise be-

---

398 MüKo, a.a.O., Rn 12.

399 LG Münster, NJW 1975, S. 2070 - 2073, 2073.

400 Steinhauer, Insiderhandelsverbot und Ad-hoc-Publizität, S. 110, hält Insiderhandel ebenfalls für sittenwidrig, lehnt jedoch einen Anspruch aus § 826 BGB ab, da es an dem von der Rechtsprechung (BGH NJW 1979, S. 1599-1600, 1600) geforderten inneren Zusammenhang von Sittenwidrigkeit und Schadenseintritt fehle; diese Frage wird in der vorliegenden Arbeit erst zu einem späteren Zeitpunkt untersucht – s.u., 5. Kapitel.

401 Landgericht Augsburg, Urteil vom 24.9.2001 - 3 O 4995/00.

402 Ständige. Rspr.; vgl. z. B. BGH Z 59, S. 1 - 3, 2.

403 Soergel-Hönn/Dönneweg, Komm. zum BGB, § 826, Rn 64.

404 Vgl. z. B. BGH LM Nr. 9/§ 826 BGB [Ge].

wusst, handelt er mit Schädigungsvorsatz.[405] Bei einem gewöhnlichen Insider, das heißt einer Person, die im Geschäftsleben schon aufgrund ihrer Position als erfahren zu gelten hat, wird man annehmen dürfen, dass er die Gefährdung von Outsidern durch seine Aktivität für möglich hält und sie auch in Kauf nimmt. Auf Unwissen wird er sich kaum berufen können. Denn es ist zu beachten, dass die Insiderdiskussion auch die Wirtschaftspresse intensiv beschäftigt hat[406] und ein Vorstands- oder Aufsichtsratsmitglied einer börsennotierten Gesellschaft hiervon im allgemeinen Kenntnis gehabt haben sollte.[407] Eine andere Wertung könnte sich nur ergeben, sofern § 826 BGB einmal Anwendung gegen die an dieser Stelle nicht zu behandelnden Sekundärinsider finden sollte, die § 14 Abs. 2 WPHG als Dritte bezeichnet. Dort wird eine genauere Prüfung des Schädigungsvorsatzes unverzichtbar sein. Ob § 826 BGB eine taugliche Grundlage für einen Schadensersatzanspruch des Aktionärs gegen einen Unternehmensinsider bietet, hängt also von der Frage ab, ob dem Aktionär in der Tat ein Schaden aus Insidergeschäften entsteht.

D Zusammenfassung des vierten Kapitels

Eine Prüfung der deliktsrechtlichen Anspruchsgrundlagen hat ergeben, dass ein Outsider sich zwar nicht auf § 823 Abs. 1 BGB stützen kann, da die Rendite seiner Aktie nicht zu den dort geschützten Rechtsgütern zählt. Er kann sich allerdings nach der hier vertretenen – wenn auch stark umstrittenen Auffassung – auf die Schutzgesetzeigenschaft von §§ 14, 38 WpHG berufen. Eine weitere Anspruchsgrundlage bietet § 826 BGB, da Insideraktivitäten als vorsätzliche und sittenwidrige Handlung anzusehen sind.

---

405 RGZ 79, S. 55 - 61, 60.

406 Z.B.: „Krones“: FAZ vom 19.u. 31.8. sowie 4.,9. und 13. 9. 1995.

407 Hierzu auch Kaiser, WM 1997, S. 1557, 1560 f.

5. Kapitel: Schädigung von Aktionären

Das Problem des durch Insiderhandel verursachten Schadens ist in Bezug auf die rechtsethische Legitimation eines gesetzlichen Insiderhandelsverbotes von zentraler Bedeutung. Teilweise wird behauptet, es handele sich um ein sog. *victimless crime*,[408] bei dem niemand zu Schaden komme. Hier soll die Frage des Schadenseintritts allerdings nicht vor einem rechtsethischen Hintergrund diskutiert werden, sondern als Voraussetzung eines zivilrechtlichen Schadenersatzanspruchs. Anknüpfungspunkt für Überlegungen zum Schadenseintritt ist zivilrechtlich § 249 BGB. Nach § 249 Satz 1 BGB hat, wer zum Schadenersatz verpflichtet ist, den Zustand herzustellen, der bestehen würde, wenn der zum Ersatz verpflichtende Umstand nicht eingetreten wäre. Nach § 252 BGB, der neben § 249 Satz 1 BGB nur klarstellende Bedeutung hat,[409] umfasst der Schadenersatzanspruch neben der Restitution auch den entgangenen Gewinn. Als entgangen versteht die Vorschrift den Gewinn, welcher nach dem gewöhnlichen Lauf der Dinge oder nach den besonderen Umständen mit Wahrscheinlichkeit erwartet werden konnte. Ein Schaden im Sinne dieser Vorschriften könnte bei einem Outsider durch Insiderhandelsaktivitäten eingetreten sein. Hat er nämlich am Tag X, an dem auch Insider am Markt tätig waren, Aktien zu 100 verkauft, wurde aber am Tag X + 1 eine kursrelevante Nachricht bekannt, die zu einem Ansteigen der Kurse um 20 führte, könnte er geltend machen, der durch den Anstieg verursachte Kursgewinn sei ihm entgangen. Umgekehrt kann der Aktionär am selben Tag X auch Aktien zu 100 erworben haben. Fiel der Kurs am Tag X + 1 aufgrund des Bekanntwerdens kurssensibler Informationen um 20, so mag der Outsider behaupten, er habe einen Verlust in Höhe von 20 erlitten. Denkbar wäre auch ein Schadenseintritt zu einem anderen Zeitpunkt. Denn größere Verkaufs- oder Kaufsaktivitäten lösen grundsätzlich bereits eo ipso Kursbe-

---

[408] Vgl. hierzu: Hopt, Die AG 1995, S. 353, 355 m.w.N.

[409] BGHZ GrS 98, S. 212 - 226, 219.

wegungen aus.[410] Verkauft der Insider große Mengen an Aktien am Tag X, so wird der Kurs sinken. Der Outsider wird deshalb am Tag X + 1 geringere Verkaufserlöse erzielen können, wenn er in denselben Werten veräußern möchte. Dasselbe gilt für die reziproke Situation, in der der Insider größere Mengen am Tag X kauft. Dort muss der Outsider am Tag X + 1 höhere Aufwendungen tätigen, um in denselben Werten erwerben zu können. Auch in diesen beiden Situationen könnte der Outsider sich veranlasst sehen, vom Insider Kompensation zu verlangen. Indes hat der Begriff des Schadens im BGB keine Definition erfahren und bedarf vor dem hier interessierenden Hintergrund der Erläuterung.

A Eintritt eines Schadens beim Outsider

I. Natürliches Schadensverständnis

In Ermangelung einer Legaldefinition des Schadensbegriffes wird zum Teil ein „natürliches" Schadensverständnis zugrundegelegt. Hiernach ist Schaden die Einbuße, welche das Rechtssubjekt durch die Verletzung von Rechtsgütern erleidet.[411] Das natürliche Schadensverständnis ist sehr umfassend. Auf seiner Grundlage wäre der Outsider in oben genannten Fällen entweder ärmer als vorher oder weniger reich, als er hätte sein können und somit geschädigt. Das natürliche Schadensverständnis wurde jedoch bald als zu unpräzise erachtet und daher ergänzt.

---

410 Schotland, 53 Va. L. Rev., 1425, 1447 f. (1967); vgl.a. FAZ vom 5. September 1996 zu „Escom"-Aktien.

411 So etwa von Larenz-Canaris, SchuldR I, § 27 II a und Palandt-Heinrichs, Komm. zum BGB, Rn 7 vor § 249, als Eingang zur Schadensprüfung gewählt.

II. Die Differenzhypothese

Grundlage fast aller heutigen Schadenersatzlehren in Rechtsprechung und Lehre ist die Differenzhypothese.[412] Ihre Kernaussage besteht darin, dass sie nicht auf den am einzelnen Rechtsgut entstandenen Schaden, sondern auf einen Vergleich der tatsächlichen Vermögenslage mit derjenigen bei einem gedachten Wegfall des schädigenden Ereignisses abstellt.[413] So nimmt die Rechtsprechung auf der Grundlage der Differenzhypothese im Ergebnis heute dann einen Vermögensschaden an, wenn der aktuelle tatsächliche Wert des Vermögens des Geschädigten geringer ist als der Wert, den das Vermögen ohne das die Ersatzpflicht begründende Ereignis hätte.[414] Eine solche Saldierung der Güterlagen vor und nach dem schädigenden Ereignis kann hinsichtlich des Vermögens des Outsiders an dieser Stelle noch nicht vollzogen werden, da mangels einer eingehenden Kausalitätsprüfung noch Ungewissheit darüber besteht, worin die schädigende Handlung des Insiders zu sehen ist. Verglichen werden kann vorerst nur der Stand des Vermögens des auf der Marktgegenseite des Outsiders am Tag X und am Tag X + 1. Hierbei lässt sich feststellen, dass sein Vermögen in allen Konstellationen am Tag X + 1 weniger wert ist als am Tag X.[415]

B Kausalität für den Schadenseintritt beim Outsider

Die Diagnose eines Schadens beim Outsider stellt allerdings nur einen weiteren Schritt zur Begründung eines seinerseits bestehenden Schadenersatzanspruches dar. Zusätzlich ist erforderlich, dass

---

412 Vgl. den Überblick bei Lange, Schadenersatz, § 1 II.

413 Lange, a.a.O., § 1 I m. w. N.

414 BGH NJW 1986, S. 2037 - 2043, 2038.

415 Auch der sog. normative Schadensbegriff führt hier zu keinen abweichenden Ergebnissen; vgl. hierzu Stoll, Vermögensschaden, S. 9 ff.; krit. Lange, a. a. O.; BGH NJW 1986, S. 2037 - 2043, 2038.

die Pflichtverletzung durch den Insider für die Entstehung des Schadens beim Outsider auch kausal wurde. Erst ein bestehender Kausalzusammenhang gilt als Grund, gleichzeitig aber auch als Grenze einer zivilrechtlichen Haftung.[416] In ständiger Rechtsprechung erfolgt die Kausalitätsprüfung grundsätzlich in drei Schritten. Zu untersuchen ist zunächst die sogenannte „Äquivalenz“[417], dann die „Adäquanz“[418] einer Handlung für den Schadenseintritt und schließlich erfolgt zumeist ergänzend eine wertende Betrachtung nach den Gesichtspunkten der Normzwecklehre.[419]

I. „Äquivalenz“

Die Ermittlung der Äquivalenz einer pflichtwidrigen Handlung ist notwendig, um einen ursächlichen Zusammenhang im weitesten Sinne zwischen Handlung und tatbestandlichem Erfolg zu konstatieren. Sie erfolgt nach der sog. „condicio-sine-qua-non“-Formel. Nach dieser ist jedes Ereignis kausal, das nicht hinweggedacht werden kann, ohne dass der Erfolg entfiele.[420] Die Anwendung der „condicio-sine-qua-non“-Formel auf Insiderfälle hat in der Diskussion jedoch bislang zu sehr unterschiedlichen Auffassungen geführt.

1. Meinungsstand

Für die Kausalität des Insiderhandels für Schäden des Outsiders soll folgende Überlegung sprechen:[421] nach Bekanntgabe eines kursrelevanten Ereignisses erhöhe sich - so das Ereignis positiv war - der Börsenkurs des betroffenen Papiers. An dieser Erhöhung könnten die Outsider, da sie wahrscheinlich aufgrund ihrer Uninformiertheit zu früh verkauft hätten, nicht partizipieren. Zwar trage

---

416 Gottwald, Karlsruher Forum 1986, S. 4.

417 BGH Z 2, S. 138 - 142, 141; BGH Z 96, S. 157 - 174, S. 172.

418 RGZ 50, S. 219 - 224, 222.

419 BGH NJW 1986, S. 1329 - 1333, 1332.

420 BGH, a. a. O.

421 Hopt/Will, Europäisches Insiderrecht, S. 46 ff.

grundsätzlich jeder selbst das Risiko, im Aktiengeschäft Einbußen zu erleiden. Doch seien die Chancen zwischen In- und Outsider nicht gleich verteilt. Der Insider entziehe dem Outsider seine Gewinnchance. Gehe man zudem davon aus, dass der Preis des Papiers bereits gewonnen habe, weil die kursrelevanten Ereignisse zwar noch nicht veröffentlicht, aber bereits tatsächlich eingetreten waren, liege schon zur Zeit des Kaufs durch den Insider eine „anlegerschädigende Tendenz“ vor. Diese Feststellung bestätige sich bei kursdrückenden Ereignissen. Dort würden Papiere über ihrem Wert verkauft. Das schlechte Papier „wandere das Informationsgefälle hinab von den Insidern zu den Anlegern“ bis es schließlich beim am wenigsten Informierten verbleibe.[422] Die Essenz dieser Argumentation lautet also, der Outsider hätte in den entsprechenden Situationen niemals verkauft bzw. gekauft, wenn er auf demselben Informationsstand wie der Insider gewesen wäre. Hiergegen wird eingewandt,[423] dass unabhängig davon, ob der Insider gekauft oder verkauft hätte, sich auch der Outsider zur selben Zeit in gleicher Weise am Börsengeschehen beteiligt hätte: „The outsider would in all likelihood have sold [the shares] anyway“. Ganz ähnlich wird auch argumentiert, der Anleger habe das Wertpapiergeschäft aus eigenem Entschluss getätigt und hätte an dem Tage, an dem seine Aufträge ausgeführt wurden, keinen besseren Preis erzielen können.[424] Der Schaden werde nicht durch das Wertpapiergeschäft, sondern durch die spätere Preisentwicklung der Wertpapiere verursacht. Dafür sei der Insider nicht verantwortlich zu machen. Das Gegenargument gegen diesen Einwand lautet wiederum[425], die Preisentwicklung allein könne den Schaden nicht verursacht haben. Der Schaden entstehe nur, weil der Insider dem Outsider die „guten Papiere“ abgenommen bzw. die „schlechten“ zugeschoben habe. Die Überlegung, der Outsider hätte statt mit dem Insider mit einem weiteren Outsider ebenfalls ein unvorteilhaftes Geschäft abschließen können, sei unzutreffend. Sie könne allenfalls als Einwand der

---

422 Vgl. a. Jenckel, Das Insiderproblem, S. 24.

423 King/Roell, Insider Trading, S. 163 ff.

424 v. Stebut, DB 1974, S. 613, 618.

425 Hasslinger, Zivilrechtliche Ansprüche gegen Insider, S. 73 ff.

hypothetischen Kausalität im Rahmen der Schadensberechnung berücksichtigt werden. In- und Outsider handelten für gewöhnlich nicht *face-to-face*, also durch persönliche Kontaktaufnahme oder durch Stellvertreter, sondern ließen das Aktiengeschäft durch kommissionsweise beauftragte Banken abwickeln. Dies hindere den Kausalitätszusammenhang jedoch nicht, da die Ursachensetzung des Insiders durch die Beteiligung der Banken hindurch wirke.

2. Kritik und Stellungnahme

Alle vorgenannten, wenn auch unvereinbar konträren Ansichten verdienen keine Zustimmung. Sie setzen sich nicht genügend mit der Frage auseinander, an welche Handlung des Outsiders die Kausalitätsprüfung eigentlich anzuknüpfen hat. In Betracht kommen die Nicht-Mitteilung der kurssensiblen Tatsache und die Insideraktivität selbst. Beide sind aber auf das Schärfste voneinander zu trennen. Legt man die Nicht-Mitteilung einer kursrelevanten Nachricht zugrunde, so könnte der Outsider glaubhaft vortragen, er hätte niemals gekauft oder verkauft, wenn er von der kurssensiblen Nachricht gewusst hätte. Im Sinne der „condicio-sine-qua-non"-Formel, hier auf ein Unterlassen angewandt, würde man formulieren dürfen, die Mitteilung der kurssensiblen Nachricht könne nicht hinzugedacht werden, ohne dass der Outsider von seiner Intention Abstand genommen hätte. Er hätte dann einen Gewinn erzielt oder einen Verlust vermieden und somit keinen Schaden erlitten. Eine äquivalente Kausalität würde bestehen. Indes konnte weiter oben dargelegt werden, dass der Insider im Regelfall keine Pflichtverletzung begeht, wenn er eine kursrelevante Information nicht an die Anleger weitergibt.[426] Auf diese Handlung lässt sich folglich auch kein Schadenersatzanspruch stützen. Pflichtwidrig handelt der Insider allerdings durch die Insideraktivität, also die Transaktion in Wertpapieren aufgrund privilegierten Wissens. Nun ist aber in keiner Weise ersichtlich, wie die Insidertransaktion kausal für den

[426] S. o., 2. Kapitel.

Kurssturz bzw. -anstieg nach Veröffentlichung der Information geworden sein soll. Es liegt vielmehr auf der Hand, dass diese Kursbewegung allein auf das Ereignis selbst oder - präziser - auf dessen Veröffentlichung zurückzuführen ist. Eine Kausalität im Sinne der „condicio-sine-qua-non"-Formel besteht nicht: man kann den Insiderhandel hinwegdenken und der Schaden wäre dennoch eingetreten. Es verbleibt eine letzte Möglichkeit, Handlung und Schaden bei der Insidertransaktion miteinander in eine kausale Beziehung zu setzen: der Insider mag bei Ausführung seiner Geschäfte größere Aktienmengen veräußern oder erwerben. Angesichts des Umfangs seiner Transaktionen können Kursbewegungen ausgelöst werden, die sich bei Kauftransaktionen durch Kurssteigerungen und bei Verkaufsaktionen durch Kurssenkungen ausdrücken. Derjenige Outsider, der anders als bei den vorangegangenen Konstellationen nun nicht auf der Marktgegenseite, sondern parallel zum Insider auf derselben Marktseite handelt, muss also nach Kaufaktionen des Insider einen höheren Preis für den Erwerb der Papiere zahlen als ohne die Insidergeschäfte. Nach Verkaufsgeschäften des Insiders erzielte er einen geringeren Preis bei Veräußerung seiner Papiere. Der Outsider hätte also einen Gewinn erzielt oder Verluste vermieden, wenn man das Tun des Insiders hinwegdächte. Eine Ursächlichkeit im Sinne der „condicio-sine-qua-non-Formel" besteht. Nur in dieser Fallkonstellation lässt sich deshalb eine Äquivalenz des Insiderhandels für einen Schaden des Outsiders bejahen.[427] Es muss jedoch auch hier bedacht werden, dass es sich um ein theoretisches Modell handelt, das der Untersuchung zugrunde liegt. In der Praxis wird der Outsider größte Schwierigkeiten haben, nachzuweisen, dass die Insidertransaktionen seinen eigenen vorangingen. Bei Handelsaktivitäten, die von Out- und Insidern am selben Tag ausgeführt wurden, wird dies kaum mehr nachvollziehbar sein. Behebbar wäre diese beweisrechtliche Schwierigkeit nur durch eine Beweislastumkehr.

---

[427] So auch Clark, Corporate Law, § 8.2.2.; Schotland, 53 Va. L. Rev. 1425, 1447 f. (1967); Grunewald, ZBB 1993, S. 128, 129; Steinhauer, Insiderhandelsverbot und Ad-hoc-Publizität, S. 104 f.

II. „Adäquanz“

Die Kausalität im Sinne der „condicio-sine-qua-non“-Formel würde ohne gewisse Einschränkungen zu einer äußerst umfassenden Haftung seitens potentieller Schädiger führen. Denn diese müssten für alle Vermögenseinbußen einstehen, die auf irgendeine Weise kausal durch eine ihrer Handlungen verursacht wurden. So könnten auch nach menschlicher Erfahrung gänzlich fernliegende Ereignisse zu einem Schadenersatzanspruch führen. Deshalb entspricht es der allgemeinen Meinung, dass eine zivilrechtliche Zurechnung des Schadens gegenüber dem Schädiger nur erfolgen darf, wenn seine pflichtwidrige Handlung auch in adäquater Weise zu dem Schadenseintritt geführt hat. Unter der Adäquanz im Rechtssinne ist zu verstehen, dass die Möglichkeit des Schadenseintritts aus der Warte einer objektiv-nachträglichen Prognose[428] nicht ganz unwahrscheinlich erschien[429] bzw. die Handlung das Risiko des Schadenseintrittes nicht ganz unerheblich erhöht hat.[430] Fraglich ist nun, ob dies auch für die als ursächliche Handlung erarbeitete Vornahme von größeren Handelsaktivitäten des Insiders gilt. In der Tat erscheint es im Sinne der vorgenannten Kriterien nicht unwahrscheinlich, dass einer umfangreichen Insideraktivität nachfolgend Parallelgeschäfte durch Outsider getätigt werden. Im Gegenteil kann dies im Normalfall einer regen Börsentätigkeit als sicher gelten. Ebenso ist es durchaus wahrscheinlich, dass die Outsider aufgrund der durch das starke Engagement in bestimmten Werten manipulierten Börsenkurse Verluste erleiden bzw. Gewinne versäumen werden. Die Outsider erlitten namentlich nur dann keine Verluste, wenn zufällig weitere Outsider zum gleichen Zeitpunkt intensive Käufe oder Verkäufe auf der Marktgegenseite unternähmen oder unvorhersehbare weitere Ereignisse einträten, die geeignet wären, den Börsenkurs in die jeweils inverse Richtung zu beeinflussen. Aus der Warte einer objektiv-nachträglichen Prognose erscheint es nicht unwahr-

---

428 BGHZ 3, S. 261 - 270, 266

429 So schon RGZ 152, S. 397 - 402, 401.

430 BGHZ 57, S. 245 - 256, 255

scheinlich, dass kursrelevanter Insiderhandel zu Verlusten bzw. entgangenen Gewinnen bei auf derselben Marktseite tätigen Outsidern führt. In dieser Situation führt Insiderhandel somit adäquat zu Vermögensschäden von Outsidern.

III. Normzwecklehre

Nach ständiger Rechtsprechung[431] und herrschender Lehre[432] ist dem Handelnden ein Schaden nur dann zurechenbar, wenn dieser nicht nur äquivalent und adäquat verursacht wurde, sondern es sich auch um einen Nachteil aus dem Bereich derjenigen Gefahren handelt, zu deren Abwendung die durch den Handelnden verletzte Norm oder die seinerseits übernommene bzw. ihm übertragene Pflicht dient. Wie bei der Adäquanzprüfung geht es auch hier darum, Zufälligkeiten aus der Zuordnung eines Schadens zu einer bestimmten Handlung auszuscheiden. Über die Wahrscheinlichkeit zwischen Ursache und Wirkung hinaus soll hier jedoch der Schädiger nur dann verantwortlich sein, wenn es auch einen inneren Zusammenhang zwischen dem Normverbot und dem Schadenseintritt gibt. Die Norm oder die vertragliche Pflicht müssen also gerade dazu bestimmt sein, den tatsächlich eingetretenen Schaden zu verhindern.[433] Der Insideraktionär, der in Papieren seiner eigenen oder einer verbundenen Gesellschaft gehandelt hat, hat in jedem Fall gegen die gesellschaftsrechtliche Treuepflicht verstoßen, da die geschädigten Outsider auf derselben Marktseite wie er selbst standen und somit zwangsläufig Aktionäre derselben Gesellschaft waren, der auch er angehört. Alle Insider haben das Gebot der Einhaltung der „guten Sitten" im Sinne von § 826 BGB missachtet und gegen §§ 14, 38 WpHG als Schutzgesetze im Sinne von § 823 Abs. 2 BGB verstoßen, indem sie Insiderhandel betrieben. Zu

---

431 BGH Z 27, S. 137 - 143, 140; BGH NJW 1986, S. 1329 - 1333, 1332.

432 MüKo zum BGB-Grunsky, § 249, Rn 44; Palandt-Heinrichs, Komm. zum BGB, § 249, Rn 62 ; Krit. Staudinger-Medicus, Komm. zum BGB § 249, Rn 40.

433 Staudinger-Medicus, a. a. O.

untersuchen ist deshalb, ob die gesellschaftsrechtliche Treuepflicht bzw. die „guten Sitten" und §§ 14, 38 WpHG gerade die hier eingetretenen Schäden durch Kursbewegungen verhindern wollen. Die Treuepflicht gebietet dem Insideraktionär, Insiderhandel deshalb gegenüber den Mitaktionären zu unterlassen, weil der Missbrauch seines Informationsvorsprunges deren Interessen verletzt.[434] Insiderhandel verletzt auch den Zweck des § 14 WpHG, weil er gegen den von der Vorschrift intendierten Anlegerschutz verstößt.[435] Der Insiderhandel widerspricht darüber hinaus auch den guten Sitten, weil der die Chancengleichheit am Kapitalmarkt verletzende Missbrauch von Wissensvorsprüngen nicht im Einklang mit der im WpHG zum Ausdruck gekommenen herrschenden Rechtsethik steht.[436]

Die bisherige Prüfung hatte jedoch ergeben, dass die Vornahme des Insiderhandels Schäden bei Outsidern nur in Verbindung mit den hierdurch verursachten Kursänderungen adäquat kausal verursacht. Die Kursänderungen sind jedoch kein typischerweise mit dem Insiderhandel verbundene Phänomene. Sie können vielmehr durch jede beliebige Aktientransaktion hervorgerufen werden, sofern sie nur von ihrer Dimension her dazu geeignet ist, den Markt zu beeinflussen. Der Insiderhandel erhöht auch nicht die Gefahr von schadensverursachenden Kursbewegungen. Denn der Umfang einer Transaktion hängt nicht in erster Linie vom privilegierten Informationszugang, sondern eher von der individuellen finanziellen Potenz des aktiv gewordenen Marktteilnehmers ab. Der „Normzweck" der Treuepflicht bzw. der guten Sitten und § 14 WpHG verbietet niemandem, Aktientransaktionen größeren Umfangs vorzunehmen. Eine solche Transaktion ist für sich betrachtet sowohl gesellschaftsrechtlich als auch deliktsrechtlich neutral. Aus Normzweckgesichtspunkten fehlt daher ein Zurechnungszusammenhang zwischen der Schaden stiftenden Handlung des Insiders und dem

---

434 S.o., 2. Kapitel A II 1.

435 S.o., 4. Kapitel B III.

436 S.o., 4. Kapitel C.

Schadenseintritt beim Outsider. Bereits an dieser Stelle ist daher festzustellen, dass ein Schadenersatzanspruch des Outsider gegen den Insider im anonymen Börsengeschäft de lege lata aus keinem Rechtsgrund gegeben ist.

C Vorteilsausgleichung durch positive Markteffekte

Möglicherweise gibt es jedoch weitere Gründe, die gegen die Durchsetzbarkeit eines Schadenersatzanspruches des Outsiders gegen den Insider sprechen. Denn zum Teil wird vertreten, dass der Insiderhandel nicht nur Nachteile verursache, sondern auch Vorteile. Diese würden möglicherweise entstandene Schäden kompensieren oder sogar übersteigen. So argumentieren Autoren aus den Wirtschaftswissenschaften, wirtschaftlich erfahrene Outsider würden insiderbedingte Verluste antizipieren und durch erhöhte Dividendenforderungen gegen die Gesellschaft ausgleichen.[437] Auch die Gesellschaft profitiere vom Insiderhandel, da er einen Anreiz für das Management darstelle, tatkräftiger und risikobewusster zu arbeiten.[438] Zudem dürfe man nicht nur die durch Insiderhandel, insbesondere durch Parallelgeschäfte nach Massentransaktionen geschädigten Outsider, sondern auch die auf der Marktgegenseite davon nutznießenden Outsider in eine Gesamtbetrachtung miteinbeziehen.[439] Eine rechtliche Einordnung dieser Argumente fällt nicht leicht. Vielleicht kann sie aber unter dem Gesichtspunkt der sog. „Vorteilsausgleichung" gelingen, die die Möglichkeit eröffnet, gewisse dem Verletzten aus der Verletzungshandlung entstehende Vorteile auf den Schaden zugunsten des Schädigers anzurechnen.

---

437 H. Schmidt, Börsenorganisation zum Schutz der Anleger, S. 78; ähnlich Schörner, Gesetzliches Insiderhandelsverbot, S. 143 ff.

438 Manne, Insider Trading and the Stock Market, S. 107 ff.; Carlton/Fishel, 35 St. L. Rev. 856 ff (1983).

439 Schörner, Insiderhandelsverbot, S. 57.

I. Voraussetzungen des Vorteilsausgleichs

Das Problem der Ausgleichung von Schäden durch Vorteile, die gleichzeitig aus der schädigenden Handlung erwachsen, wird im BGB kaum behandelt. Im Werkvertragsrecht muss der Unternehmer sich auf seinen Entschädigungsanspruch wegen Annahmeverzugs des Bestellers nach § 642 BGB durch den Verzug ersparte Aufwendungen anrechnen lassen. Im Gegensatz dazu werden auf den Geldrentenanspruch des Verletzten nach § 843 Abs. 4 BGB anderweitige Unterhaltsansprüche ausdrücklich nicht angerechnet. Losgelöst von den genannten Normen hat die Rechtsprechung eigene Kriterien entwickelt, wann aus einer Tat entstehende Vorteile zugunsten des Schädigers anzurechnen sein sollen. Insbesondere muss zwischen dem schädigenden Ereignis und dem entstandenen Vorteil wiederum ein Kausalzusammenhang existieren[440] und die Anrechnung aus der Perspektive des Verletzten zumutbar sein, den Schädiger also nicht unbillig entlasten.[441] Hinsichtlich des Kausalzusammenhanges gelten die auch oben für die Schadenszurechnung genannten Voraussetzungen. Der Vorteil muss also äquivalent,[442] adäquat[443] und normativ zurechenbar[444] durch die schädigende Handlung verursacht worden sein. Die Beweislast wäre insoweit vom Insider als dem Schädiger zu tragen.[445]

II. Vorliegen eines Vorteilsausgleichs in Insiderfällen

Zwei der drei einführend genannten Argumente von Ökonomenseite fallen schon auf ersten Blick als möglicher Gegenstand der Vorteilsausgleichung aus. Denn selbst wenn man ihre inhaltliche Rich-

---

440 BGH Z 49, S. 56 - 64, 61.

441 BGH Z 91, S. 206 - 217, 210.

442 BGH a.a.O.

443 BGH NJW 1990, S. 1360 - 1361, 1360.

444 BGH a.a.O.

445 BGH NJW 1983, S. 1053 - 1055, 1053.

tigkeit unterstellt, entstehen zwar gleichzeitig mit den Schäden der Outsider an anderer Stelle Vermögensverbesserungen. Doch enthält der Gedanke der Vorteilsausgleichung keinen allgemeinen Rechtssatz der ausgleichenden Gerechtigkeit. Nach den oben genannten Voraussetzungen genügt es nicht, dass, wie hier, der Vorteil der Gesellschaft durch ein arbeitsameres Management dem Outsider mittelbar zugute kommen mag. Die Gewinne der Outsider auf der Marktgegenseite berühren den geschädigten Outsider darüber hinaus überhaupt nicht. Infrage kommt eine Vorteilsausgleichung daher nur insoweit, als der Outsider Verluste diskontiert und durch höhere Dividendenforderungen antizipiert hat. Der Einfachheit halber soll im folgenden davon ausgegangen werden, dass erlittene Verluste und erhöhte Dividende sich entsprechen. Die Äquivalenz des Insidergeschäftes für den entstandenen Vorteil im Sinne der „condicio-sine-qua-non"-Formel wird man im Regelfall bejahen können, soweit der Outsider die erhöhten Dividendenforderungen gerade wegen des Vorkommens von Insidergeschäften am Markt erhebt. Auch die Adäquanz im Sinne einer Wahrscheinlichkeitsbeziehung zwischen Handlung und Vorteil ist gegeben. Aus der Sicht des Insiders ist es nicht unwahrscheinlich, dass ein erfahrener Anleger, der um illegale Kapitalmarkttransaktionen weiß, Vorkehrungen zum eigenen Schutz trifft. Die Feststellung eines normativen Zurechnungszusammenhanges zwischen schädigender Handlung und eingetretenem Vorteil gestaltet sich schwieriger. Die Rechtsprechung fordert, dass bei wertender Betrachtung ein innerer Zusammenhang zwischen Schädigungshandlung und Vermögenszuwachs erkennbar sein müsse. Das Vorhandensein eines inneren Zusammenhanges zwischen Handlung und Vorteil ist dabei in der Rechtspraxis weder Regel noch Ausnahme,[446] so dass es sorgfältiger Begründung im Einzelfall bedarf.[447] Wichtig erscheint vorliegend vor allem, dass der beim Outsider durch Geltendmachung und Erhalt einer höheren Dividende entstehende Vorteil weder ipso facto noch ipso iure eintritt. Er setzt vielmehr eine kluge wirtschaft-

---

446 Staudinger-Medicus, Komm. zum BGB, § 249, Rn 146.

447 Palandt-Heinrichs, Komm. zum BGB, § 249, Rn 122.

liche Analyse und Entscheidung des Outsiders und außerdem eine seitens der Gesellschaft bestehende Leistungsfähigkeit und -bereitschaft voraus. Auch solche eigenen Bemühungen des Geschädigten führen aber nicht grundsätzlich zum Ausschluss der Grundsätze über die Vorteilsausgleichung. Zu beurteilen sind die eigenen Anstrengungen, die der Outsider zur Verlustvermeidung unternimmt, nach Auffassung der Judikatur analog § 254 Abs. 2 Satz 1 BGB.[448] Nach dieser Vorschrift ist ein Mitverschulden des Geschädigten beim Umfang des Ersatzanspruches auch insoweit zu berücksichtigen, als der Geschädigte es pflichtwidrig unterlassen hat, den Schaden zu mindern. Eine Grenze findet die Entlastung des Schädigers durch eigene Anstrengungen des Geschädigten allerdings dahingehend, dass sog. überpflichtgemäße Vorkehrungen des Geschädigten dem Schädiger nicht mehr zugute kommen dürfen.[449] Die Pflichten der privaten Börsenteilnehmer ergeben sich aus den Auftragsverhältnissen mit ihrer Bank sowie aus dem allgemeinen Zivil- und Strafrecht. Dort ist aber an keiner Stelle eine Rechtsgrundlage zu erkennen, die dem Anleger Schutzvorkehrungen gegen Insidergeschäfte gebieten würde. Ein Marktanalyse und daraus gefolgerte präventive Maßnahmen des Outsiders gehen insoweit über dasjenige hinaus, was von einem Börsenteilnehmer zum pflichtgemäßen Selbstschutz erwartet werden kann. Es erschiene daher unbillig, den Insider aufgrund dieser Vorsichtsmaßnahmen von einer Ersatzpflicht freizustellen bzw. für den Fall, dass Vorteil und Schaden sich nicht entsprechen, diese zu reduzieren. Eine Entlastung des Insiders unter dem Gesichtspunkt der Vorteilsausgleichung kommt also nicht in Betracht. Dieses Kriterium bildet kein weiteres Hindernis für einen potentiellen Ersatzanspruch des Outsiders.

---

448 BGH Z 55, S. 329 - 334, 332.

449 BGH a.a.O.

D Börsengeschäfte als Handeln auf eigene Gefahr

I. Meinungsstand

In der Wirtschaftswissenschaft wird zum Teil die Meinung vertreten[450] , ein Insider sei schon deshalb keinem Schadenersatzanspruch ausgesetzt, weil der Outsider durch seine Teilnahme am Börsengeschehen auf eigene Gefahr handele. Vernünftige, wirtschaftlich denkende Menschen nähmen am Markt nur teil, wenn sie sich davon Vorteile ausrechneten. Niemand dürfe sich aber im Einzelfall beklagen, wenn er - sei es auch durch Insiderhandel - einmal in seinen Gewinnerwartungen enttäuscht würde. Wer an der Börse handle, wisse um das Risiko und müsse Verluste hinnehmen können.

II. Kritik und Stellungnahme

Tatsächlich hat die Rechtsprechung unter dem Stichwort des „Handelns auf eigene Gefahr“ Grundsätze entwickelt, nach denen ein Geschädigter in Anwendung von § 254 BGB einen Anspruch nicht oder zumindest nicht in vollem Umfang durchsetzen kann, wenn er sich ohne hinreichenden Grund selbst einer Gefahr ausgesetzt hat.[451] Die von der Rechtsprechung erarbeiteten Voraussetzungen betreffen zwar meist gänzlich anders gelagerte Lebenssachverhalte wie die Teilnahme an Trunkenheitsfahrten oder gefährlichen Sportveranstaltungen.[452] Abschließend sind diese Fallgruppen jedoch keineswegs, so dass zu untersuchen ist, ob die Gefährdungssituation des Börsenhandels den entschiedenen Fallgruppen insoweit vergleichbar ist, dass sie für die Börsenteilnehmer zumindest teilweise zu einem Ausschluss von Schadensersatzansprüchen führen könnte. Der Tatbestand des Handelns auf eigene Gefahr besteht

---

450 Schneider, DB 1993, S. 1429, 1431.

451 BGH Z 2, S. 159 - 163, 162; etw. abweichend: BGH Z 34, S. 355 - 367, 364.

452 BGH a.a.O.; vgl. a. MüKo zum BGB-Grunsky, § 254, Rn 37.

nach der Rechtsprechung aus einer objektiven und einer subjektiven Komponente.[453] Objektiv müsste der Outsider sich durch seine Beteiligung am Börsenhandel in eine gefährliche Situation begeben haben. In der Tat wird niemand ernsthaft bestreiten wollen, dass die Teilnahme am Börsenverkehr mit erheblichen Risiken für das eingesetzte Vermögen behaftet ist. In subjektiver Hinsicht muss sich der Outsider über die Gefährlichkeit der Situation im großen und ganzen auch im Klaren gewesen sein. Im Regelfall ist davon auszugehen, dass ein Anleger weiß, dass er am Aktienmarkt auch Verluste machen kann. Jedoch geht die durch Insiderhandel drohende Vermögensgefährdung über die gewöhnlichen Risiken des Wertpapiergeschäftes hinaus. Fraglich ist daher, wie genau der Outsider über die am Markt bestehenden Risiken Bescheid wissen muss. Die Rechtsprechung stellt hier sehr strikte Anforderungen und verlangt positive Kenntnis des spezifischen Risikos.[454] Der Insider wird sich deshalb nur dann auf den Ausschlussgrund des „Handelns auf eigene Gefahr" stützen können, wenn der Outsider nicht nur um die gewöhnlichen Risiken des Börsengeschäftes, darüber hinaus um das Vorhandensein von Insiderhandel an der konkreten Börse, sondern schließlich auch um die Aktivität von Insidern in dem spezifischen, tatsächlich erworbenen oder veräußerten Papier wusste. Für den Nachweis dieser Kenntnis trüge der Insider die Beweislast.[455] Der Beweis wird ihm aber wohl nur gelingen können, wenn beispielsweise im Einzelfall Berichte über Insiderhandel im gehandelten Papier in der vom Outsider abonnierten Zeitung veröffentlicht wurden oder glaubwürdige Zeugen über die Risikokenntnis des Outsiders aussagen würden. Dies alles ist sehr unwahrscheinlich. Das „Handeln auf eigene Gefahr" bietet also dem Insider theoretisch eine Verteidigungsmöglichkeit gegen Ansprüche des Outsiders. In der Praxis wird dem Insider jedoch der Nachweis kaum gelingen, dass der Outsider in voller Tatbestandskenntnis auf eigene Gefahr gehandelt hat.

---

453 BGH a.a.O.

454 BGH, a. a. O.

455 Palandt-Heinrichs, Komm. zum BGB § 254, Rn 76.

E Zusammenfassung des fünften Kapitels

Der Outsider kann im Kontext des anonymen Börsengeschäfts nach geltendem Recht keine Schadenersatzansprüche gegen Insider geltend machen. Verluste des Outsiders, der auf der dem Insider entgegengesetzten Marktseite handeln, sind bereits nicht äquivalent durch die Insideraktivitäten verursacht. Verluste bzw. entgangene Gewinne der Outsider, die parallel auf derselben Marktseite handeln können dem Insider mangels normativen Zurechnungszusammenhangs nicht zugerechnet werden. Soweit in Ausnahmesituationen eine Kausalität bzw. ein normativer Zurechnungszusammenhang vorliegen, kann der Insider dem Outsider nicht entgegenhalten, er habe aus den Insiderhandelsaktivitäten Vorteile gezogen, die seine Verluste ausglichen. Nur unter sehr eingeschränkten und in der Praxis kaum belegbaren Voraussetzungen kann der Insider sich dann gegen den Outsider mit dem Einwand verteidigen, dieser habe auf eigene Gefahr gehandelt. Aus der schadensrechtlichen Analyse des Insiderhandels folgt auch, dass die treurechtlichen und deliktsrechtlichen Anspruchsgrundlagen, die dem Outsider grundsätzlich zur Verfügung stehen, nur im außerbörslichen face-to-face[456] Geschäft zu Ausgleichsansprüchen gegen einen Insider führen können. Im börslichen Geschäft können Outsider dagegen in der Regel nur ein pflichtgemäßes Verhalten des Insiders durch die Geltendmachung von Unterlassungsansprüchen einfordern. Es liegt auf der Hand, dass es in der Praxis eher selten zur Erhebung entsprechender Unterlassungsansprüche von Outsidern gegen Insider kommen dürfte: Zum einen wird das Insidergeschäft in kürzester Zeit über die Börse abgewickelt, so dass der Outsider nicht rechtzeitig eine Unterlassungsverfügung wird erwirken können. Zudem hat der Outsider kaum Möglichkeiten von der Vornahme eines Insidergeschäftes im Vorhinein zu erfahren. Erfährt er im Ausnahmefall doch hiervon, wird ihm kaum ein Beleg für eine entsprechende Absicht des Insiders zur Verfügung stehen, so dass er seinen Anspruch im Verfahren des einstweiligen Rechtsschutzes auch nicht

[456] Mennicke, Insiderhandelsverbot, S. 624f.; Schwark DB 1971, S. 1605;

glaubhaft machen kann. Mangels eines zivilrechtlichen Schadens des Outsiders im börslichen Insiderhandel erweisen sich die delikts- und treurechtlichen Anspruchsgrundlagen also als ein in der Regel sehr stumpfes Schwert.

6. Kapitel: Bereicherungsrecht und Insidergeschäfte

Das in den §§ 812 ff. BGB geregelte Bereicherungsrecht hat grundsätzlich eine andere Zielsetzung als das Schadensrecht. Während letzteres auf den Ausgleich von durch pflichtwidriges und schuldhaftes Handeln entstandenen Vermögensverlusten gerichtet ist, sollen durch einen Bereicherungsanspruch diejenigen Vermögensvorteile abschöpft werden, die bei einer Person ungerechtfertigterweise entstanden sind.[457] Auch wenn der Outsider keine Vermögenseinbuße im Sinne des Schadensrechtes erlitten hat, kann ihm daher dennoch ein Anspruch gegen den Insider auf Herausgabe einer ungerechtfertigten Bereicherung zustehen.

A Leistungskondiktion des Outsiders

Das BGB kennt neben weiteren Bereicherungsansprüchen zwei Grundtypen der Kondiktion, die Leistungs- und die Nichtleistungskondiktion nach § 812 Abs. 1 Satz 1, 1. und 2. Alternative BGB. Die Leistungskondiktion genießt Vorrang vor der Nichtleistungskondiktion.[458] Sie dient dazu, Zuwendungen bei Fehlen eines Rechtsgrundes dann rückabzuwickeln, wenn die Leistung dem Empfänger wirksam zugewendet wurde, diesem aber nach den Beziehungen zum Leistenden nicht zustand.[459] Ein Anspruch des Outsiders gegen den Insider auf Herausgabe des durch das Insidergeschäft erzielten Gewinnes nach den Grundsätzen der sog. Leistungskondiktion erfordert nach § 812 Abs. 1 Satz 1, 1. Alt. BGB, dass der Insider durch Leistung des Outsiders etwas ohne rechtlichen Grund erlangt hat.

---

457 Vgl. z. B. Staudinger-Lorenz, Komm. zum BGB § 812 - 822 BGB, Rn 1 u. v. a. Larenz /Canaris, Schuldrecht II/2, § 67 I a, b.

458 BGHZ 40, S. 272; aber str: vgl. z.B: MüKo zum BGB-Lieb, § 812 BGB, Rn 232 ff.

459 Palandt-Thomas, Komm. zum BGB, § 812, Rn 2.

I. Meinungsstand

Die Frage, ob dem Outsider gegen den Insider eine Leistungskondiktion auf Herausgabe des aus dem Insidergeschäft erzielten Gewinnes zustehe, fand bisher in der Literatur noch keine besondere Aufmerksamkeit. Sie wird aber in einer älteren Arbeit behandelt. Dort liegt allerdings ein Schwerpunkt auf den hier nicht zu behandelnden Fragen eines Direktgeschäftes zwischen In- und Outsider.[460] Die Möglichkeit eines Bereicherungsanspruches im Falle eines über die Börse vollzogenen Handels in Insiderpapieren wurde in der genannten Arbeit knapp abgelehnt. Die Begründung lautete, dass mangels unmittelbarer Vertragsbeziehungen zwischen In- und Outsider die § 812 ff. keine Anwendung finden könnten. [461] Neuerlich[462] wurden Ansprüche auf Bereicherungsausgleich gegen Insider eingehender untersucht ohne allerdings auf die zwischen den beteiligten Parteien bestehenden Leistungsbeziehungen und damit die Unterschiede zwischen der Leistungs- und der Eingriffskondiktion zu behandeln. Gerade diese beim Börsengeschäft so komplizierten Leistungsbeziehungen bedingen aber die Schwierigkeiten einer kondiktionsrechtlichen Inanspruchnahme des Insiders.

II. Stellungnahme

Eine nähere Überprüfung des Bestehens einer Leistungskondiktion gegen den Insider soll anhand folgenden Beispielsfalles vorgenommen werden: der Insider A erteile der Bank B aufgrund seiner Insiderkenntnisse den Auftrag, gewinnträchtige Papiere der Z-AG zu erwerben. Die B kaufe diese von einer dritten Bank C, die ihrerseits für den verkaufenden Outsider D tätig gewesen sei. Eine Leistungskondiktion des D gegen den A hat zunächst zur Voraussetzung, dass eine Leistung erfolgt ist. In der Literatur zum Teil

---

460 Hasslinger, Zivilrechtliche Ansprüche gegen Insider, S. 122 ff.

461 Ähnlich: Kaiser, WM 1997, S. 1557, 1562.

462 Steinhauer, Insiderhandelsverbot und Ad-hoc-Publizität, S. 88 ff.

bestritten,[463] mittlerweile aber gefestigte Rechtsprechung,[464] gilt als Leistung jede auf bewusste und zweckgerichtete Vermögensmehrung gerichtete Zuwendung.

1. Leistungsbeziehungen beim Börsengeschäft

a) *Leistungsbeziehung zwischen dem Insider und seiner Bank*

Der der B durch A erteilte Auftrag stellt einen Antrag im Sinne von § 145 BGB auf Abschluss eines Geschäftsbesorgungsvertrages nach § 675 BGB sowie eines Kommissionsvertrages nach § 383 HGB dar.[465] Dieser Antrag muss die Bezeichnung des georderten Papiers, die Menge, die hiervon angekauft werden soll und weitere Bedingungen enthalten.[466] Der Auftrag kann von der Bank -wegen § 362 Abs. 1 HGB auch durch Schweigen- angenommen werden.[467] Nach Nr. 1 der seit dem 1. Januar 1995 geltenden Sonderbedingungen der Banken für Wertpapiergeschäfte[468] führt eine Bank Aufträge ihrer Kunden zum Kauf oder Verkauf von Wertpapieren als einfache Kommissionärin im Sinne von § 383 HGB aus. Aufgrund dessen schließt sie für Rechnung des Kunden Ausführungsgeschäfte mit Dritten ab oder beauftragt einen Zwischenkommissionär hierzu. Im allgemeinen wird die Bank das Ausführungsgeschäft tätigen, indem sie den Auftrag an den für das Papier zuständigen

463 MüKo zum BGB-Lieb, § 812, Rn 23 ff.

464 Als solche bezeichnet in BGH Z 58, S. 184 - 190, 188; ebf.: BGH Z 40, S. 272-282, 277.

465 Claussen, Bank- und Börsenrecht, Rn 213.

466 Claussen, a.a.O.

467 Baumbach-Hopt, Kommentar zum HGB, Anh. 8; Durch die Annahme entstand nach § 29 Abs. 1 a.F. der AGB der Banken eine sogenannte Selbsteintrittskommission zwischen den Parteien. Dies hatte nach § 400 Abs. 1 HGB zur Folge, dass die Bank als Kommissionärin die Ware, welche sie einkaufen sollte, selbst als Verkäuferin an den Kommittenten geliefert hätte, was zu einem Kaufvertragsverhältnis zwischen ihr und dem Kommittenten geführt hätte (Baumbach-Hopt, a.a.O.., § 400 HGB, Rn 5).

468 Abgedruckt bei Claussen, a.a.O., Anh. 10 V.

Börsenmakler weitergibt.[469] Im Ergebnis besteht zwischen A und B also eine Leistungsbeziehung in Form eines Kommissionsvertrages, der für B die Pflicht zur Ausführung des Auftrages und für A die Pflicht zur Entrichtung des vereinbarten Entgeltes beinhaltet.

b) Leistungsbeziehung zwischen den Banken

Der Kontakt zwischen der Bank B, die einen Verkäufer von Papieren der Z-AG, und der Bank C, die einen Käufer für Papiere der Z-AG sucht, wird durch einen Börsenmakler nach §§ 93 HGB, 30 ff. BörsG hergestellt.[470] Nach Vermittlung des Kontaktes schließen B und C einen gewöhnlichen Kaufvertrag nach §§ 433 BGB und 373 ff. HGB.[471] C wird danach zur Eigentumsverschaffung an den Papieren, B zur Bezahlung des Kaufpreises verpflichtet.

c) Leistungsbeziehung zwischen In- und Outsider

Schuldrechtliche Leistungsbeziehungen bestehen nach dem Gesagten zwischen In- und Outsider nicht, da das Kaufgeschäft über die Banken vollzogen wird. Es könnten allerdings sachenrechtliche Beziehungen zwischen beiden bestehen, wenn das Verfügungsgeschäft auf andere Weise als das Verpflichtungsgeschäft abgewickelt würde. Nach Nr. 11 der Sonderbedingungen für Wertpapiergeschäfte erfolgt die Eigentumsübertragung nun üblicherweise durch Verschaffung von Miteigentum,[472] was von der in § 18 Abs. 3 DepotG ebenfalls vorgesehenen Möglichkeit der Verschaffung

---

469 Kümpel, Bank- und Kapitalmarktrecht, Rn 8.142 und Claussen, a.a.O., Rn 216.

470 Vgl. Baumbach-Hopt, Kommentar z. HGB, Anh 14, § 30 BörsG, Rn 1; die Börsenmakler haben insofern eine Doppelfunktion inne, als sie sowohl Börsengeschäfte als Handelsmakler vermitteln als auch durch die Börsenaufsichtsbehörde bestellt- an der amtlichen Kursfeststellung mitzuwirken haben.

471 Claussen, a.a.O., Rn 222.

472 Eine Ausnahme besteht für sog. Tafelgeschäfte, die sich unmittelbar durch Aushändigung der Stücke an den Kunden gegen Barzahlung vollziehen, Haas, Wirtschaftslexikon, „Tafelgeschäfte“.

von Alleineigentum durch Übersendung eines sog. Stückeverzeichnisses abweicht. Die Verschaffung von Miteigentum über die Bank an den Käufer geschieht wie folgt: die vertragsgegenständlichen Werte befinden sich in der Girosammelverwahrung der deutschen Wertpapiersammelbank, der „Deutsche Börse Clearing AG".[473] Bei Vollziehung des Geschäftes werden die Papiere dort nach §§ 2 und 5 DepotG belassen. C als Bank des Verkäufers D gibt, durch diesen nach § 185 BGB ermächtigt, einen Antrag auf Einigung über den Eigentumsübergang nach § 929 Satz 1 BGB ab, indem sie die Wertpapiersammelbank anweist, die Miteigentumsrechte umzubuchen.[474] Im Verwaltungsbuch der Wertpapiersammelbank erfolgt ein entsprechender Übertragungsvermerk. Die Wertpapiersammelbank nimmt das sachenrechtliche Einigungsangebot als offener Stellvertreter der Käuferbank B und verdeckter Stellvertreter des Käufers A an.[475] Ob der Eigentumsübergang in der Folge dann durch Übergabe oder Besitzkonstitut auf den Käufer erfolgt, ist zwar streitig.[476] Es besteht jedoch Einigkeit, dass in Abweichung von § 384 Abs. 2 HGB aufgrund der entgegenstehenden Interessenlage bei der Effektenkommission ein Durchgangserwerb hinsichtlich des Eigentums an den Papieren bei den Banken noch nicht einmal für eine „logische Sekunde" stattfindet, sondern dass die Übertragung direkt vom Verkäufer auf den Käufer erfolgt.[477] Der

---

473 Die Wertpapiersammelbank ist eine Spezialbank, welche die Sammelverwahrung (Girosammelverwahrung) von Effekten sowie den Effektengiroverkehr durchführt und gem. § 1 (3) Depotgesetz von der dafür zuständigen Stelle eines Bundeslandes als Wertpapiersammelbank bezeichnet wird. In der Bundesrepublik Deutschland wurden die Wertpapiersammelbanken und Kassenvereine zu Deutscher Kassenverein AG, inzwischen Deutsche Börse Clearing AG, fusioniert.

474 Canaris, Bankvertragsrecht, Rn 2018; Schlegelberger-Hefermehl, Komm. zum HGB § 306, Rn 321.

475 Canaris, a.a.O., Rn. 1979.

476 Claussen, Bank- und Börsenrecht, Rn 260 m.w.N.

477 Kümpel, Bank- und Kapitalmarktrecht, Rn. 8.424; Schlegelberger-Hefermehl, a.a.O., Komm. zum HGB, Anh. § 406 HGB, Rn 325; Canaris a.a.O.; ders. GK zum HGB, § 357 HGB, Rn 891; Heinsius, Komm. zum DepotG, § 6 DepotG, Rn 84.

Vollzug tritt dann spätestens ein, sobald die Käuferbank ihren Mitbesitz an dem Sammelbestand der Wertpapiersammelbank auf den Käufer übertragen hat.

Fraglich ist, ob dieses sachenrechtliche Verhältnis zwischen In- und Outsider eine kondiktionsrechtliche Leistungsbeziehung begründen kann. Soweit die sachenrechtliche Einigung betroffen ist, muss dies verneint werden. Ein Leistungsverhältnis wäre nur dann zu bejahen, wenn die Zwischenperson, hier die Wertpapiersammelbank, als Bote oder unmittelbarer Stellvertreter aufträte.[478] Dies ist aber im Verhältnis zu A gerade nicht der Fall. Es ist unstreitig, dass in Fällen der verdeckten oder mittelbaren Stellvertretung, also dann, wenn der Vertreter nicht zu erkennen gibt, dass er nicht im eigenen Namen handelt und dies auch aus den objektiven Umständen nicht zu erkennen ist, keine Leistungsbeziehung bestehen kann.[479] Hinsichtlich der Übergabe des Eigentums besteht dagegen eine Leistungsbeziehung. Die Übergabe des Eigentums stellt zwar keine rechtsgeschäftliche Leistung dar. Auch rein tatsächliches Handeln kann aber als Leistung im Sinne von § 812 angesehen werden.[480] Dies gilt gerade in Fällen, in denen durch die tatsächliche Handlung eine Änderung der dinglichen Rechtsordnung herbeigeführt wird, wie dies auch hier der Fall ist.[481] Es kann damit festgehalten werden, dass zwischen In- und Outsider weder hinsichtlich der schuldrechtlichen Beziehungen, noch hinsichtlich der sachenrechtlichen Einigung, hingegen aber bezüglich der Übergabe der Papiere eine Leistungsbeziehung besteht. Nur in diesem Verhältnis kann daher eine direkte Leistungskondiktion des Outsiders gegen den Insider in Betracht kommen.[482]

---

478 BGH NJW 1961, S. 1461; RGZ 79, S. 285.

479 Palandt-Thomas, Komm. zum BGB, § 812 BGB, Rn 47; RGRK zum BGB-Heimann-Trosien, § 812 Rn 24; Staudinger-Lorenz, Komm. zum BGB, § 812 , Rn 83; BGHZ 40, S. 272-280, 278; BGHZ 36, S. 232-237, 236.

480 Larenz-Canaris, SchuldR II, § 68 I a.

481 Palandt-Thomas, Komm. zum BGB, § 812, Rn 4.

482 Dazu sogleich unter C.

B Eingriffskondiktion des Outsiders

Der Vorrang der Leistungskondiktion beschränkt sich auf die konkret vorliegende Leistungsbeziehung bei der sachenrechtlichen Übergabe. Ebenfalls gegeben sein könnte daher nach § 812 Abs. 1 Satz 1, 2. Alt. BGB eine sogenannte Eingriffskondiktion.[483] Dazu müsste der Insider in sonstiger Weise seinen Insidergewinn auf Kosten des Outsiders erlangt haben.

I. Erlangen des Insidergewinns „in sonstiger Weise"

Die Auslegung des Tatbestandsmerkmals „in sonstiger Weise" ist umstritten.[484] Die wohl herrschende Meinung sieht es dann als gegeben an, wenn die Güterzuordnung durch Eingriff in den Zuweisungsgehalt eines fremden Rechts steht.[485] Andere bejahen es immer dann, wenn ein fremdes Gut rechtswidrig verwandt wurde[486] oder ein dem Gläubiger vorbehaltenes Rechtsgut in Anspruch genommen wird.[487] Alle Ansichten verlangen somit die Verletzung einer fremden Rechtsposition. Die h. M. geht nur dann weiter, wenn diese Verletzung im Einzelfall rechtmäßig sein sollte, weil sie auch in einer solchen Konstellation zu einem Kondiktionsanspruch führen würde. Sie greift dagegen zuweilen auch kürzer als die anderen Meinungen, da sie rechtwidrige Eingriffe nur dann erfasst, wenn sie gleichzeitig gegen eine vermögensrechtliche Zuweisung verstoßen.[488] Die herrschende Meinung unterscheidet sich somit im Grunde nur geringfügig von den beiden anderen Ansichten. Auf eine Entscheidung des Streites kommt es folglich nur dann

---

483 Z. B. Staudinger-Lorenz, Komm. zum BGB, § 812, Rn 83.

484 Vgl. Übersicht bei Medicus, Bürgerliches Recht, Rn 704 ff.

485 Soergel-Mühl, Komm. zum BGB, Rn 37 und 162/§ 812 BGB; ähnlich Staudinger-Lorenz, Komm. zum BGB, § 812, Rn 23; i. E. auch Medicus, a. a. O., Rn 704 ff.

486 Grundlegend: Fritz Schulz, AcP 105(1909), S. 1-485, passim.

487 Kleinheyer, JZ 1970, S. 471, 474.

488 Vgl. Medicus, a. a. O., Rn. 707 f.

an, wenn der Insider durch seine Aktivität in der Tat überhaupt eine Rechtsposition des Outsiders verletzt haben sollte. Zu den durch § 812 BGB geschützten Rechtspositionen gehören dabei nicht ausschließlich, aber auch die absoluten Rechte im Sinne des § 823 Abs. 1 BGB.[489] Zu denken wäre deshalb daran, dass der Insider durch sein Tun in das Mitgliedschaftsrecht des Outsiders eingegriffen hat.[490] Jedoch konnte schon an früherer Stelle festgestellt werden,[491] dass das Mitgliedschaftsrecht als absolutes Recht nur vor Verlust geschützt wird, nicht aber vor Ertrags- oder Wertschmälerungen.[492] Für den Insider entsteht damit keine Pflicht zur Gewinnherausgabe wegen eines Eingriffes in den Zuweisungsgehalt des Mitgliedschaftsrechtes des Outsiders. Ebenfalls nicht in Betracht kommt eine Verletzung des durch § 812 BGB zwar geschützten,[493] dem Aktionär aber nicht zustehenden Rechts am Gewerbebetrieb.[494] Ein weiteres durch § 823 Abs. 1 BGB erfasstes absolutes Recht des Outsiders, das durch Insiderhandel verletzt worden sein könnte, ist nicht ersichtlich. Damit bleibt zu prüfen, ob möglicherweise durch den Insider in eine sonstige, nur durch § 812 BGB geschützte, vermögenswerte Position eingegriffen wurde.

An dieser Stelle wird eine der Kernfragen des Rechtes der Eingriffskondiktion berührt, nämlich welche der „unendlich vielen wirtschaftlichen Chancen, die an sich jedermann offen stehen“,[495] dem Bereicherungsgläubiger mit der Folge eines Herausgabeanspruchs zugewiesen sind. Dass rechtswidriges Verhalten nicht eo ipso zu einem solchen führt, wird in der Literatur[496] durch folgen-

---

489 Staudinger-Lorenz, a. a. O.

490 MüKo-Mertens, Komm. zum BGB, § 823, Rn 131; RGZ 158, S. 248 - 256, 255

491 Vgl. o., 4. Kapitel A.

492 GK zum AktG-Schilling, § 93, Rn 65; Geßler-Hefermehl, Komm. zum AktG, § 93 AktG, Rn 94.

493 Staudinger-Lorenz, Komm. zum BGB, Rn 45 vor § 812.

494 RGZ 158, a. a. O.

495 MüKo zum BGB-Lieb, § 812, Rn 191.

496 Kleinheyer, JZ 1970, S. 471, 474.

des Beispiel verdeutlicht: ein Geschäftsmann ist auf dem Wege zu einem gewinnträchtigen Geschäftsabschluss, überholt aus Eile verkehrswidrig einen Dritten und verletzt diesen. Danach tätigt der Geschäftsmann die lukrative Transaktion. Dennoch kann der Dritte nicht von dem Geschäftsmann die Herausgabe des Profites verlangen, da der Abschluss des Geschäftes seinem eigenen Vermögen nicht einmal als Gewinnerwartung angehörte.[497] Fraglich bleibt insofern, ob der dem Outsider entgangene Gewinn von vornherein dessen Vermögen zumindest in Form einer geschützten Gewinnerwartung angehörte. Überwiegend wird die Frage, inwieweit in ein schutzwürdiges Rechtsgut des Kondiktionsgläubigers eingegriffen wurde, danach entschieden, ob der Kondiktionsschuldner ein weiteres Tatbestandsmerkmal, eine Bereicherung „auf dessen Kosten“, verwirklicht hat.[498]

II. Insidergewinne „auf Kosten“ der Outsider

Das Tatbestandsmerkmal „auf dessen Kosten“ wird meist negativ umschrieben. Eine Bereicherung sei dann nicht auf Kosten des Kondiktionsgläubigers erfolgt, wenn er zwar Unterlassung der rechtswidrigen Handlung hätte verlangen können, nicht aber deren entgeltliche Vornahme berechtigt gewesen wäre zu gestatten.[499] Denn der Kondiktionsschuldner sei nur unter der Voraussetzung im Besitz einer kondizierbaren Position, dass der Berechtigte diese gegen Zahlung hätte einräumen können. Indes hätte der Outsider zwar aufgrund einer Treupflichtverletzung unter Umständen einen Unterlassungsanspruch gegen den Insider;[500] es stünde ihm aber keineswegs frei, das Insidergeschäft gegen Bezahlung seitens des Insiders zu erlauben. Denn, wie bereits erörtert,[501] schützt das WpHG zumindest auch Interessen der Allgemeinheit. Diese aber

---

497 Vgl. a. BGH WM 1981, S. 129 - 132 zu weiteren Rechten.

498 Z. B. Staudinger-Lorenz, a. a. O., Rn 23; a. A.: Erman-Westermann, Komm. zum BGB, § 812, Rn 64.

499 Müko-Lieb, a.a.O., Rn 209 ff.

500 S.o., 2. Kapitel.

501 S.o., 4. Kapitel B.

sind für den Outsider nicht disponibel. Der Insider hat folglich seinen Gewinn nicht „auf Kosten“ des Outsiders erzielt. Dem Outsider steht kein Anspruch aus dem Gesichtspunkt der Eingriffskondiktion zu.

C Fehlen eines Rechtsgrundes bei Insidergeschäften

Die daher allein mögliche Leistungskondiktion des Outsiders würde schließlich nur dann gegen den Insider Platz greifen, wenn es an einem Rechtsgrund fehlte. An diesem Rechtgrund muss es entweder in der direkten sachenrechtlichen Leistungsbeziehung zwischen In- und Outsider mangeln oder kumulativ in der Beziehung zwischen Käuferbank und Insider sowie zwischen den Banken und zwischen Verkäuferbank und Outsider. Im zweiten Fall könnte dann der Outsider allerdings nicht direkt gegen den Insider durchgreifen. Dies hat den Hintergrund, dass jeder Partei die Einwendungen erhalten bleiben sollen, die ihr aus dem jeweiligen Verhältnis mit ihrem direkten Vertragspartner zustehen.[502] Daher könnte in einem solchen Fall nur die Käuferbank B vom Insider Rückabwicklung verlangen, die Verkäuferbank C von der B und schließlich auch der Outsider von der C. Die Rechtsprechung ermöglicht zum Teil aber die „Kondiktion der Kondiktion“.[503] Hierunter ist zu verstehen, dass dem Bereicherungsgläubiger im jeweiligen Verhältnis zu seinem Bereicherungsschuldner ein Anspruch auf Abtretung dessen Kondiktionsanspruchs gegen den Dritten zusteht.

---

[502] Dies wurde von der Rechtsprechung früher anders gesehen: BGHZ 5, S. 281- 285, 284; BGHZ 36, S. 30-36, 32; hiergegen: u.a. Larenz-Canaris, SchuldR II 2, § 68 III b; Staudinger-Lorenz, Komm. zum BGB, § 812, Rn 54; MüKo-Lieb, Komm. zum BGB, § 812, Rn 37; der BGH schwankt seitdem: BGHZ 48, S. 70-76, 72.

[503] BGH NJW 1989, S. 2879-2881, 2880 f.; kritisch hierzu: Medicus, Bürgerliches Recht, Rn 670.

I. Rechtsgrund im Kommissionsgeschäft

An einem Rechtsgrund im Kommissionsgeschäft könnte es fehlen, wenn dieses gegen ein gesetzliches Verbot oder die guten Sitten verstieße bzw. wegen arglistiger Täuschung oder aus einem anderen Grunde anfechtbar wäre.

1. Verstoß gegen ein gesetzliches Verbot

Nach § 134 BGB ist ein Rechtsgeschäft, das gegen ein gesetzliches Verbot verstößt, nichtig, wenn sich nicht aus dem Gesetz ein anderes ergibt. Es wird erwogen, ob Insiderhandel gegen § 404 Abs. 1, Abs. 2 AktG verstoßen könnte. § 404 Abs. 1, Abs. 2 AktG bedroht denjenigen mit Strafe, der Geschäftsgeheimnisse einer Aktiengesellschaft verrät. Es entspricht mittlerweile jedoch der einhelligen Meinung, dass es sich bei der Vorschrift jedenfalls nicht um ein Verbotsgesetz im Sinne des § 134 BGB handelt.[504] Möglicherweise verstößt das Kommissionsgeschäft aber gegen §§ 14, 38 WpHG.[505] Nach § 14 Abs. 1 WpHG ist es dem Insider verboten, unter Ausnutzung seiner Kenntnis von einer Insidertatsache Insiderpapiere für eigene oder fremde Rechnung zu erwerben oder zu veräußern, einem anderen eine Insidertatsache mitzuteilen oder zugänglich zu machen und einem anderen aufgrund seiner Kenntnis von einer Insidertatsache den Erwerb oder Verkauf eines Insiderpapiers zu empfehlen. Keine dieser Tatbestandsalternativen wird aber durch den Abschluss das Kommissionsgeschäfts erfüllt.[506] Ein Erwerb erfolgt durch die Kommission noch nicht, es handelt sich lediglich um eine Vorbereitungshandlung. Diese könnte bei späterer Tätigung des Ausführungsgeschäftes aufgrund des strafrechtlichen „Akzessorietätsprinzips“[507] nur dann als Anstiftung nach §§ 14

[504] KK zum AktG-Claussen, § 168, Rn 7; v. Stebut, DB 1974, S. 613, 614 f.; ders., Geheimnisschutz, S. 76 ff.; Canaris, Bankvertragsrecht, Rn 1864

[505] BGBl 1994, S. 1749 ff.

[506] Im Ergebnis ebenso: Steinhauer, Insiderhandelsverbot und Ad-hoc-Publizität, S. 90.

[507] Fischer/Schwarz, Komm. zum StGB, Rn 9 vor § 25 StGB.

WpHG, 26 StGB bestraft werden, wenn die Bank von den Insiderkenntnissen des Kommittenten erfahren hätte. Dies wird normalerweise nicht der Fall sein. Auch die zweite Alternative des § 14 WpHG ist im Regelfall nicht erfüllt, da der Insider seine Kenntnisse nicht an die Bank weitergibt und dies auch nicht nötig ist, um das Ausführungsgeschäft zu tätigen. Die dritte Alternative des § 14 WpHG scheidet ebenfalls offensichtlich aus, da der Insider bei Abschluss des Kommissionsgeschäftes keine Empfehlungen abgibt.

2. Verstoß gegen die guten Sitten[508]

Nach § 138 Abs. 1 BGB ist ein Rechtsgeschäft, das gegen die guten Sitten verstößt, nichtig. Als „gute Sitten" im Rechtssinne wird gemeinhin das „Anstandsgefühl aller billig und gerecht Denkenden" verstanden.[509] Ein Rechtsgeschäft verstößt dann gegen die guten Sitten, wenn entweder der Geschäftsinhalt unsittlich ist,[510] die Vornahme einer erlaubten Handlung, die Ausdruck einer freien Willensentscheidung ist, durch einen Vertragspartner vom anderen Vertragspartner durch das Versprechen finanzieller oder sonstiger Vorteile „erkauft" wird[511] oder das Geschäft nach Verhalten der Beteiligten oder den Umständen nach anstandswidrig erscheint.[512] Der Geschäftsinhalt des Kommissionsgeschäftes ist jedoch neutral, da er sich allein nach den §§ 383 ff. HGB bzw. den Sonderbedingungen der Banken für Wertpapiergeschäfte richtet. Ebenfalls wird keine Gewissensentscheidung der Bank auf sittenwidrige Weise erkauft. Eine Sittenwidrigkeit wegen des Verhaltens der Beteiligten wird schließlich im Unterschied zum Verständnis des § 826 BGB[513]

---

508 Steinhauer, Insiderhandelsverbot und Ad-hoc-Publizität, S. 90 f. erläutert zutreffend, dass auch der Tatbestand des § 138 Abs. 2 BGB regelmäßig nicht erfüllt ist, da es meist an dem erforderlichen Missverhältnis zwischen Leistung und Gegenleistung fehlen wird.

509 BGHZ 10, S. 228-236, 232.

510 Sörgel-Hefermehl, Komm. zum BGB, § 138, Rn 20.

511 BGHZ 67, S. 119-131, 129.

512 BGHZ 53, S. 369-383, 375.

513 S.o., 4. Kapitel C.

nur dann angenommen, wenn beide Teile sittenwidrig handeln. Grund hierfür ist, dass der nicht sittenwidrig handelnde Teil keine vertraglichen Ansprüche verlieren soll.[514] Die Käuferbank handelt aber nicht sittenwidrig, da sie von der Insiderkenntnis des auftraggebenden Insider nichts weiß. Das Kommissionsgeschäft ist damit auch nach § 138 BGB nicht nichtig.[515]

3. Anfechtbarkeit wegen arglistiger Täuschung

Schließlich könnte das Kommissionsgeschäft nach § 142 Abs. 1 BGB von Anfang an als nichtig anzusehen sein, wenn die Käuferbank B einen Anfechtungsgrund nach § 123 Abs. 1 BGB hätte und somit die Anfechtung erklären könnte. Der Insider täuscht seine Bank jedenfalls nicht durch positives Tun. Im Antrag auf Abschluss des Kommissionsgeschäftes liegt nicht die konkludente Erklärung, nicht aufgrund einer Insiderinformation zu handeln.[516] Allein in Betracht kommt daher eine Täuschung der Bank durch unterlassene Aufklärung über den Besitz einer Insiderinformation. Jedoch besteht zwischen Vertragspartnern keine allgemeine Rechtspflicht zur Aufklärung über geschäftsrelevante Risiken.[517] Eine solche ist nur anzunehmen, wenn der Vertragspartner nach der Verkehrsauffassung eine Information hätte verlangen können.[518] Dies ist dann der Fall, wenn der verschwiegene Umstand den Vertragszweck vereiteln könnte,[519] ein durch langjährige Beziehungen entstandenes Vertrauensverhältnis zwischen den Parteien besteht[520] oder eine Partei eine besonders hervorgehobene Stellung im Wirt-

---

514 BGHZ 78, S. 263-268, 268.

515 Im Ergebnis gleich: Canaris, Bankvertragsrecht, Rn 1865 und Steinhauer, Insiderhandelsverbot und Ad-hoc-Publizität, S. 93 f.

516 Canaris, a.a.O., Rn 1866.

517 So bereits: RGZ 62, 149-152, 150; speziell für das Verhältnis zu „Insidern": RG JW 1904, S. 167-168, 167 f.

518 BGH NJW 1978, S. 1374-1375, 1374 f.

519 BGH NJW 1980, S. 2460-2461,2460 f.

520 BGH LM Nr. 52/ § 812 BGB, Blatt 1.

schaftsverkehr innehat.[521] Alle diese Voraussetzungen liegen jedoch bei einem Insidergeschäft nicht vor. Der Vertragszweck wird nicht vereitelt, da eine Nichtigkeit nach §§ 134, 138 BGB nicht droht, die Bank also ihre vertraglichen Ansprüche behält.[522] Eine langjährige Geschäftsverbindung mag allenfalls in Einzelfällen zur Aufklärung verpflichten. Eine besonders hervorgehobene Stellung im Wirtschaftsverkehr nimmt zwar die Bank gegenüber ihren Kunden ein.[523] Keinesfalls kann dies jedoch für das umgekehrte Verhältnis gelten. Da seitens des Insiders gegenüber seiner Bank keine Aufklärungspflichten hinsichtlich seiner Insiderkenntnisse bestehen, kann die Bank das Geschäft auch nicht durch Anfechtung beseitigen. Ein Rechtsgrund im Sinne des Bereicherungsrechtes bleibt bestehen. Schon aus diesem Grunde würde eine Kondiktion der Kondiktion ausscheiden.

II. Rechtsgrund im Verhältnis zwischen den Banken

Der zwischen den Banken abgeschlossene Kaufvertrag ist ebenfalls nicht nichtig. Ein Verstoß gegen ein gesetzliches Verbot nach §§ 134 BGB in Verbindung mit 14, 38 WpHG entfällt, da die Banken unvorsätzlich handeln und damit den Verbotstatbestand des § 14 WpHG nicht erfüllen.[524] Aus dem gleichen Grund scheidet auch ein Verstoß gegen die guten Sitten nach § 138 BGB aus. Für

---

521 RGZ 111,S. 233-236, 235;BGHZ 47, S. 207-217, 211; BGHZ 80, S. 80-86, 84

522 S.o., 4. Kapitel B.

523 Hopt, Kapitalanlegerschutz, S. 239 ff.; Soergel-Hefermehl, Komm. zum BGB, § 123, Rn 16; RGZ 111 a.a.O.

524 Im Ergebnis gleich, aber nicht ganz präzise hinsichtlich der untersuchten Vertragsbeziehungen: Assmann/Schneider-Assmann/Cramer, Komm. zum WpHG, § 14, Rn 105.

eine Nichtigkeit nach §§ 142 Abs. 1, 123 Abs. 1 BGB fehlt es schließlich ganz offensichtlich an einer arglistigen Täuschung.[525]

III. Rechtsgrund für das dingliche Geschäft

Zwischen In- und Outsider hatte als einzige direkte bereicherungsrechtlich relevante Beziehung der sachenrechtliche Eigentumserwerb festgestellt werden können. Dieser könnte mit der Folge eines Rückforderungsanspruches des Outsiders nichtig sein. Es ist unstreitig, dass auch der Fortfall des sachenrechtlichen Verfügungsgeschäftes zu Bereicherungsansprüchen führen kann.[526] Voraussetzung für den Fortfall ist allerdings, dass gerade das Bestehenbleiben des sachenrechtlichen Geschäftes zur Verletzung schutzwürdiger Interessen Dritter oder der Allgemeinheit führt.[527] Es konnte bereits an früherer Stelle ausgeführt werden, dass §§ 14, 38 WpHG zumindest das Allgemeininteresse, möglicherweise auch Individualinteressen Dritter schützen. Fraglich ist jedoch, ob gerade das Bestehenbleiben des sachenrechtlichen Verfügungsgeschäftes gegen §§ 14, 31 WpHG verstößt. Selbst wenn nämlich ein fiktiver direkter Kaufvertrag zwischen In- und Outsider gegen §§ 14, 38 WpHG verstieße, würde dies grundsätzlich die Wirksamkeit des Erfüllungsgeschäftes unberührt lassen.[528] Die Auslegung des Verbotsgesetzes kann nur ausnahmsweise zum Ergebnis haben, dass auch das Verfügungsgeschäft von den Nichtigkeitsfolgen umfasst sein soll.[529] Dies ist insbesondere dann der Fall, wenn das Verbotsgesetz eine Vermögensverschiebung verhindern soll.[530] Jedoch trifft dies für §§ 14, 38 WpHG nicht zu. Sie sollen die Chancengleichheit am Kapitalmarkt und das Vertrauen der Anleger schützen; die

---

525 Eine Täuschung durch Unterlassen scheidet mangels bestehender Aufklärungspflicht aus, vgl. Steinhauer, Insiderhandelsverbot und Ad-hoc-Publizität, S. 96.

526 Vgl. Larenz-Canaris, BGB AT, § 22 III c; BGHZ 41, S. 342-355, 344.

527 Soergel-Hefermehl, Komm. zum BGB, § 138, Rn 53.

528 Palandt-Heinrichs, Komm. zum BGB, Rn 25 vor § 104 BGB.

529 BGHZ 11, S. 61-63, 61.

530 BGH NJW 1954, S. 550-552, 551.

Verhinderung von Vermögensverlagerungen zugunsten von Insidern ist anders als beispielsweise beim Betrugstatbestand[531] nach § 263 StGB an keiner Stelle Gegenstand des Gesetzes[532] oder der Regierungsbegründung.[533] Das Verfügungsgeschäft zwischen In- und Outsider bleibt daher als Rechtsgrund bestehen.

Die soeben für den Verstoß gegen ein gesetzliches Verbot dargestellten Rechtsgrundsätze gelten entsprechend für eine sittenwidrige Schädigung: von eventuellen Nichtigkeitsfolgen des § 138 BGB in einem sittenwidrigen Verpflichtungsgeschäft bleibt grundsätzlich ebenfalls das Verfügungsgeschäft verschont.[534] Anderes gilt nur dann, wenn gerade die Aufrechterhaltung des Verfügungsgeschäftes sittenwidrig ist.[535] Dies gilt zum Beispiel bei Sicherungsübereignungen.[536] In Insiderkonstellationen verstößt aber, wie oben gezeigt, allenfalls das Verpflichtungsgeschäft, und dies auch nur bei direktem vertraglichen Kontakt zwischen In- und Outsider, gegen die guten Sitten. Im Börsengeschäft sind nicht einmal die Verpflichtungsgeschäfte sittenwidrig. Auch im unmittelbaren sachenrechtlichen Verhältnis zwischen In- und Outsider besteht daher ein Rechtsgrund für die erfolgte Leistung, so dass auch insoweit ein Bereicherungsanspruch ausscheidet.

Schließlich existieren auch keine Anhaltspunkte für eine Anfechtbarkeit des Verfügungsgeschäftes.

D Zusammenfassung des sechsten Kapitels

Als Ergebnis der bereicherungsrechtlichen Analyse ist also festzuhalten, dass Konditionsansprüche zwischen Out- und Insider im

---

531 Fischer/Schwarz, Komm. zum StGB, § 263 StGB, Rn 1a.

532 BGBl I 1994, S. 1749-1760.

533 BR-DS 793/93, S. 1 ff.

534 BGH NJW 1973, S. 613-615, 614; BGH NJW 1990, S. 384-386, 385.

535 BGH a.a.O.; BGH NJW 1985,S. 3006-3007, 3007.

536 BGHZ 19, S. 12-20, 18; BGHZ 30, S. 149-154, 152 f.

Börsengeschäft nicht bestehen. Einziges Leistungsverhältnis zwischen beiden ist zumindest im Börsengeschäft der sachenrechtliche Direkterwerb. In diesem aber bleibt der Rechtsgrund der Übertragung vom Insidergeschäft unberührt. Auch in den Rechtsbeziehungen zwischen Insider und Bank sowie zwischen den Banken treten durch Insidergeschäfte im Regelfall keine Nichtigkeitsfolgen ein. Das Bereicherungsrecht stellt daher dem Outsider keine Anspruchsgrundlage gegen Insider zur Verfügung.

7. Kapitel: Rechtsfortbildung in Anlehnung an US-Recht

Der zivil- bzw. gesellschaftsrechtlichen Regelung des Insiderproblems wird eine äußerst wichtige Bedeutung,[537] zuweilen sogar ein Vorrang vor der strafrechtlichen Bewältigung,[538] eingeräumt.[539] Da jedoch nach das geltende Zivil- und Gesellschaftsrecht nur in beschränktem Umfang als Abwehrinstrument eines Outsiders gegen Insider taugen, steht die Beschäftigung mit der Frage an, ob solche Instrumente im Wege der Rechtsfortbildung aus bestehenden Instituten zu entwickeln sind.[540] Bei der Beantwortung soll die US-amerikanische Rechtslage Berücksichtigung finden, da das Insiderproblem in den USA bereits weitaus länger einer rechtlichen Regelung unterliegt und damit größere Erfahrungswerte vorhanden sind. Die Erkenntnisse aus der US-amerikanischen Rechtslage können insbesondere deshalb möglicherweise für eine Fortbildung des deutschen Rechts fruchtbar gemacht werden, da die tatsächlichen Voraussetzungen der Insiderdelinquenz der letzten Jahrzehnte in den USA sich heute annäherungsweise auch an den deutschen Kapitalmärkten wiederfinden.[541]

---

537 Kirchner, FS Kitagawa, S. 665, 678 f.

538 Arbeitskreis Gesellschaftsrecht, Insiderhandelsverbot, S. 43.

539 Vgl. hierzu auch wieder die neueren Reformbestrebungen in Großbritannien, FAZ vom 2. Juni 2001, Seite 26 sowie die angedachten Lösungsansätze für Kursmanipulationen nach deutschem Recht, FAZ vom 1. Juni 2001, S. 26.

540 Dass ein solcher Weg auch nicht durch die Vorgaben der Insiderrichtlinie der EU versagt ist, ergibt sich aus dem in der Richtlinie gewählten Begriff „Sanktion", der auch eine zivilrechtliche Regulierung erlaubt.

541 Dazu im Einzelnen sogleich unter A I.

A Zivilrechtliche Insiderregulierung in den USA

I. Tatsächlicher Hintergrund und Gesetzgebung

Aufgrund ursprünglich abweichender rechtstatsächlicher Gegebenheiten hat das Problem des Insiderhandels in den USA bereits zu einem früheren Zeitpunkt die Aufmerksamkeit der Rechtsprechung und der Gesetzgebung erfahren als in Deutschland. In den USA ist eine breite Partizipation privater Anleger am Börsengeschehen zu verzeichnen.[542] Dies wird zum Teil als Folge mangelnder staatlicher Alters- und Sozialfürsorge erklärt.[543] Viele Bürger sind darauf angewiesen, ihre Alterssicherung durch die Investition in Kapitalmarktpapieren zu besorgen.[544] Insofern bietet der Kapitalmarkt in den USA bereits durch die statistisch größere Zahl von börslichen Transaktionen mehr Gelegenheit zu Insidergeschäften. Ein weiterer Grund für die intensivere Befassung mit dem Problem des Insiderhandels bestand in den Ende der 80er Jahre ausgetragenen „*Takeover-Wars*", den Unternehmensübernahmekriegen, die als „locus classicus" [545] des Insiderhandels gelten. Während dieser Übernahmekriege kämpften zahlreiche Bietergesellschaften um den Erwerb gewinnversprechender Zielunternehmen.[546] Ebenfalls in den 80er

---

542 In Deutschland waren 1996 nur 5,5 % der Bevölkerung im Besitz von Aktien, in den USA dagegen 21 %, FAZ vom 4. Juli 1996; von 1996 bis 2000 stieg allerdings die Zahl der Aktionäre in Deutschland von 3700 auf 6200 (Erhebung des Deutschen Aktieninstituts veröffentlicht im Internet unter http://www.dai.de/dai_statistiken). Auch in den USA ist die Präsenz der Anleger am Börsenmarkt in der Vergangenheit erheblich gewachsen: Baribeault, 14 Vt. L. Rev., 79, 85.

543 Wiedemann, Gesellschaftsrecht, § 9 II 1 a.

544 Vgl. FAZ vom 7. Dezember 2001 zu den erheblichen Änderungen, die sich durch die Ergänzung der umlagefinanzierten Altersversorgung durch das Altersvermögensgesetz (Gesetz zur Reform der gesetzlichen Rentenversicherung und zur Finanzierung eines kapitalgedeckten Altersvorsorgevermögens, BGBl vom 29. Juni 2001, S. 1309) ergeben werden.

545 Davies, in. Hopt/Wymeersch, European Insider Dealing, S, 243, 244.

546 Vgl. zur Geschichte des Skandals, in dem der Arbitrageur Ivan Boesky und der Investmentbanker Michael Milken die Hauptrolle einnahmen: Zey,

Jahren begonnen, in den 90er Jahren fortgesetzt, eröffnete das Geschäft mit sog. *junk bonds* Gelegenheit für Insideraktivitäten.[547] Kapitalmarktpapiere erhalten, je nach der Bonität ihrer Emittenten, sog. *ratings* von Börsenagenturen wie *Moody's* oder *Standard & Poors*.[548] Die Bonität von *junk bond*-Emittenten liegt so niedrig, dass ihre Papiere entweder ein schwaches oder kein *rating* erhalten. Entsprechend hoch liegen die Zinsen und potentielle Spielräume für Ertragssteigerungen der *junk bonds*. Dank einer in Börsenkreisen verbreiteten Überzeugung, diese Eigenschaften der *junk bonds* vermöchten Bonitätsschwächen mehr denn auszugleichen, entwickelten sie sich zum begehrten Investitionsobjekt.[549]

Dieser rechtstatsächliche Hintergrund bedingte für das Investorenpublikum in den USA Gefahren, die vermittels staatlicher Einflussnahme über die Jahrzehnte hinweg zunehmend eingedämmt werden sollten. Ursprünglich wurde Insiderhandel dabei lediglich als Betrug im einzelstaatlichen Recht verfolgt.[550] Später erfolgte der Erlass gesetzlicher Grundlagen auf Bundesebene. Die bundesrechtlichen Rechtsgrundlagen für die Bekämpfung des Insiderhandels

---

Banking on Fraud: Drexel, Junk Bonds and Buyouts sowie James B. Stewart, Den of Thieves.

547 Pitt/Groskaufmanis, 205 N. Y. Law Journal, S. 1, 4 und 6, 16. Mai 1991 und Note, 105 Harvard Law Review, S. 1720 – 1740.

548 Unter „rating" versteht man die Beurteilung der Fähigkeit eines Schuldners, seinen Zahlungsverpflichtungen während der Laufzeit eines Wertpapiers jederzeit nachkommen zu können. Das „rating" soll die Bonität eines Schuldners(Emittentenrating) oder eines Papiers(Emissionsrating) international vergleichbar machen und dadurch die Transparenz am Kapitalmarkt erhöhen; die Skalen der meisten „Rating"-Agenturen reichen von „AAA" (zweifelsfreie Bonität) bis „C" oder „D" (notleidende Anlagen), Dichtl/ Issing, Wirtschaftslexikon, „rating"; die rating-Agenturen werden in den Vereinigten Staaten von der S.E.C. zugelassen; die ältesten Agenturen sind Standard & Poor's (gegründet 1941) und Moody's Investor Service (gegründet 1966), vgl. Everling, Die Bank 1991, S. 151, 153 und 156.

549 N. Y. Institute of Finance, Stocks, Bonds, Options, Futures, S. 82.

550 Wolfe/Naffziger, Business Organizations, S. 477 und zu den sog. „blue sky laws" der Einzelstaaten: Blue Sky Practice, jährliche Hefte von Fass/Wittner.

bestehen im *Securities Act* (SA), der im Jahre 1933,[551] und dem *Securities Exchange Act*, der im Jahre 1934 (SEA)[552] erlassen wurde. Mit diesen hatte der *Congress*[553] auf die Erfahrungen des Börsencrash von 1929, dem „Schwarzen Freitag", reagiert.[554] Die auf der Grundlage des Abschnitts 10 SEA von der *Securities and Exchange Commission* (S.E.C.), dem amerikanischen Wertpapieraufsichtsamt, erlassene *rule 10 b-5* stellt Insiderhandel als ungesetzlich[555] unter Strafe, dient aber auch als Grundlage zivilrechtlicher Ausgleichsansprüche. *Section 16 (b)* des SEA statuiert Gewinnherausgabepflichten für Insiderhandel treibende unternehmensnahe Personen. Sowohl *section 16 (b)* als auch *rule 10 b-5* erfuhren in den Folgejahren ihres Erlasses vielfache Präzisierungen durch Entscheidungen der Gerichte und der S. E. C.[556] Schließlich erfolgte in der jüngeren Vergangenheit der Erlass *des Insider Trading Sanctions Act* von 1984,[557] (ITSA), der der S.E.C. in einigen zusätzlichen Fällen die Verhängung von Geldbußen ermöglicht, und des *Insider Trading and Securities Fraud Enforcement Act* von 1988,[558] (ITSFEA), der neben Kriminalstrafen und Geldbußen ein Bonussystem für die Aufklärung von Insidervorfällen einführte und die Voraus-

551 15 U.S.C. § 77 (a).

552 15 U.S.C. § 78 p (b).

553 Der Congress ist der amerikanische Gesetzgeber, bestehend aus House of Representatives und Senate, vgl. näher Lockhart, Constitutional Law, S. 156.

554 Graber, Nolan, Sams, 30 American Criminal Review, S. 909 - 960, 911 und Fletcher, Insider Trading, S. 45 ff.

555 Der zunehmende Gebrauch der Vokabel „unlawful" in der strafrechtlichen Bundesgesetzgebung wird als zu unpräzise scharf kritisiert, da eine Kriminalisierung weiter Teile des Zivilrechts befürchtet wird; vgl. Coffee, 71 Boston University Law Review, S. 193 - 246, insbes. 202.

556 Zu „rule 10 b-5" z. B.: SEC v. Texas Gulf Sulphur Co, 401 F 2d, S. 833 - 888; US v. Chiarella, 588 F 2d, S. 1358 - 1378; SEC: Cady Roberts und Co, 40 SEC, S. 907 ff. zu Abschnitt 16 (b) z. B.: Merill Lynch, Pierce, Fenner and Smith, Inc., v. Livingston, 566 F 2d, S. 1119 - 1124.

557 15 U. S. C., § 78 n (d) (2) (Supp V 1987).

558 Pub. L. No. 100 - 107, 102 stat. 4677 (1988) nach Ablehnung der Entwürfe ITA, 19 S.E.C. and L. Rep (BNA), 1817 von 1987 und ITPA, H. R. 5133, 100th Congress 2d Session (1987).

Voraussetzungen privater Klagerechte gegen Insider gesetzlich festschrieb. Der ITSFEA fügte einen *section 20 A (a)* in den SEA von 1934 ein: danach trifft den Insider gegenüber jedweder Person, die gleichzeitig mit dem durch ihn getätigten Kauf oder Verkauf von Insiderpapieren selbst Transaktionen in diesen vorgenommen hat, eine zivilrechtliche Verantwortlichkeit.[559]

II. Behandlung im US-amerikanischen Law of Torts

Neben den oben genannten bundesrechtlichen Grundlagen zur zivilrechtlichen Bekämpfung des Insiderhandels existieren auch einzelstaatliche Ansätze. Da für das Kapitalmarktrecht Bundeskompetenz gegeben, die Regelung des Gesellschaftsrechts dagegen der Zuständigkeit der Einzelstaaten vorbehalten ist,[560] entstammen die einzelstaatlichen Ansätze ausschließlich dem Bereich des Gesellschaftsrechts.[561] Die zivilrechtliche Verantwortlichkeit von Insidern beurteilt sich hier nach den Grundsätzen des *Law of Torts*. Das *Law of Torts*, das einen eigenständigen Bereich des *Common Law* verkörpert, abschließend zu definieren, ist bislang noch nicht gelungen. Es besteht aus verschiedenen Deliktstypen, wobei nach der Haftungsgrundlage zwischen *liability based on fault* (verschuldensabhängige Haftung), *intentional torts* (Haftung für Vorsatz), *neglected torts* (Haftung für Fahrlässigkeit) sowie *strict liability* (verschuldensunabhängige Haftung) unterschieden werden kann.[562] Das *Law of Torts* ist dabei dem deutschen Recht der unerlaubten Handlungen eingeschränkt vergleichbar.[563] Aus der Vielfalt der zum *Law of Torts* geschaffenen Fallgruppen ergeben sich folgende Voraussetzungen für einen Schadenersatzanspruch: es bedarf zunächst einer gegenüber dem Geschädigten pflichtwidrigen Handlung, bestehend in einem Tun oder Unterlassen. Diese Handlung muss durch eine Person schuldhaft begangen worden sein und nach gewissen Zurechnungskriterien einen finanziell messbaren Schaden

---

[559] Zur Auslegung dieser Vorschrift, s. u. 8.Kapitel; vgl. Langevoort, Insider Trading, § 9.01.

bei einer anderen Person verursacht haben, die dann in einem näher zu bestimmenden Umfang vom Schädiger Ausgleich verlangen kann.[564]

B Treupflichten und Schutzgesetze

I. Rechtslage in Deutschland

In Deutschland gebieten gesellschaftsrechtliche Treupflichten dem Aktionär, Insidergeschäfte gegenüber seinen Mitgesellschaftern zu unterlassen.[565] Vorstands- und Aufsichtsratsmitglieder unterliegen dagegen keiner Treupflichtbindung gegenüber den Aktionären.[566]

---

560 Dem Bundesgesetzgeber steht nur bei ausdrücklicher Ermächtigung durch die Verfassung eine Gesetzgebungskompetenz im Gesellschaftsrecht zu; Lockhart, Constitutional Law, S. 68; Bsp: Zwischenstaatl. Handel und im District of Columbia(Regierungssitz) ansässige Firmen, Mc Culloch v. Maryland, 17 U.S., S. 316-437, 434 f. und Henn/Alexander, Law of Corporations, S. 25.

561 Merkt, US-amerikanisches Gesellschaftsrecht, Rn 764

562 Prosser/Keeton, Torts, S. 1 m. w. N.; Hay, US-Amerikanisches Recht, Rn. 307.

563 Hay, US-Amerikanisches Recht, a.a.O.

564 Prosser/Keeton, a.a.O., S. 2 ff. bestätigend für Ansprüche gegen Insider: Ratner/Hazen, Securities Regulation, S. 595 (civil liability); außer Acht gelassen werden hier Ansprüche, die im Wege einer „shareholder derivative suit" , einer aus dem Recht der Gesellschaft abgeleiteten Aktionärsklage, geltend gemacht werden können. S. dazu Clark, Corporate Law, § 8.5., S. 289.

565 S.o., 2. Kapitel.

566 S.o., 3. Kapitel, B IV.

II. Rechtslage in den USA

1. Gesellschaftsrechtlicher Ansatz[567]

Die grundsätzliche Existenz von Treuepflichten ist im US-amerikanischen Gesellschaftsrecht unbestritten.[568] Deren Basis liegt im sog. *agency law.*[569] Das *agency law* bemüht sich um die nähere Definition der zwischen *principal* (etwa: Auftraggeber) und *agent* (etwa: Auftragnehmer) bestehenden Rechte und Pflichten. Eine *agency* kann durch Vertrag, Gesetz, einseitige Willenserklärung oder einen Rechtsscheintatbestand kreiert werden.[570] Der *agent* wird hierdurch treurechtlichen[571] Bindungen unterworfen.[572] Nach ständiger Rechtsprechung gilt das *agency law* auch für gesellschaftsrechtliche Beziehungen zwischen Management und Gesellschaft,

---

567 Schon eingangs wurde erwähnt, dass das amerikanische Gesellschaftsrecht grundsätzlich unter die Zuständigkeit der Bundesstaaten fällt. Unerquicklich wäre es nun für den deutschen Leser, die Rechtslage in jedem Einzelstaat nachvollziehen zu müssen. In einigen Ausnahmefällen sind darüber hinaus bundesrechtlich Entscheidungen zum Gesellschaftsrecht ergangen. Deshalb werden die nachstehenden Ausführungen die Vorgehensweise einiger amerikanischen Lehrbücher übernehmen, die die Dogmatik des Gesellschaftsrechts einheitlich darstellen und abweichende Rechtslagen in anderen Staaten bzw. auf Bundesebene durch entsprechende Zitate, also gleichsam wie dissentierende Rechtsmeinungen wiedergeben; vgl. Soderquist/Sommer, Corporations; Henn/Alexander, Law of Corporations, S. 25; Rechtsquellen einzelstaatlichen Rechts sind vor allem das Recht der Staaten Delaware,California und New York, sowie der in Form eines Entwurfs mit Vorschlagscharakter erarbeitete Model Business Corporation Act (ABF 2d ed. 1971), der auf dem Illinois Business Corporation Act von 1933 beruht und erstmals 1946 veröffentlicht wurde, Henn/Alexander, a. a. O., S. 8, Fn. 15.

568 Note, 44 Iowa L. Rev., 734 - 749, passim.

569 Vgl. Dietl, Lorenz, Dictionary, „agency“ und Erläuterungen zu „agent“; mit dem Begriff Auftragsrecht wäre ageny nur unzureichend übersetzt.

570 Wolfe/Naffziger, a. a. O, S. 80.

571 Dietl, Lorenz, a. a. O., „fiduciary“.

572 O'Kelley/Thompson, Corporations, S. 19. Gebräuchlich ist auch die Unterscheidung zwischen „duty of loyalty“ und „duty of care“ zur Trennung zwischen Loyalitäts- und Sorgfaltspflichten.

unter den Aktionären[573] sowie zwischen Mehrheitsgesellschaftern und Gesellschaft.[574] Das Bestehen und die Intensität von Treupflichten zwischen Management und Publikumsaktionären sind im US-Gesellschaftsrecht Gegenstand widerstreitender Theorien. Nach der *majority rule*[575] , die die effektive Leitung der Gesellschaft zum obersten Gebot für die Beurteilung des gesellschaftsrechtlichen Beziehungsgeflechts erhoben hatte,[576] wurde eine *fiduciary relationship* zwischen Aktionären und Management noch abgelehnt. Treuhänderische Obliegenheiten hätten hiernach die Hände der Geschäftsführung unzumutbar gebunden. Die *special facts rule* durchbrach die *majority rule,* indem sie aus Billigkeitserwägungen heraus Ausnahmesituationen enumerierte, in denen aus der strikten Anwendung der *majority rule* untragbare Nachteile für die betroffenen Gesellschafter erwachsen wären.[577] Die *special facts rule* gebietet in gewissen Fällen, in denen das Management einer Gesellschaft privilegierten Zugang zu Insiderinformationen hat, deren Offenlegung gegenüber Outsidern.[578] Die heute vorherrschende *minority rule* bejaht hingegen unabhängig von den Umständen des Einzelfalls grundsätzlich das Bestehen treuhänderischer Bindungen zwischen Unternehmensleitung und den Aktionären. Sie trägt damit dem Schutzbedürfnis der Anleger vor unlauteren Übergriffen des Managements in deren Mitgliedschaftssphäre durch eine entspre-

---

573 Z. B.: Singer v. Carlisle, 26 N. Y. supp 2d, 172 - 182, 179; Miller v. Miller, 22 N. W. 2d, 71 - 83, 81; krit. hierzu: Frankel, 71 Cal. L. Rev. 795 - 836, 806

574 Z. B.: Seagrave Corp. v. Mount, 212 F 2d, 389 - 399, 396; Zahn v. Transamerica Corp., 162 F 2d, 36 - 50, 42 f.; Donahue v. Rodd El., Inc., 328 N. E. 2d, 505 - 520, 513; s. a. Soderquist/Sommer, a. a. O., S. 241 – 265.

575 Alaska Plastics, Inc., v. Coppock, 621 P 2d, 270, Alaska; Krit: O'Neal, Minority Shareholders, § 1:02.

576 Vgl. Henn/Alexander, a. a. O., S. 646.

577 Vgl. Strong v. Repide, 213 U. S., 419 - 435, 431.

578 Stevens/Larson, Corporations, S. 356, geben einen Überblick über die Fallgruppen.

chende Pflichtenbindung Rechnung.[579] Auch Insiderhandel durch das Management verletzt nach der *minority rule* Treupflichten.[580]

2. Kapitalmarktrechtlicher Ansatz - Disclose or Abstain

a) *Offenlegungspflichten nach Rule 10 b-5*

Im Kapitalmarktrecht gewinnt die Treupflichtbindung des Insiders gegenüber den Anlegern im Rahmen der Auslegung der *rule 10 b-5 (c)* Bedeutung. Der Wortlaut der *rule 10 b-5* lässt sich folgendermaßen übersetzen:

§ 240. 10 b-5 Verwendung manipulativer oder täuschender Mittel

Es ist ungesetzlich, direkt oder indirekt, unter Benutzung der Mittel oder Einrichtungen des zwischenstaatlichen (gemeint sind Staaten der USA, der Verf.) Handels, der Post oder der Einrichtungen der nationalen Wertpapierbörsen

- irgendeine Vorrichtung, ein Schema oder einen Kunstgriff zu Täuschungszwecken zu benutzen
- irgendeine unwahre Aussage über eine relevante Tatsache abzugeben oder die Mitteilung einer relevanten Tatsache zu unterlassen, wenn diese im Lichte der Umstände zum Zeitpunkt der Aussage notwendig war, um die Aussage nicht irreleitend erscheinen zu lassen oder
- an irgendeiner Handlung, Praxis oder Geschäftsgebaren teilzunehmen, die sich als Betrug oder arglistige Täuschung gegen eine Person darstellen und im Zusammenhang mit dem Kauf oder Verkauf von Wertpapieren stehen.

---

579 Zur Änderung der Geschäftsethik durch die „minority rule" Henn/Alexander, a. a. O., S. 648; Childs v. RIC Group, Inc., 331 F. Supp., S. 1078 - 1084, 108 und Jacobson v. Yaschik, 155 S. E., S. 601 - 607, 605.

580 Vgl. Business Ethics, Chapter 3.

Seit den frühen 60er Jahren kann ein Insider sich nach dieser Vorschrift strafbar machen. Will er dies vermeiden, hat er entweder seinen Wissensvorsprung zu offenbaren oder vom Geschäft Abstand zu nehmen (sogenannte *disclose or abstain rule*).[581] Unter welchen Umständen der Insider der *rule 10 b-5* unterfallen kann, richtet sich nach der Auslegung des Tatbestandsmerkmals „Betrug" in *rule 10 b-5 (c)*. Hierzu zieht die Rechtsprechung die zum Betrug nach den Grundsätzen des Common Law existierenden Entscheidungen heran,[582] wonach ein Betrug nur dann vorliegt, wenn der Betrüger seine Opfer aktiv getäuscht hat.[583] Der Insider hat jedoch beim Börsengeschäft in der Regel keinen unmittelbaren vertraglichen Kontakt zur Marktgegenseite, der ihm eine aktive Täuschungshandlung überhaupt ermöglichen würde.[584] Er begeht also keine aktive Täuschungshandlung, sondern verschweigt lediglich seinen Kenntnisvorsprung. Es besteht aber auch im amerikanischen Recht kein allgemeines Gebot, gleichwede Person müsse, bevor sie ein Geschäft inner- oder außerhalb der Börse avisiere, andere Marktteilnehmer über ihren Wissensvorsprung unterrichten. Der durch persönliches Geschick, Talent und Arbeitseinsatz erlangte Wettbewerbsvorteil soll prinzipiell jedem am Geschäftsleben Teilhabenden erhalten bleiben.[585] Ein betrügerisches Verschweigen kann einer Person nur dann zum Vorwurf gemacht werden, wenn sie bezüglich ihres Wissensvorsprunges eine Offenbarungspflicht trifft.[586] Es besteht jedoch Unsicherheit darüber, unter welchen rechtlichen Voraussetzungen ein Insider einer Offenbarungspflicht unterfällt.[587]

---

581 S. E. C.: Cady Roberts and Co., 40 S. E. C., S. 907 - 918, 912.

582 Hooper v. Mountain States Securities Corp., 282 F 2d, S. 195 - 208, 201 und Ellis v. Carter a. a. O.

583 Fletcher, a. a. O., S. 33 m. w. N.

584 Vgl. Clark, a. a. O., § 8. 10. 6.

585 Vgl. Chief Justice Burger, dissenting opinion, US v. Chiarella, 445 U. S., S. 222, 240; gleichlautend Prosser/Keeton, a. a. O., § 106.

586 Fletcher, a. a. O., S. 34.

587 Zur tatsächlichen Voraussetzung der „materiality" (Kursrelevanz der Tatsache):SEC: Sterling Dug Inc., 14; SEC Docket, S. 824 - 827, 827; SEC: Investment Management Co., 44 S. E. C., S. 633 - 651, 644 (decisions);

b) Equal Access, Fiduciary Duty und Misappropiation Theory

Eine Antwort auf die Frage, unter welchen rechtlichen Voraussetzungen der Insider gezwungen sein soll, seinen Wissensvorsprung offenzulegen oder vom Geschäft Abstand zu nehmen, versuchte zunächst die Lehre vom *equal access*, dem gleichen Zugang, zu geben. Erstmals propagiert von der *S.E.C.*,[588] schlossen sich ihr später auch die Richter des einflussreichen *Second Circuit* an,[589] bis sie schließlich Jahre später vom *Supreme Court* verworfen wurde.[590] Nach der *equal access*-Lehre sollte *rule 10 b-5* zur Anwendung kommen, wenn der Insider Kenntnis von Informationen nehmen kann, die eigentlich nur dem Unternehmenszweck zu dienen bestimmt sind und von seinem Kenntnisvorsprung willentlich und wissentlich gegenüber dem Marktpartner Gebrauch macht. Bei dieser Sachlage ergebe sich eine wirtschaftliche Unfairness,[591] die es einem Teil der Anleger unmöglich mache, Investitionen mit gleichen Erfolgsaussichten am Kapitalmarkt zu platzieren. Diese Unfairness gebiete dem Insider entweder eine Offenlegung seines Informationsvorsprunges oder einen Verzicht auf das avisierte Geschäft. So leicht handhabbar sich das Argument der Unfairness durch seine Dehnbarkeit auch im Kampf gegen den Insiderhandel erwies, führte es letztendlich aber doch zum dogmatischen Scheitern der Lehre vom *equal access*.[592] Ihre Gegner bemängelten, sie

---

Dura - Bilt v. Chase Manhattan Corp., 89 F. R. D., S. 87 - 104, 94 - 95; Vgl. a. US v. Teichner, 987 F 2d, S. 112 - 121, 120.

588 Cady Roberts, a. a. O.

589 SEC v. Texas Gulf Sulphur, a. a. O.; einflussreich deshalb, weil der Second Circuit als Appellationsgericht des Staates New York, in dem viele Börsengesellschaften ihren Sitz haben, für den Bereich des „Business Law" zuständig ist.

590 US v. Chiarella, a. a. O., S. 225.

591 S.E.C., a.a.O.

592 Vertreten wird die „equal-access"-Lehre in modifizierter Form noch von Brudney, Harv. L. Rev., S. 322 - 376, 353 ff.; bezüglich des „junk bond"-Handels: Note, 105 Harv. L. Rev., S. 1720 - 1740.

zeichne nicht deutlich genug die Trennlinie zwischen dem durch eigene Forschung und Analyse erworbenen und dem auf Grund einer privilegierten Position vorhandenen Kenntnisvorsprung.[593] Eine ausufernde zivil- und strafrechtliche Haftung von Insidern befürchtend, öffnete sich auch die Rechtsprechung dieser Kritik. Das Bestehen eines Treuepflichtverhältnisses zwischen In- und Outsider sollte fortan die Unrechtmäßigkeit von Insiderhandel begründen.[594] Als Grundlage der Treuepflichtbeziehung bezeichnete die Rechtsprechung nach Kritik aus der Literatur[595] das Bestehen einer *agency relationship* .[596] Die vom *Supreme Court* vertretene *fiduciary duty theory* begegnete allerdings der Befürchtung, eines der Hauptaktionsgebiete von Insidern, das Umfeld von Unternehmensübernahmen, entbehre zukünftig des erforderlichen strafrechtlichen Schutzes. Denn dort habe der meist der Bieter- oder gar keiner der beteiligten Gesellschaften verbundene Insider fast nie eine treuhänderische Verbindung gegenüber den Aktionären der Zielgesellschaft inne, in deren Aktien er spekuliere.[597] Als weitere Variante, die strafrechtliche Verantwortlichkeit von Insidern nach *rule 10 b-5* zu präzisieren, etablierte sich daher neben der *fiduciary duty* die sogenannte *misappropiation theory*.[598] Nach dieser führt jeder Bruch einer Vertraulichkeitsverpflichtung, gleich ob sie gegenüber dem Outsider, dem Arbeitgeber oder der Gesellschaft besteht, zu einer Verletzung von *rule 10 b-5*. Auch bei Anwendung des Bundesrechts begeht ein Mitglied der Unternehmensverwaltung oder ein Gesellschafter somit nach der *fiduciary duty* und der *mi-*

---

593 Kraakman, a. a. O., S 41.

594 US v. Chiarella, a. a. O., S. 222, 233.

595 Clark, a. a. O., § 8. 12. 3; Kraakman, a. a. O., S. 43.

596 Andeutungen der Rechtsprechung kann man entnehmen, dass für die Begründung der „fiduciary relationship“ abermals das „agency“-Recht dienen sollte; US v. Chiarella, a. a. O., S. 232; so zum Teil auch die Literatur: Langevoort, 70 California Law Review, S. 1 - 53, 19, spricht von einer bundesrechtlichen Analogie zum „agency“-Recht; vgl. a. Dirks v. SEC, 463 US, S. 646 - 679, Judge Blackmun dissenting, S. 672 ff., 671, Fn. 7, zurückgehend auf einzelstaatliche Rechtsprechung.

597 Langevoort, 70 Cal. L. Rev., 1- 59, 13 (1982).

598 Obiter dictum des Chief Justice Burger, US v. Chiarella,a.a.O., S. 23.

sappropriation theory eine Treupflichtverletzung, wenn er Insidergeschäfte in Kapitalmarktpapieren tätigt. Die *misappropiation theory* erlaubt nicht die Durchsetzung privatrechtlicher Ansprüche eines Anlegers, da nach den Grundsätzen des *Common Law* die Verletzung einer den Anlegern gegenüber bestehenden Treuepflicht erforderlich ist. Eine Treuepflicht gegenüber der Informationsquelle genügt nicht.[599]

III. Schlussfolgerungen

Nach US-amerikanischem Gesellschaftsecht bestehen Treubindungen zwischen Aktionären in ähnlichem Umfang wie in Deutschland. Die ebenfalls als Treupflichten bezeichneten kapitalmarktrechtlichen Verhaltensanforderungen haben dagegen wenig mit den deutschen Treupflichten gemein. Die fiduciary duties, die nach US-Recht eine straf- und unter Umständen auch eine zivilrechtliche Haftung begründen können, betreffen nicht nur das gesellschaftliche Binnenrecht sondern auch schuldrechtliche oder gesetzliche Verpflichtungen des Insiders gegenüber dem Marktpartner. Unter der *misappropriation theory* müssen diese Verpflichtungen des Insiders sogar zur Informationsquelle bestehen.

Möglicherweise können nach dem Vorbild des amerikanischen Systems Treupflichtbindungen auch auf das Verhältnis zwischen Unternehmensleitung und Kapitaleignern im deutschen Recht erstreckt werden. Diese Fragestellung geht freilich weit über das Problem der zivilrechtlichen Regulierung des Insiderhandels hinaus. Sie berührt das gesamte Verhältnis zwischen Unternehmens-

---

599 Deshalb führten zivilrechtl. Klagen unter der misappropiation theory, sofern nicht zusätzlich eine Treuepflicht zwischen In- und Outsidern bestand, zur Abweisung: Moss v. Morgan Stanley Inc., 719 F 2d, S. 5 - 23, 15 und passim; s. a. den lesenwerten Fall Dirks v. SEC, S. 824 - 846, S. 838 ff. - 842,wo aus berufsrechtlichen Bestimmungen eine Pflicht zugunsten der SEC und dem Markt abgeleitet wird, ohne dass eine „fiduciary duty" existiert hätte. Dies Theorie erlangt jedoch für Ansprüche der Gesellschaft gegen Insider ungleich größere Bedeutung, s.u., 9. Kapitel.

verwaltung und Gesellschaftern, dessen rechtliche Strukturen im deutschen Recht noch weitgehend ungeklärt sind.[600] Die Problematik kann daher an dieser Stelle nur angedeutet werden.

1. Interessenlage

Obwohl Insiderhandel die Interessen der Aktionäre beeinträchtigt, stehen ihnen nach geltendem Recht keine auf dem Gesellschaftsverhältnis beruhenden Rechte gegen Verwaltungsmitglieder zur Verfügung. Zwar wird zum Teil darauf verwiesen, das Deliktsrecht biete eine ausreichende Verteidigungsmöglichkeit gegen unbotmäßiges Verhalten des Managements.[601] Dieser Verweis ist jedoch zumindest irreleitend. Denn das Deliktsrecht ist für den Anspruchsteller in vielfacher Hinsicht ungünstiger als auf einem Sonderverhältnis beruhende Ansprüche.[602] Gerade im Bereich des Insiderhandels, der große Nachweisschwierigkeiten aufwirft, ist dies von Bedeutung. Es bestünde daher ein Bedürfnis, die Treupflichten nach dem Vorbild des amerikanischen Gesellschaftsrechtes weiterzuentwickeln.

2. Dogmatische Ansatzpunkte

Anders als das amerikanische kennt das deutsche Recht kein *agency law* oder ein Rechtsverhältnis, das diesem entspräche. Als dogmatische Anknüpfungspunkte für Treuepflichten gelten das mitgliedschaftliche Gemeinschaftsverhältnis und die mitgliedschaftliche Zweckförderungspflicht.[603] Auf deren Grundlage lässt sich ein treuerechtliches Verhältnis zwischen Vorstand und Aktionär aber nicht begründen. Denn unstreitig erfreut sich ein Mitglied des Vorstands als solches nicht der Rechtsposition der Mitglied-

---

600 Z.B.: Großfeld, Unternehmenskonzentration, S. 14 ff.; KK zum AktG, Mertens, § 76, Rn 6.

601 S. o., 3. Kapitel.

602 So z. B. Godin-Wilhelmi, Komm. zum AktG, § 93, Rn 2 und 8.

603 K. Schmidt, Gesellschaftsrecht, § 20 IV 1 b.

schaft.[604] Letztere kann nur durch Beteiligung am Gründungsvorgang einer Gesellschaft, durch nachträglichen Beitritt oder durch Rechtsnachfolge entstehen.[605] Das Vorstandsmitglied erlangt seine Position aber nicht durch den Erwerb von Aktien, sondern durch gesellschaftsrechtlichen Bestellungsakt.

Ein weiterer - auch als treuhänderisch bezeichneter[606] - Ansatz knüpft die Begründung von Treupflichten an die Korrelation von Rechtsmacht und Verantwortung[607] und weist damit eine der im US-Recht gewählten ähnliche dogmatische Grundlage auf.[608] Bislang diente auch der treuhänderische Ansatz ausschließlich der Begründung von Treuepflichten unter den Gesellschaftern bzw. zur Gesellschaft. Aus den Rechten, die den Aktionären innerhalb der Gemeinschaft gegeben wurden und die ihnen gestatteten, Einfluss auf deren Gestaltung zu nehmen, leiteten sich gleichzeitig auch die Pflichten ab, sie zum Wohl der Gemeinschaft einzusetzen.[609] Dennoch wird zum Teil bereits diskutiert, dass auf dieser Grundlage möglicherweise auch Verwaltungsmitglieder einer Pflichtbindung gegenüber den Aktionären unterlägen.[610] Denn schließlich hat der Vorstand eine Rechtsmacht inne, die bei nicht pflichtgemäßer Ausübung die Aktionäre, die am Unternehmensschicksal durch ihre Kapitalbeteiligung teilhaben, finanziell gefährden kann. Außerdem erlaubt dem Vorstand seine Informationsvorhand die Übervorteilung der Aktionäre zu seinem privaten Nutzen. Die Privilegien, die die Position des Vorstandes mit sich bringt, müssen ihm daher möglicherweise auch Rücksichtnahme gegenüber den Aktionärsinteressen gebieten.

---

604 S. BGH Z 83, S. 122 - 144, 133 f.

605 K. Schmidt, Gesellschaftsrecht, § 19 II 1 a.

606 Vgl. Dorpalen, ZHR 98 (1936), S. 1, 19.

607 Dorpalen, a.a.O.

608 Hierzu kurz: Armbrüster, Treuhänderische Beteiligung, S. 11.

609 Dorpalen, a. a. O.; ähnlich Mestmäcker, Verwaltung, S. 195 ff.; KK zum AktG-Zöllner, Einleitung, Rn 169.

610 Fillmann, Treuepflichten, S. 64 ff., 66.

Zwischen Vorstand und Aktionären kann ein treuhänderisches Verhältnis jedoch nur darauf beruhen, dass dem Vorstand rechtsgeschäftlich oder durch Gesetz Aktionärsrechte anvertraut werden, die er auch in deren Interesse auszuüben hat. Ein rechtsgeschäftlich begründetes Treuhandverhältnis zwischen Vorstand und Aktionären besteht indes nicht. Eine vertragliche oder sonstige rechtsgeschäftliche Übertragung von Rechtsmacht durch die Aktionäre auf den Vorstand ist nicht erfolgt.[611] Der Vorstand erhält seine Rechtsmacht vielmehr gemäß § 84 Abs. 1 AktG durch Bestellungsakt des Aufsichtsrates. Zwar wird der Aufsichtsrat seinerseits nach § 101 Abs. 1 AktG von der Hauptversammlung gewählt. Doch übt er seine Kompetenzen nicht als Auftragnehmer der Aktionäre, sondern kraft eigener, gesetzlich geregelter Kompetenz aus. Für ein gesetzliches Treuhandverhältnis zwischen Vorstand und Aktionären bietet jedenfalls § 76 Abs. 1 AktG ebenfalls keine Anhaltspunkte. Auch Rechtsgedanken aus dem Anlegerschutzrecht nach §§ 9 und 10 KAGG taugen nicht zur Begründung eines solchen Verhältnisses, da die genannten Vorschriften nur die treuhänderische Stellung der Kapitalanlagegesellschaft gegenüber den Anlegern betreffen[612] und nicht das Verhältnis zwischen Management und Anteilseignern.[613] Gleiches gilt für den Treuhandkommanditisten im Recht der Publikums-KG weil dessen Treuhänderschaft durch Vertrag mit dem Anleger und somit rechtsgeschäftlich begründet wird.[614] Die Begründung eines treuhänderischen Verhältnisses zwischen Vorstand und Aktionären ist insofern nach dem derzeitigen Stand der Rechtswissenschaft abzulehnen.

---

611 Vgl. hierzu: Fillmann, Treuepflichten, S. 64 ff., 66.

612 Vgl. näher: Roth, Das Treuhandmodell im Investmentrecht, S. 129 ff.; vgl. a. FAZ vom 19. September 1995, Beilage „Investmentsparen", S. B17.

613 A.A. Schneider, ZHR 142 (1978), S. 228, 236.

614 Vgl. hierzu abermals Wiedemann, a. a. O., der für die Einsetzung eines zusätzlichen, von der Unternehmensleitung der Gesellschaft unabhängige Treuhänders plädiert.

C Pflichten zwischen "Tippees" und Aktionären

I. Rechtslage in Deutschland

Gemäß § 14 Abs. 2 WpHG ist es einem Dritten, der Kenntnis von einer Insidertatsache hat, verboten, unter Ausnutzung dieser Kenntnis Insiderpapiere für eigene oder fremde Rechnung oder für einen anderen zu erwerben oder zu veräußern. Dieser Dritte wird auch als Sekundärinsider bezeichnet, da er anders als ein Primärinsider zumeist keine originäre Kenntnis von der Insiderinformation hat. Die Kenntnis wird ihm im Regelfall vielmehr von einem Primärinsider vermittelt.[615] Einer gesellschaftsrechtlichen Treupflicht unterliegt der Sekundärinsider als solcher nicht, sondern nur, wenn er zufällig gleichzeitig auch eine entsprechende Gesellschafterstellung innehat.

II. Rechtslage in den USA

Weder für den Insider noch für den *tippee*, der in etwa dem deutschen Sekundärinsider entspricht, kennt das amerikanische Recht eine präzise Definition. Während jedoch unter dem „Insider" gemeinhin eine Person verstanden wird, die selbst Zugang zu nichtöffentlichen Informationen hat, wird als *tippee* jemand bezeichnet, der seinen Kenntnisvorsprung durch den Hinweis eines Insiders, durch einen Tip, erlangt hat.[616] Nach den Grundsätzen des *agency-law* sind *tippees* nur ausnahmsweise den Outsidern gegenüber zur Offenlegung von Kenntnisvorsprüngen verpflichtet, nämlich dann, wenn sie selbst die Position eines *officer*, director oder Mehrheitsgesellschafters bekleiden. Ist der *tippee* ein beliebiger Dritter wird diskutiert, ob er nur dann einer Treuepflicht unterfallen soll, wenn der Insider selbst auf Grund der Tip-Informationen Gewinne er-

---

[615] S.o., 1. Kapitel D.

[616] Langevoort, Insider Trading, S. 28 f.; zur zivilrechtlichen Verantwortlichkeit verneinend: 128 L. ed. 2nd, S. 119-147, US. S.Ct. Reports, Lawyers ed.

wirtschaftet hat.[617] Doch wird diese Meinung weitgehend als zu eng erachtet. Weder komme es für eine Verpflichtung des *tippee* auf die Motivation des Primärinsiders noch auf dessen kriminellen Erfolg an. Der *tippee* könne dem Outsider auch dann Schaden zufügen, wenn der Insider selbst die Information weitergegeben habe ohne selbst von ihr Gebrauch zu machen.[618] Durchgesetzt hat sich deshalb die Überzeugung, dass der *tippee* einer originär den Insider erfassenden, abgeleiteten Pflicht zur Offenlegung unterliege.[619]

III. Schlussfolgerungen

Die aus dem amerikanischen Recht gewonnenen Ergebnisse sind für das deutsche Recht in dieser Form nicht verwertbar. Ansatzpunkt für die Entstehung von Treupflichten ist die Mitgliedschaft. Für die Begründung abgeleiteter Treupflichten, die auch Nicht-Mitglieder binden könnten, existiert im deutschen Recht keine Grundlage.

D Schutzwirkungen von Strafnormen für die Anleger

I. Rechtslage in Deutschland

§§ 14, 38 WpHG entfalten nach der hier vertretenen, wenn auch stark umstrittenen Meinung, einen Schutzgesetzcharakter zugunsten der Anlegerschaft.[620]

---

617 SEC v. Dirks, Fed. Sec. L. Rep. (CCH), 82, 812, S. 83, 939 - 83, 951, 83, 945 ff. und Dirks v. SEC, 463 U. S., S. 646 - 679, 659 – 661.

618 Judge Blackmun, dissenting, Dirks v. S.E.C., A.a.O., S. 673 ff.

619 Langevoort, a.a.O., S. 28 f.

620 S. o., 4. Kapitel.

II. Rechtslage in den USA

Eine strafrechtliche Verantwortlichkeit des Insiders ergibt sich nach amerikanischem Bundesrecht aus der *rule 10 b-5.*[621] Auf Grund einer Besonderheit des amerikanischen Rechts blieb es bis in die jüngste Vergangenheit heftig umstritten, ob in Verbindung mit *rule 10 b-5* überhaupt zivilrechtliche Klagen denkbar waren. Abschnitt 11 des SA von 1933[622] sieht ausdrücklich, aber in sehr beschränktem Umfang gesetzliche Kompensationsansprüche von Aktionären gegen Kapitalmarktbetrüger vor. Beklagte Insider haben sich deshalb immer wieder darauf berufen, dass neben den gesetzlichen Ansprüchen kein Raum mehr für Rechte nach *rule 10 b-5* bliebe.[623] In Übereinstimmung mit Abschnitt 286 des *Restatement of Torts*[624] ist aber mittlerweile anerkannt, dass eine zivilrechtliche Klage in Verbindung mit der Strafrechtsnorm *rule 10 b-5* zumindest dann zulässig ist, wenn die Norm zumindest auch Individualinteressen der Anleger zu schützt und die verletzten Rechtsgüter in den Schutzbereich der Norm fielen.[625] Obwohl das *Restatement of Torts*[626] auf die Möglichkeit hinweist, den Schutzbereich einer Norm mittels der historischen, teleologischen und Auslegung nach den Wortlaut zu erforschen, verwandte die Rechtsprechung keinen großen Begründungsaufwand auf die Feststellung des

---

621 S.o., 7. Kapitel A I.

622 S.o., 7. Kapitel A I.

623 Zum Streit: Ellis v. Carter, 291 F 2d, S. 270 - 276, 274 f. und Herman and Mac Lean v. Huddleston, 459 U. S., S. 375 - 391, S. 379 ff.

624 Das Restatement of Torts beeinflusste und beeinflusst die Rechtsprechung der amerikanischen Gerichte zum Law of Torts entscheidend. Es besteht in einer Fallsammlung, die von den bedeutendsten Juristen ihrer Zeit zusammengestellt, kommentiert und vom American Law Institute in zwei Auflagen 1934 - 1939 und 1954 - 1970 herausgegeben wurde. (näher Speiser/Krause/Gans, Law of Torts, § 1:18). Das American Law Institute ist eine privatrechtliche Organisation und die Restatements haben bei allem tatsächlichen Einfluss keinen für die Rechtsprechung verbindlichen Charakter: Hay, US Law, Chapter I D.

625 Kardon v. National Gypsum Co., 69 F. supp., S. 512 - 515, 513 f.

626 § 286, S. 27.

Schutzgesetzcharakters von *rule 10 b-5*. Die Verletzung einer Strafrechtsnorm und ein daraus für einen Dritten resultierender Schaden stellten einen so schwerwiegenden Rechtsverstoß dar, dass der Gesetzgeber einen Ausschluss zivilrechtlicher Ansprüche in Verbindung mit der Norm ausdrücklich hätte erkennen lassen müssen.[627]

III. Schlussfolgerungen

Die Auffassung der US-amerikanischen Rechtsprechung stimmt zumindest im Ergebnis mit der hier vertretenen Meinung überein. Eine Parallele hinsichtlich der Begründung findet sich in § 15 Abs. 6 WpHG betreffend die Verletzung der Ad-hoc-Publizität. Dort hat der deutsche Gesetzgeber anders als für Insiderdelikte ausdrücklich die Möglichkeit zivilrechtlicher Ansprüche ausgeschlossen, so dass der Norm kein anlegerschützender Charakter beigemessen werden kann.[628] Jedoch handelt es sich bei dieser antizipierten Norminterpretation durch den Gesetzgeber um eine stilwidrige[629] und unter Verkennung des Gewaltenteilungsprinzips erlassene Ausschlussklausel. Es ist Sache der Gerichte und nicht des Gesetzgebers, die erlassenen Vorschriften zu interpretieren. Die Möglichkeit, seine Motive zu erläutern, hat der Gesetzgeber in der Regierungsbegründung, nicht aber im Wortlaut des Gesetzestextes. Die Auffassung der US-amerikanischen Rechtsprechung birgt insoweit kein zusätzliches Argument, welches die hier vertretene Meinung hinsichtlich der anlegerschützenden Wirkung von § 14 WpHG bestätigen würde.

---

627 Kardon v. National Gypsum Co, a.a.O.

628 Beachte jedoch die beabsichtigten Änderungen des § 15 Abs. 6 WpHG durch den Regierungsentwurf zum Vierten Finanzmarktförderungsgesetz vom 14. November 2001, http://www.bundesfinanzministerium.de/-Anlage8361/Gesetzentwurf.pdf.

629 Hopt, ZHR 159 (1995), S. 135, 159.

E Zusammenfassung des siebten Kapitels

Die US-amerikanische Rechtslage bietet einen großen tatsächlichen Erfahrungsschatz und dogmatisch interessante Ansätze zur zivilrechtlichen Bekämpfung des Insiderhandelsproblems über die Treuepflichten. Das US-amerikanische Gesellschaftsrecht wie auch das Kapitalmarktrecht konstatieren auf der Grundlage eines treuhänderischen Verhältnisses Treuepflichten zwischen Management und Aktionären, die der Unternehmensleitung die Vornahme von Insidergeschäften versagen. Eine Übertragung dieser Gedanken ins deutsche Gesellschaftsrecht kann nicht gelingen, da treuhänderische Bindungen zwischen Unternehmensleitung und Anteilseignern weder auf rechtsgeschäftlicher noch auf gesetzlicher Grundlage bestehen. Die Regelungsansätze des amerikanischen Rechts können insoweit für das deutsche Recht nicht fruchtbar gemacht werden. Des Weiteren können auch Ansätze, Sekundärinsider von einem Primärinsider abgeleiteten Treupflichten zu unterwerfen nicht ins deutsche Recht übertragen werden. Die US-amerikanischen Überlegungen zu zivilrechtlichen Schutzwirkungen einer Strafrechtsnorm bestätigen im Ergebnis die in dieser Arbeit vertretene Auffassung.

8. Kapitel: Deutsche Reformvorschläge und US-Recht

Nach den bisherigen Feststellungen ist weder nach geltendem Recht noch im Wege einer Fortbildung bestehender Instrumente nach US-amerikanischem Vorbild eine zufriedenstellende zivilrechtliche Lösung des Insiderproblems zu erreichen. Daher soll nunmehr anhand bisheriger Vorschläge aus der Literatur und unter Einbeziehung der entsprechenden US-amerikanischen Rechtslage untersucht werden, ob eine gesetzliche zivilrechtliche Regulierung wünschenswert wäre.

A Gesellschaftsrechtliche Treuhandlösung

Die auf *Hopt/Will* zurückgehende gesellschaftsrechtliche Treuhandlösung verfolgt das Ziel, eine rasche und einfache Umsetzung einer Insiderregulierung zu ermöglichen.[630] Da die Abwicklung von Schadensersatzansprüchen von Outsidern gegen Insider in der Praxis sehr aufwendig sei, werde auf diese in dem Vorschlag verzichtet. Dagegen solle der Gesellschaft ein Gewinnabführungsanspruch zustehen. Dieser sei unabhängig davon durchsetzbar, ob die Gesellschaft im Einzelfall den Nachweis führen könne, dass es sich bei dem Geschäft eines Insiders tatsächlich auch um ein Insidergeschäft gehandelt habe. Vielmehr soll es ausreichen, dass ein Insider innerhalb kurzer Frist gegenläufige Geschäfte in Papieren der Gesellschaft oder der mit ihr verbundenen Unternehmen getätigt habe. Unter gegenläufigen Geschäften verstehen die Autoren des Vorschlags die sukzessive Vornahme von Erwerbs- und Veräußerungstransaktionen. In dem Vorschlag wird bewusst in Kauf genommen, dass dem Herausgabeanspruch nur eine gesetzliche Vermutung des Vorliegens von Insidergeschäften zugrunde liegt und somit im Einzelfall auch nicht verbotene Aktivitäten eines Insiders zu einer Gewinnabführungspflicht führen können. Dies sei aber der Preis für die Einfachheit der Umsetzung dieser Lösung.

---

630 Europäisches Insiderrecht, S. 158.

I. Kritik des Vorschlags in der Literatur

Die Gewinnherausgabeverpflichtung für kurzfristige gegenläufige Geschäfte unternehmensnaher Personen wird in der Literatur[631] kritisiert. Die Schärfe der Regelung führe dazu, dass Anleger das Interesse am Erwerb von Aktien verlieren könnten. Anlass zu Bedenken gäben auch die „Gerechtigkeitsdefizite" der Regelung. Auch Nicht-Insidergeschäfte könnten erfasst werden, wenn ein Insider, ohne im konkreten Fall über eine Insiderinformation zu verfügen, innerhalb eines kurzen Zeitraumes gegenläufige Geschäfte tätige. Erlaube man dem Insider den Gegenbeweis, nicht aufgrund von Insiderinformationen gehandelt zu haben, würden teilweise die Gerechtigkeitsdefizite aber gerade auch der wesentliche Vorteil der Regelung, die eine Überprüfung der Voraussetzungen eines Insidergeschäftes entbehrlich mache, beseitigt. Abgesehen davon könne dem Insider die Gewinnherausgabe selbst wieder zugute kommen könne, was der Absicht der Regelung aber zuwiderliefe. Wenn ein Aktionär Insidergeschäfte vornehme und daraus Profite erziele, erhöhe die Herausgabe an die Gesellschaft das Gesellschaftsvermögen und damit mittelbar den Wert seiner eigenen Beteiligung.

II. Rechtslage in den USA

Die sog. *Short-Swing-Profit-Rule* des Abschnitt 16 (b) des SEA[632] hat für den Vorschlag *Hopt/Wills* Pate gestanden.[633] Abschnitt 16 (b) verpflichtet *directors* und *officers*, die gemeinsam das Management der amerikanischen Kapitalgesellschaften in Händen halten,[634] und Personen, die mit mindestens 10 % am Gesellschaftska-

---

631 Jenckel, Das Insiderproblem, S. 112.

632 15 U.S.C., § 77 a; 15 U.S.C. § 78 p (b).

633 Hopt, ZGR 20 (1991), S.18, 20.

634 Das „board of directors" wird von den Gesellschaftern grundsätzlich nach dem Prinzip der Kapitalmehrheit gewählt. Die „directors" bestimmen die Geschäftspolitik und delegieren Teile der Geschäftsführung an die meist von ihnen zu ernennenden „officers"; Henn/Alexander, Corporations, S.

pital teilhaben, sich bei der *S.E.C.* registrieren zu lassen. Gewinne aus Geschäften in Papieren der Gesellschaft, die diese Personen innerhalb von 6 Monaten unabhängig davon, ob sie auf Insidergeschäften beruhen, erzielt haben, sind an die Gesellschaft abzuführen. Obwohl diese Norm das Vorliegen eines Insidergeschäfts nicht ausdrücklich fordert, erfasst sie doch das Gros der Insidergewinne, die meist aus kurzfristigen Spekulationen herrühren.[635] Sie wird von den Gerichten in den USA rigoros angewandt: die einschneidende Haftung nach Section 16 (b) soll als eine Warnung dienen und ein Instrument der Abschreckung darstellen.[636] Der Aktionär kann die Gewinne auf Zahlung an die Gesellschaft auch an deren Stelle geltend machen, wenn diese innerhalb einer 60-tägigen Frist nach Aufforderung nicht selbst den Betrag beizutreiben versucht.[637] Verluste, die in der relevanten Zeitspanne entstehen, können nicht von den herauszugebenden Gewinnen abgesetzt werden.[638]

Bei der Anwendung der Vorschrift überrascht insbesondere die Durchführung der Gewinnbemessung durch die Gerichte:[639] ein Insider der Z-Gesellschaft möge am Tag 1 100 Z-Aktien halten. Am Tag 2 kaufe er 10 zu einem Kurs von 7 hinzu; am Tag 3 verkaufe er 10 zum Kurs von 5. Am Tag 4 erwerbe er 10 zum Kurs von 3 hinzu und verkaufe am Tag 5 10 Aktien zum Kurs von 1. Im Zeitraum Tag 1-4 hat der Insider also 100 für den Kauf von Aktien aufgewandt und 60 aus den Verkäufen eingenommen und damit netto einen Verlust von 40 erlitten. Für die Herausgabepflicht gilt

---

550 f.; die „corporation“ ist die Bezeichnung für diejenigen amerikanischen Kapitalgesellschaften, bei denen die Haftung auf das Gesellschaftsvermögen beschränkt ist. Die „corporation“ existiert in der Form der „public“, deren Gesellschaftsanteile börsengängig sind, und in Form der „close corporation“, deren Anteile außerhalb der Börse zu veräußern sind.

635 Kraakman, The legal Theory of Insider Dealing, in : Hopt/Wymeersch, European Insider Dealing, S. 39-55, 40.

636 Gratz v. Claughton, 187 F 2d, S. 46.

637 Wolffe/Naffziger, Law of American Business Organizations, S. 504, 505.

638 Smolov v. Delendo Corp., 136 F 2d, S. 231.

639 Hierzu zusammenfassend: Wolffe/Naffziger, a.a.O.

jedoch folgende Berechnung: der niedrigste Einkaufskurs beläuft sich auf 3. Zu diesem Kurs wurden insgesamt 30 aufgewandt. Der höchste Verkaufspreis liegt bei 5. Aus den Verkäufen wurden 50 erzielt. Der Differenzgewinn beläuft sich auf 20. Hiervon dürfen die Verluste aus den übrigen Geschäften nicht abgezogen werden, so dass der Insider trotz der ihm entstandenen Verluste 20 herauszugeben hätte.

III. Kritik und Stellungnahme

Das Argument, gewisse Personen könnten ob einer Gewinnherausgabepflicht unerwünschterweise das Interesse an den Aktien der Gesellschaft verlieren, überzeugt nicht. Denn es ist kaum als wünschenswert einzuschätzen, wenn Kriminelle in den Aktien der Gesellschaft spekulieren. Im übrigen verdient die am Vorschlag von *Hopt/Will* geübte Kritik aber Zustimmung. Der Vorschlag führt zu ungerechten Ergebnissen, da auch nicht deliktische Verhaltensweisen sanktioniert werden können. Dies erscheint noch bedenklicher in dem Falle, dass die Berechnung des von der Herausgabepflicht umfassten Gewinnes in Übereinstimmung mit den von der amerikanischen Rechtsprechung aufgestellten Prinzipien erfolgen sollte. Jemand, der nicht deliktisch gehandelt hat und darüber hinaus aufgrund glückloser Aktiengeschäfte Verluste hinnehmen musste, wird zusätzlich noch mit Herausgabepflichten gegenüber Dritten „bestraft“. Dieses Ergebnis ist aus rechtsstaatlichen Gesichtspunkten unerträglich. Dieser Entwurf von *Hopt/Will* ist daher abzulehnen.

B Kombinierte Treuhand- und Publizitätslösung

Hopt/Will warten mit einem weiteren Vorschlag auf, den sie als kombinierte Treuhand- und Publizitätslösung bezeichnen. Dieser Vorschlag sollte einer langfristigen Bekämpfung des Insiderhandels dienen.[640] Hierbei wird ein Gewinnherausgabeanspruch der Gesellschaft durch individuelle Schadenersatzansprüche der Outsider begleitet. Die Schadenersatzpflicht des Insiders gegenüber dem Outsider soll für einen „getäuschten oder nicht aufgeklärten Vertragspartner" bestehen. *Hopt/Will* wissen um die Schwierigkeit, den konkreten Vertragspartner beim Börsengeschäft zu bestimmen. Deshalb solle der beklagte Insider die Beweislast dafür tragen, dass er nicht mit dem klagenden Outsider gehandelt habe. Die Konkurrenz zwischen dem Herausgabeanspruch der Gesellschaft und den Schadensersatzansprüchen der Anleger will dieser Lösungsansatz dem Gesetzgeber überlassen. Verfolge dieser auch präventive Zielkonzeptionen, könne er beide Ansprüche kumulativ zulassen,[641] um künftige Delinquenten abzuschrecken.

I. Präventionswirkungen des Vorschlags

Gegen den Vorschlag wird angeführt, der Gewinnabführungsanspruch der Gesellschaft gegenüber dem Insider entfalte keine Abschreckungswirkung.[642] Der Insider könne nie mehr verlieren, als er gewonnen habe. Es gebe für den Insider also keine Motivation, in Zukunft von entsprechenden Geschäften abzulassen.

Die Überlegung, der Insider würde durch eine einfache Gewinnherausgabe nicht abgeschreckt, trifft zwar zu. Die Präventionswirkung wird jedoch seit Bestehen des WpHG durch die dort ausgesprochene Strafsanktion in genügender Weise hergestellt. Eine zivilrechtliche Regelung erfüllt damit ihren Zweck, wenn sie zusätzlich zur strafrechtlichen Sanktionierung eine Kompensation für durch Insiderhandel erlittene Vermögensverluste gewährt. Die fehlenden von dem Vorschlag ausgehenden Präventionswirkungen stellen damit aus heutiger Sicht kein Argument mehr gegen den Vorschlag *Hopt/Wills* dar.

---

640 Europäisches Insiderrecht, S. 163 ff.

641 Hopt/Will, a.a.O., S. 168.

642 Jenckel, Das Insiderproblem, S. 112 ff.

II. Die Kausalitäts- und Beweisproblematik

Teile der Literatur halten den Ansatz von *Hopt/Will* zur Lösung der Kausalitätsproblematik offenbar für zukunftweisend.[643] Auch er glaubt, dass die Frage der Kausalität zwischen Insiderhandelsaktivität und Schaden weniger ein materielles denn ein Beweisproblem sei. Er verweist auf Erfahrungen im Bereich der Produzentenhaftung und der Haftung für Umweltschäden, in denen Kausalitätsprobleme durch Beweiserleichterungen, Anscheinsbeweise und Beweislastumkehr gelöst worden seien. Auch in amerikanischen Insiderprozessen sind die Kausalitätsfrage sowie die Verteilung der Beweislast von großer Wichtigkeit. Wegen ihrer herausragenden Bedeutung für die zivilrechtliche Lösung des Insiderproblems soll nachfolgend eine eingehendere Darstellung erfolgen.

1. Causation of Fact

Die Kausalität[644] oder *causation of fact* zwischen schädigender Handlung und Schadenseintritt ist im US-amerikanischen Recht nach der „condicio-sine-qua-non"- oder auch *but-for*-Formel zu ermitteln.[645] Danach darf die schädigende Handlung nicht hinweggedacht werden können, ohne dass der Schaden entfiele. Da Gegenstand der Anspruchsprüfung durch die US-amerikanischen Gerichte ausschließlich die Nichtoffenlegung des Informationsvorsprunges des Insiders als schädigende Handlung ist, müsste genauer formuliert werden: die pflichtgemäße Handlung darf nicht hinzugedacht werden können, ohne dass der Schaden nicht entfiele.[646] Die Gerichte ziehen sowohl auf dem Gebiet des Kapitalmarktrechts

---

643 Holschbach, NJW 1973, S. 2006, 2008.

644 Die Kausalität im tatsächlichen Sinne wird hier getrennt von der Kausalität im Rechtssinne behandelt.

645 Ansicht fast aller Gerichte, Übersicht bei Prosser/Keeton, a. a. O., S. 265 f., vgl. a. MT Healthy City School District Board v. Doyle, 429 US, S. 274 - 287, 285 ff.

646 Vgl. zur Kausalität bei Verletzung von Offenbarungspflichten: Prosser/Keeton, a. a. O., S. 749 ff.

als auch auf demjenigen des Gesellschaftsrechts zum Verständnis der „condicio-sine-qua-non“-Formel die Rechtsprechung zum Betrug aus dem *Common Law* heran. Nach dieser kann von einer Kausalität der betrügerischen Handlung nur gesprochen werden, wenn der Betrogene sich auf die vom Betrüger gefälschte oder pflichtwidrig verschwiegene Tatsache verlassen hat.[647] Nach diesem sog. Erfordernis der *reliance* muss der Outsider seine Investitionsentscheidung im schutzwürdigen Vertrauen darauf durchgeführt haben, ihm seien von Mehrheitsgesellschaftern und Management sämtliche Informationsvorsprünge offengelegt worden.[648] Die Voraussetzungen der *reliance* unterscheiden sich dabei in Gesellschafts- und Kapitalmarktrecht.

a) *Erfordernis der reliance im Gesellschaftsrecht*

In der gesellschaftsrechtlichen Rechtsprechung herrscht die Auffassung vor, ein Vertrauen in die Offenlegung von Kenntnisvorsprüngen sei gerade dann ausgeschlossen, wenn der betreffende Kauf- oder Verkaufsvorgang sich an der Börse zugetragen habe und es sich nicht um ein *face-to-face*-Geschäft, also direkte vertragliche Beziehungen zwischen In- und Outsidern gehandelt habe. Niemand dürfe sich angesichts der Anonymität des institutionalisierten Kapitalmarktes vernünftigerweise darauf verlassen, bei börslichen Transaktionen über jegliche Informationsvorsprünge der Marktgegenseite unterrichtet zu sein.[649] So lehnt die gesellschaftsrechtliche Rechtsprechung bei Börsen-Insidervorkommnissen bereits die *reliance* und damit auch die Kausalität im Sinne der *but-for*-Formel ab.[650] Folglich ist in entsprechenden Fällen im Gesellschaftsrecht selbst unter der *minority rule* Schadenersatzklagen gegen Unternehmensinsider kein Erfolg beschieden.

---

647 Vgl. dazu Franklin/Rabin Tort Law, Chapter V, S. 282.

648 Collings v. Bush Manufacturing, 256 F 2d, S. 573 - 576, 575.

649 So schon Goodwin v. Agassiz, 183 N. E., 659 - 662, 661; bestätigend für neuere Rechtsprechung: Henn/Alexander, a. a. O., S. 648.

650 Goodwin v. Agassiz, a. a. O.

b) *Das Erfordernis der reliance im Kapitalmarktrecht*

Die für das Kapitalmarktrecht zuständigen Bundesgerichte gehen hingegen grundsätzlich davon aus, dass die erforderliche *reliance* auch beim Börsengeschäft bestehen könne. Allerdings besteht Uneinigkeit darüber, wer die Beweislast für das Vorliegen der *reliance* zu tragen hat.

2. Beweislastumkehr

Grundsätzlich muss auch im amerikanischen Zivilprozess der Kläger für die anspruchsbegründenden Tatsachen Beweis erbringen. Zum Teil geht die Rechtsprechung jedoch zugunsten des Klägers von einer widerlegbaren Vermutung aus, dieser habe bei einer Verletzung von *rule 10 b-5* gerade auf Grund der ihm vom Beklagten vorenthaltenen Informationen eine nachteilige Investitionsentscheidung getroffen.[651] Diese Auffassung fußt auf mehreren Überlegungen, die alternativ oder kumulativ die Entscheidungen tragen.

a) *Nichtoffenlegung und bewusste Falschinformation*

Habe ein Delinquent an der Börse bewusst kursrelevante Falschmeldungen hinsichtlich eines Papiers lanciert, hätten in diesem Fall nicht alle, wahrscheinlich sogar nur eine kleine Minderheit von Outsidern, von diesen Informationen Kenntnis genommen. Die erforderliche Lektüre von Börsenblättern und entsprechenden Publikationen erfolge überwiegend durch Berufshändler und wenige aufmerksame Anleger. Aus dem Desinteresse des Großteils der Outsider dürfe allerdings nicht geschlossen werden, diese hätten gar nicht im Vertrauen auf die Fehlinformation, sondern aus Unwissenheit gehandelt, so dass ihnen kausal kein Schaden zugefügt worden sei. Die (falsch) informierten Berufshändler entwickelten nämlich im Vertrauen auf die Richtigkeit der Information mit gro-

---

[651] Blackie v. Barrack, 524 F 2d, S. 891 - 911, 907; zur grundsätzlichen Beweislastverteilung im am. Recht: Prosser/Keeton, Torts, S. 671.

ßer Wahrscheinlichkeit Handelsaktivitäten. Auf diese Weise erführen die Börsenkurse eine Beeinflussung, die der Entwicklung des wahren Wertes des betroffenen Papiers zuwiderlaufe. Durch die steigende Divergenz zwischen Börsenkurs und wahrem Wert des Papiers erlitten schließlich alle beteiligten Outsider Schäden. Es könne keinen Unterschied machen, ob ein Delinquent im Wege des Kursbetruges bewusst Falschmeldungen lanciere, oder ob er - wie der Insider – kursrelevante Kenntnisse verschweige. [652]

b) *Prozessuale Erwägungen*

Schadenersatzverfahren gegen Insider werden in den Vereinigten Staaten im allgemeinen nicht von einzelnen Personen, sondern von Gesellschafterklassen im Wege der sog. *class action* geführt.[653] Die „Klasse“ von geschädigten Outsidern geht hierbei gemeinsam gegen den Insider vor. Einige Anspruchsvoraussetzungen, wie etwa die *materiality*- die Kursrelevanz der Insiderinformation.[654] Anders verhält es sich hinsichtlich des Beweises der *reliance*, da diese von der Beurteilung innerer Entscheidungsprozesse jedes einzelnen der Klasse angehörigen Klägers abhängt. Die damit erforderliche Beweiserbringung durch Tausende einzelner Aktionäre wird jedoch für kaum durchführbar gehalten.[655] Jedenfalls würde die durch die *class action* erreichte Prozessökonomie, nämlich die Zusammenfassung vieler Klagebegehren, verloren gehen.[656] Daher sei es aus prozessökonomischen Gründen allein sinnvoll, die Widerlegung der *reliance* dem beklagten Insider aufzubürden.

---

[652] Blackie v. Barrack, a.a.O.

[653] Newberg on Class Actions, Volume 4, § 22.68.

[654] Zum Begriff und Beweislage bei der „materiality“: Fletcher, Insider Dealing, S. 231; Langevoort, Insider Dealing, § 3.0.0.4.; S.E.C. Sterling Dug Inc.,14 S.E.C. Docket, S. 824-827, 827; SEC: Investment Management Co., 44 S.E.C. 633-651, 644 (Decisions); Dura Bilt v. Chase Manhattan Corp., 89 F 2d, 112-121, 120.

[655] Mills v. Electric Autolite, 396 US, 375 - 392, 380

[656] Clark, a. a. O., § 8.1.0.

c) *Kompliziertheit der Beweisführung*

Zum Teil ist die Rechtsprechung auch der Meinung, angesichts der Kompliziertheit der nachzuweisenden Tatsache könne die Beweislast billigerweise nicht beim Kläger verbleiben. Dieser müsse nicht nur die Offenbarungspflicht des Beklagten nachweisen[657] sondern auch, dass er seine Anlageentscheidung im Falle der Offenlegung geändert hätte. Dies sei jedoch so schwierig, dass dem Kläger der Beweis zu erlassen sei.[658]

d) *Die Efficient Capital Market Hypothesis (ECMH)*

In einigen Urteilen sah sich die Rechtsprechung aufgrund der Erkenntnisse einer ökonomischen Theorie, der *Efficient Capital Market Hypothesis* (*ECMH*) gehindert, vom klagenden Outsider den Beweis der *reliance* zu verlangen.[659] Die ECMH basiert auf der Annahme, die Aktienkurse spiegelten jederzeit Informationen über eine Gesellschaft wider. Dabei konkurrieren drei Varianten der *ECMH*, eine schwache, eine mittlere und eine starke.[660] Nach der schwachen Variante beinhaltet der Aktienkurs eines Papiers alle manifesten oder auch „historischen" Tatsachen (zum Beispiel die Kennziffern von Bilanzen und Jahresabschlüssen).[661] Noch nicht manifeste Informationen (zum Beispiel bevorstehende Ölfunde/bevorstehende Unternehmensübernahmen) würden allerdings, auch wenn sie bereits verfügbar seien, nicht nachweisbar im Börsenkurs antizipiert, da dessen Schwankungen aufgrund täglich wechselnder Einflüsse rein zufälliger Natur seien. Diese Variante führt zu einer Verneinung der Kausalität zwischen Insidergeschäft und Schädigung des Outsiders, da sich Insiderhandel hiernach als

---

657 Affiliated Ute Citizens v. U. S., 406 US, S. 128 - 163, 153 f.

658 Affiliated Ute Citizens, a.a.O., S. 154.

659 Blackie v. Barrack, a. a. O., S. 907 sowie Panzirer v. Wolf, 663 F 2d, S. 365 - 369, 368; Seaboard World Airlines v. Tiger International, 600 F 2d, S. 355 - 368, 361 f.

660 Einteilung zurückgehend auf Fama, 25 J. Fin., 383 - 423, 383 – 388 (1970).

661 Cox, Financial Information, S. 183 ff.

reines Glücksspiel erweisen würde.[662] Die mittlere Variante der *ECMH* geht dagegen davon aus, dass der Börsenkurs eines Papiers alle **verfügbaren** Informationen über die Gesellschaft reflektiere. Hiernach liegt es sehr nahe, dass der Outsider gerade durch die nicht rechtzeitige Offenlegung der kursrelevanten Tatsache Vermögenseinbußen hinnehmen muss, da ihm die in den Börsenkursen für die Informierten zugänglichen Informationen unbekannt sind und er somit mehr für ein Papier bezahlt bzw. weniger für dieses verlangt als dessen wahrem Wert entsprechen würde. Die dieser Variante anhängende Rechtsprechung hält deshalb auch einen gesonderten Nachweis der *reliance* für überflüssig.[663] Allerdings ist die Richtigkeit der mittleren Version der *ECMH* unter Juristen und Ökonomen weiterhin umstritten.[664]

Unter der starken Variante der *ECMH* schließlich wäre Insiderhandel unmöglich. Hiernach resultiert der Börsenkurs sowohl aus öffentlich zugänglichen, wie auch aus Insiderinformationen. Aus Insiderhandel wären demnach gar keine Profite zu ziehen, da ja nach Veröffentlichung der Insiderinformationen keine weitere Kursänderung mehr eintreten könnte.[665] Diese Theorie dürfte mittlerweile als widerlegt gelten.[666]

---

662 Ähnlich Merkt, US-amerikanisches Gesellschaftsrecht, Rn 767.

663 Cox, a. a. O., S. 184; Ball and Brown, 6 Journal of accounting research, S. 159; diesbezüglich zustimmend, ansonsten sehr kritisch: Gilson/-Kraakmann, 70 Virginia Law Review, S. 549 - 644, 551.

664 Beck / Dudley - Stephens, 27 American Business Law Journal, S. 441 - 465, 441 ff. sowie Cox und Gilson/Kraakman, jeweils a.a.O.

665 Cox, a. a. O., S. 186

666 vgl. Artikel im 16 National Law Journal, 18/7/1994, n 46, 8210, „SEC's top cops go on record: the fire men who headed the SEC's Enforcement Division share their opinions and swap war stories in a roundtable discussion“; Legal Times, 12/9/1988: The Drexel case: what the SEC alleges, S. 17; Sontag, 11 National Law Journal, 3, 17/10/1988

3. Verzicht auf Beweislastumkehr

Obwohl der *Supreme Court*[667] sich der Meinung angeschlossen hat, zugunsten des Klägers gelte hinsichtlich des *reliance*-Erfordernisses eine widerlegbare Vermutung, belassen doch einige Urteile von Untergerichten aufgrund von angeblich andersliegenden Sachverhaltsgestaltungen die Beweislast beim Kläger.

a) Zusammentreffen von Nichtoffenlegung und Fehlinformation

Wenn die Unterlassung der Offenlegung mit der gleichzeitigen Verbreitung von Fehlinformationen zusammentreffe, so sehe der Kläger sich nicht derselben Beweisschwierigkeit wie in den Fällen, in denen es sich allein um eine Nichtoffenlegung handele, gegenüber. Es sollte ihm möglich sein, die *reliance*, sein Vertrauen auf die Falschmeldung, darzulegen. Gelinge ihm dies nicht, müsse er auch das Scheitern seiner Klage hinnehmen.[668] Allerdings genügte der Outsider in diesen Fällen seiner Beweislast, wenn er *subjective* und *reasonable reliance* dargelegt habe. Unter *subjective reliance* versteht die Rechtsprechung, dass der Outsider durch die Pflichtwidrigkeit geistig zu seiner Entscheidung veranlasst wurde. Das Erfordernis der *reasonable reliance* beinhaltet, dass der Kläger bei seiner Entscheidung unter Anlegung eines subjektiven Sorgfaltsmaßstabes vernünftiges Verhalten gezeigt hat. Die Rechtsprechung verlangt dagegen keinen Nachweis der *objective reliance.* Nach der *objective reliance* hätte der Kläger auch darzulegen, dass ein pflichtbewusster Dritter auf die Fehlinformation bzw. unterlassene Information vertraut hätte.

---

[667] Affiliated Ute Citizens v. US, a. a. O.

[668] So in ausdrücklicher Abweichung von Blackie v. Barrack, a. a. O., Huddleston v. Herman and Mac Lean 640, F 2d, 534 - 560, 547 - 549.

b) *Nichtoffenlegung bei unabsichtlicher Falschmeldung*

Eine weitere Ausnahme von der widerlegbaren Vermutung der *reliance* soll nach einer Entscheidung dann gelten, wenn die Unterlassung der Offenbarungspflicht auf eine unabsichtliche Falschmeldung nachfolge. Der Entscheidung lag ein Sachverhalt zugrunde, in dem von einer Gesellschaft zunächst ein ex ante und auf Grund der verfügbaren Nachrichten zutreffender Informationsprospekt herausgegeben wurde. Später stellte sich jedoch heraus, dass viele der Mitteilungen auf unrichtigen oder unvollständigen Tatsachen beruhten. Die Firma unterließ es daraufhin pflichtwidrig, über die Änderungen aufzuklären. Das Gericht entschied, für den Kläger ergäben sich hier auch bezüglich der Unterlassung keine vergleichbaren Beweisschwierigkeiten wie bei einer ausschließlichen Nichtoffenlegung, da der ursprüngliche Prospekt sogar schriftlich vorliege. Der Kläger habe deshalb zu beweisen, er habe sich auf die Fehlinformation verlassen.[669]

c) *Prozessuale Gesichtspunkte*

Die Kausalität im Sinne der „condicio-sine-qua-non"-Formel wird auch als „faktische Kausalität" bezeichnet. Der Nachweis der *reliance* wird somit als Nachweis einer Tatsache angesehen, die in der amerikanischen Justiz der aus Laien gebildeten Jury obliegt.[670] In einem weiteren Fall, in dem positive Falschmeldungen mit Insiderhandel zusammentrafen, hätte nach der Rechtsprechung des Supreme Court die Beweislast für die *reliance* hinsichtlich der Falschmeldung beim Kläger, hinsichtlich der Insiderhandlung beim Beklagten gelegen. Das zuständige Gericht war der Ansicht, eine Laienjury sei durch das Auseinanderfallen der Beweislast erfahrungsgemäß überfordert. Diese Erfahrungen sprächen für eine einheitliche Beweislast beim Kläger.[671]

---

[669] Wilson v. Comtech Telecom Corp., 648 F 2d, S. 88 - 95, 93 f.

[670] Teply/Whitten, Civil Procedure, S. 606 f.

[671] Scharp v. Coopers and Lybrand, 649 F 2d, 175 - 194, 188, 189; das Gericht entschied dann allerdings aufgrund von Billigkeitserwägungen schließlich

4. Proximate cause bzw. legal cause[672]

Das Erfordernis des *proximate cause* oder *legal cause*[673] soll im Gegensatz zur *causation of fact* im Sinne der *but-for*-Formel die Verantwortlichkeit eines Schädigers auf ein „rechtlich vernünftiges Maß“ beschränken.[674] Unvorhersehbare[675] Schadensfälle sollen ausgeklammert werden.[676] Dementsprechend muss der Insider zum Tatzeitpunkt die Möglichkeit gehabt haben, vorherzusehen, dass aus seinen Insideraktivitäten in Verbindung mit der Nichtoffenlegung von Informationen Vermögenseinbußen bei Outsidern entstehen könnten. Zum Teil wird dies zumindest für die Fälle geleugnet, in denen der Insider an der Börse tätig gewesen sei. Denn dort trete der Insider mit keinem Outsider in vertraglichen Kontakt, und somit stelle es sich für ihn als rein zufällig dar, ob ein Dritter durch sein Handeln Nachteile erlitte. Deshalb habe ein Outsider im Einzelfall *privity*, also eine unmittelbare vertragliche Beziehung mit dem Insider, nachzuweisen.[677] Die Rechtsprechung schloss sich dieser Ansicht nicht an. Sie argumentierte, der Anwendungsbereich der *rule 10 b-5* und der mit ihr bezweckte Schutz des Anlegerpublikums laufe leer, wenn man *privity* als Voraussetzung einer zivilrechtlichen Klage verlange. So gut wie alle Geschäfte vollzögen sich an der Börse ohne persönlichen Kontakt zwischen Käufer und Verkäufer. Lehne man aus diesem Grund den *proximate cause* ab,

---

doch noch abweichend; vgl.a. In re Ivan F. Boesky Securities Litigation, CA 2, Docket, No 93-7433, 9/23/94, Securities Regulation Law Report 1994, S. 1333-1334.

672 Bezeichnung wohl eher fehlleitend, zurückgehend auf Lord Chancellor Bacon, Maxims of the Law, Reg I. ;

673 Edgerton, 72, University of Pennsylvania Law Review, S. 211 - 244.

674 Prosser/Keeton, a.a.O., S. 281.

675 Prosser/Keeton, a.a.O., S. 27.

676 Ansetzend „bei letztem menschlichen Schädiger“: Medved v. Doolittle, 220 Minn., S. 352 - 364, 358 ff., trennt zwischen Grund und Bedingungen; Gilmal v. Central Vermont Railway Co., 93 Vermont, S. 340 - 349, 345 ff. u. v. a.

677 So die Verteidigung der Beklagten in Shapiro v. Merrill Lynch, 495 F 2d, 228.

seien erfolgreiche Schadenersatzklagen gegen Insider kaum mehr denkbar.[678] Nach Ansicht der Rechtsprechung stellt deshalb das Verhalten des Insiders auch einen *proximate cause* für den Schaden des Outsiders dar.

5. Eigene Stellungnahme

Hopt/Will und die kapitalmarktrechtliche Rechtsprechung in den USA gehen davon aus, dass die Kausalität zwischen Insiderhandel und Schadenseintritt materiell vorliege und nur schwer nachweisbar sei. Sie unterscheiden sich dadurch, dass *Hopt/Will*[679] als schädigende Handlung die Insiderhandelsaktivität selbst zugrundelegen, die US-Rechtsprechung dagegen die Nicht-Offenlegung als ersatzpflichtbegründend ansieht. Es konnte bereits an früherer Stelle gezeigt werden, dass die Insiderhandelsaktivität prinzipiell schon nicht kausal für Schäden der Outsider wird, diese aber zumindest nicht normativ zurechenbar verursacht.[680] Dieses Problem darf nicht auf eine reine Frage der Beweislastverteilung reduziert werden. Trüge namentlich der Outsider die Beweislast für das Vorliegen der Kausalität, könnte ihm dieser Beweis nie, auch nicht unter günstigsten Umständen, gelingen. Trüge der Insider dagegen die Beweislast für das Nichtvorliegen der Kausalität, so wird ihm in manchen Fällen der Beweis gelingen, in manchen anderen hingegen nicht. In letzteren Fällen wäre der Insider dann haftbar, obwohl die materiellen Voraussetzungen einer Haftung gar nicht vorliegen. Dies ist inakzeptabel. Eine Beweislastregelung kann nur da helfen, wo eine Tatsache in einem Fall idealer Sachverhaltsaufklärung überhaupt beweisbar ist. Die Ansicht von *Hopt/Will* ist daher abzulehnen.

Die Gedankenführung der US-Rechtsprechung führt in der Diskussion allerdings aus mehreren Gründen ebenfalls nicht weiter. Zu-

---

678 Shapiro v. Merrill Lynch, a.a.O., S. 239 und Chris-Craft Industries, Inc. v.Piper Aircraft Corp., 480 F 2d, 341 - 407, 357.

679 Und ihnen folgend Holschbach, NJW 1973, S. 2006, 2008.

680 S.o., Kapitel 5.

nächst legt sie als schädigende Handlung die Nicht-Offenlegung zugrunde. Die Nicht-Offenlegung ist im deutschen Recht aber aus bereits erwähnten Gründen nicht pflichtwidrig und kann daher zur Begründung einer Ersatzpflicht nicht herangezogen werden.[681] Zudem ist die US-Rechtsprechung zum Kapitalmarktrecht aber auch in sich nicht schlüssig. Der Outsider wird im Prozess in der Regel vorbringen, er hätte einen Verlust vermeiden oder einen Gewinn erzielen können, wenn der Insider seinen Kenntnisvorsprung rechtzeitig mitgeteilt hätte. Der Insider könnte sich aber verteidigen und darauf berufen, er hätte ja im Einklang mit der *Disclose or Abstain Rule* nicht unbedingt sein Wissen kundtun müssen, sondern ebensogut auf das Geschäft verzichten können. Dann aber hätte der Outsider seine Anlageentscheidung ebensowenig geändert, wie er dies im Fall der unterlassenen Offenlegung unternahm. Er hätte dann in gleicher Höhe Verluste erlitten oder Gewinne versäumt. Das Verhalten des Insiders sei deshalb nur zufällig ursächlich für die Vermögenseinbuße des Outsiders geworden.

Das Problem der alternativen Pflichterfüllung unter der *Disclose or Abstain Clause* wurde weitestgehend von Judikatur und Literatur in den USA ignoriert und nur vereinzelt[682] zum Gegenstand der Auseinandersetzung. Hierbei wird erwogen, dass die Rechtsprechung, um zu einem ihrer Ansicht nach gerechtfertigten Anspruch gegen Insider zu gelangen, das Problem der „alternativen Kausalität" nur unter Anwendung eines semantischen Tricks umging: der *Second Circuit*[683] habe die *Disclose or Abstain Rule* umformuliert in „*trading without disclosing instead of abstaining*". Somit gelinge dem *Second Circuit* scheinbar der Kausalitätsnachweis allein auf Grund der Darlegung von Nichterfüllung der Offenbarungspflicht und *reliance*, für deren Nichtvorliegen er die Beweislast dem beklagten Insider aufgegeben hatte. Umgekehrt geht der *Sixth Circuit* davon aus,[684] dass die eigentliche Verletzungshandlung der *rule 10 b-5*

681 S.o., Kapitel 2.

682 Clark, Corporate Law, § 8.10., S. 333 ff.

683 Shapiro v. Merrill Lynch, 495 F 2d, S. 228

684 Fridrich v. Bradford, 542 F 2d, S. 307 - 327, S. 324 ff.

nicht die Nichtoffenlegung sondern die Insideraktivität selbst sei. Letztere führe jedoch zu keinem Schaden für den Outsider, so dass dessen Ausgleichsbegehren abzulehnen sei.[685] Auch die kritischen Stimmen in der Literatur[686] bieten jedoch keine Lösung für das Problem an, sondern weichen auf rhetorische Fragen aus: Sollte ein Gericht Beweiserbringung darüber verlangen, dass es eher wahrscheinlich als unwahrscheinlich sei, der Beklagte hätte, so er seiner Pflicht denn hätte nachkommen wollen, dies eher im Wege der Offenlegung als des Verzichts getan? Oder sollte die Rechtsprechung oder Gesetzgebung eine Vermutung des Inhalts konstituieren, Insider würden ihren Pflichten immer durch Offenlegung nachkommen? Oder sollten alle Klagen abgelehnt werden? Oder sollten Verluste einfach salomonisch zwischen In- und Outsider gehälftet werden? Diese Ratlosigkeit ist angesichts der zugrunde liegenden Analyse der Rechtsprechung zumindest aus deutscher Sicht kaum nachvollziehbar. Die einzige richtige Antwort hätte zu lauten, dass alle zivilrechtlichen Klagen nach *rule 10 b-5* abzuweisen sind. Eine Beweiserbringung über die Wahrscheinlichkeit der Pflichterfüllung würde wohl kaum der Darlegung der anspruchsbegründenden Tatsache „Kausalität“ dienen. Die salomonische Hälftung ist dogmatisch nicht zu rechtfertigen und wohl kaum ernst zu nehmen. Die Statuierung einer tatsächlichen Vermutung, die Insider würden ihre Pflicht immer durch Offenlegung erfüllen, würde aber - nach deutschem Recht - einen entsprechenden Erfahrungssatz aufgrund einer aus typischen Geschehensabläufen gewonnenen Lebenserfahrung voraussetzen.[687] Ein solcher Erfahrungssatz existiert nicht. Schließlich besteht wohl auch kein aus Präventions-

---

685 Bei „Fridrich v. Bradford“ war eine Privatperson beklagt, die bei einer Verurteilung aus rechtlichen Gründen ein Vielfaches ihre Gewinnes hätte herausgeben müssen. Dieses Ergebnis wollte das Gericht offensichtlich vermeiden. Bei Shapiro v. Merrill Lynch dagegen hatte sich das größte Brokerhaus der USA auf Kosten privater Anleger verschiedener Verlustbeteiligungen entledigt, so dass das Gericht offenbar weniger Anlaß zur Schonung sah. Zweifellos war deshalb schon ein psychologischer Unterschied zwischen beiden Fällen vorhanden.

686 Clark, a.a.O.

687 Z.B. BGHZ 2, S. 82-87, 86; BGH NJW 1961, S. 777-780, 778.

oder Kompensationsgesichtspunkten erwachsendes praktisches Bedürfnis für die Konstruktion einer Kausalität zwischen Insiderhandel und Schaden des Outsiders, weil zum einen der Insiderhandel auch in den USA einer strafrechtlichen Regelung unterliegt und zum anderen zivilrechtliche Ansprüche mittlerweile nach *section 20 A (a)* SEA auch ohne Kausalitätsnachweis durchsetzbar sind.

Zusammenfassend ist festzuhalten, dass weder der Entwurf *Hopt/Wills* noch die US-amerikanische Rechtsprechung zur Lösung der Kausalitätsproblematik nach deutschem Recht beitragen können. Eine schadenersatzbegründende Kausalität zwischen Insiderhandel und Schaden beim Outsider nicht besteht. Die in Betracht kommenden schädigenden Handlungen - Nichtoffenlegung und Vornahme eines Insidergeschäftes - verursachen die vom Outsider erlittenen Nachteile nicht in zurechenbarer Weise. Hilfskonstruktionen, die materiell-rechtliche Situation auf eine Beweislastfrage reduzieren, sind inakzeptabel. Ein Kausalzusammenhang, der noch nicht einmal im theoretischen Idealfall zu beweisen ist, kann durch kein Gesetz oder Gericht zum Gegenstand einer tatsächlichen Vermutung gemacht werden.

III. Umfang des Herausgabeanspruchs

1. Sanktionierung einer Offenlegungspflicht

Die kombinierte Lösung *Hopt/Wills* wurde in der Literatur aufgegriffen und modifiziert.[688] Der Herausgabeanspruch des Outsiders solle sich nach dem vom Insider erzielten Gewinn, multipliziert mit einem Faktor X bemessen. Der Faktor X sei durch empirische Untersuchungen zu ermitteln. Er müsse je größer ausfallen, desto kleiner Insider die Wahrscheinlichkeit einschätzten, dass ihre Insidertransaktionen offenkundig und sanktioniert würden. Diese Lösung sei gegenüber einem pauschalierten Schadensersatzanspruch vorzugswürdig. Dabei sei von folgender Überlegung auszugehen: In-

---

688 Kirchner, FS für Kitagawa, S. 665, 679 f.

siderhandel impliziere auch Vorteile für den Kapitalmarkt. Namentlich würde durch die Verwertung der zuverlässigen Insiderinformationen der Kurs eines Papiers an dessen „wahren Wert" angenähert. Eine uneingeschränkte Verwertungssperre durch straf- und zivilrechtliche Sanktionen entfalte insoweit unerwünschte Nebenwirkungen.[689] Überlegen erweise sich demgegenüber eine durch Sanktionen bewehrte Offenlegungspflicht, die zu einer Anpassung der Kurse an den „wahren Wert" zum frühestmöglichen Zeitpunkt führe. Hier liege schließlich auch der Vorteil des um den Faktor X multiplizierten Gewinnherausgabeanspruches: Offenlegungsanreize könnten geschaffen werden, indem man den Faktor X auf 1 festlege, sofern der Insider Kenntnisvorsprünge offen lege. Dann habe der Insider zwar bis zur Offenlegung erzielte Kursgewinne abzuführen. Nach Offenlegung könne er jedoch mit höherer Reaktionsgeschwindigkeit arbeiten als andere Marktteilnehmer und auf diese Weise umfangreichere Gewinne erzielen. Für ihn falle die „Schrecksekunde" bei der Reaktion auf die neuen Kursbewegungen weg. Habe der Insider dagegen die Offenlegungspflicht nicht befolgt, müsse er ein Mehrfaches der seinerseits erzielten Gewinne herausgeben. Auch hinsichtlich des Umfanges des vom Outsider einklagbaren Betrages herrscht im US-amerikanischen Recht Uneinigkeit.

2. Billigkeitsrechtsprechungs-Gesichtspunkte der *equity*

In einem frühen Insider-Fall war es den klagenden Outsidern nicht gelungen, einen konkreten Schaden nachzuweisen. Die Rechtsprechung entschied, es sei unbillig sei wenn der Insider seine unrechtmäßig erzielten Gewinne behalten dürfe, so dass er diese sämtlich an die Outsider herausgeben müsse.[690]

---

689 Kirchner a.a.O., S. 675.

690 Jannigan v. Taylor, 344 F 2d, S. 781 - 787, 786 f.

3. Restitutionsansatz-out-of-pocket-approach[691]

Teilweise wird die Ansicht vertreten, der Outsider sei durch den vom Insider zu leistenden Schadenersatz so zu stellen, wie er gestanden hätte, wenn der Insider die Information rechtzeitig veröffentlicht hätte. Maßstab ist nach dieser Theorie die Differenz zwischen dem vom Outsider gezahlten Preis für ein Kapitalmarktpapier und dessen tatsächlichem Wert am Tage des Kaufes.[692] Im Falle eines Verkaufes ist hiernach dem Outsider die Differenz zwischen dem von ihm erzielten Preis und dem tatsächlichen Marktwert zu ersetzen. Dieser Ansatz hat nach Meinung seiner Befürworter für sich, dass er sich sehr nahe an der Intention der *rule 10 b-5* orientiert, den Anleger zu schützen und ihm im Falle der Gesetzesverletzung vollen Ausgleich des erlittenen Schadens zu gewähren.[693] Eine Schwäche dieses Ansatzes wird aber auch von seinen Vertretern anerkannt: der tatsächliche Marktwert im Zeitpunkt der Transaktion durch den Outsider ist im Nachhinein kaum mehr exakt zu rekonstruieren. Auch eine Expertenschätzung beinhaltete immer noch gewisse Unsicherheiten. Dem Outsider, der den Marktwert zu beweisen hätte, soll deshalb mittels des sogenannten „nunc-pro-tunc"-Beweises geholfen werden:[694] der hypothetische Marktwert zum Zeitpunkt der Transaktion des Outsiders sei gleichzusetzen mit dem Marktwert nach der Veröffentlichung der Information. Die Differenz zwischen letztgenanntem und dem Vertragspreis sei als Schaden anzusehen.

4. Kritik des Restitutionsansatzes

Auch bei Heranziehung des „nunc-pro-tunc"-Beweises sieht sich der *out-of-pocket-approach* jedoch noch erheblicher Kritik ausge-

---

691 Vgl. a. Prosser/Keeton, a. a. O., S. 767 f. zum grundsätzlichen Streit der Gerichte um den ausgleichfähigen Schaden z. T. out of pocket, z. T. loss of bargain.

692 Note, 26 Stanford Law Review, S. 371 - 398, 383 f.

693 Note a.a.O., und allgemeiner Prosser/Keeton, a. a. O.

694 Harris v. American Investment Company, 523 F 2d, S. 220 - 229, 227.

setzt. Dieser Ansatz führe nur dann zu adäquaten Ergebnissen, wenn die Information, auf der die Insidertransaktion beruhte, exakt mit der später veröffentlichten übereinstimme und zum Zeitpunkt der Publikation eine Marktreaktion unterstellt werde, die in jeder Hinsicht der hypothetischen entspreche. Diese Unterstellung widerspreche aber jeder Wahrscheinlichkeit, da zwischen Transaktion und Publizierung zahlreiche weitere Umstände auf den Markt eingewirkt haben könnten, die zu gänzlich anderen Reaktionen führen könnten.[695] Außerdem sei zu berücksichtigen, dass der zu restituierende Betrag sich disproportional zum Gewinn des Insiders verhalten könne und damit drakonische Haftungsfolgen für den Insider zur Konsequenz haben könne.[696]

5. Reinvestitionsansatz-reinvestment approach

Stattdessen solle der *reinvestment approach* Anwendung finden:[697] der Outsider solle den Betrag erhalten, den ein „vernünftiger" Investor aufgewendet hätte, um nach der Veröffentlichung der Information sich wieder mit den Werten einzudecken, die er infolge der Nichtoffenlegung veräußert hatte. Zugrunde gelegt werden solle dabei der höchste Wert eines Papiers innerhalb eines „vernünftigen" Zeitraumes nach Veröffentlichung der Information. Der *reinvestment approach* hilft nach Meinung seiner Kritiker der zum *out-of-pocket-approach* geäußerten Kritik nur teilweise ab und stelle im Grunde nichts anderes als eine Variante des „nunc-pro-tunc"-Beweises dar. Auch dem *reinvestment*-Ansatz sei vorzuwerfen, dass die Schadenersatzansprüche der Outsider gänzlich außer Verhältnis zum vom Insider erzielten Gewinn stehen könnten.[698]

---

695 Elkind v. Ligett and Myers, Inc., 635 F 2d, 156 - 173, 168 ff. und 170.

696 Shapiro v. Merrill Lynch, 495 F 2d, 228, S. 242, macht darauf im Rahmen der Zurückverweisung der Sache an den District Court aufmerksam.

697 Mitchell v. Texas Gulf Sulphur Company 446 F 2d, 90 - 107, 105.

698 Elkind v. Ligett and Myers, Inc., a. a. O., S. 168 ff.

6. Gewinnherausgabeansatz - *disgorgement approach*

Nach Vorstellung der Vertreter des *disgorgement approach* soll der von Insidern erzielte Gewinn die Höhe des Herausgabeanspruches limitieren.[699] Der Ersatzanspruch des Outsiders betreffe nicht einen zu kompensierenden Schaden, sondern eine beim Insider durch unlautere Machenschaften entstandene und an die Outsider abzuführende ungerechtfertigte Bereicherung. Ein Schaden beim einzelnen Outsider aufgrund Insiderhandels könne kaum festgestellt werden. Um ein angemessenes Verhalten von Insidern zu erreichen, müssten diese ihren unlauter erwirtschafteten Gewinn aber als Entschädigung an die Outsider herausgeben.[700]

7. Eigene Stellungnahme

Die in der deutschen Literatur angestrebte Modifikation des Entwurfes hinsichtlich der Bemessung des Umfanges des Herausgabeanspruchs ist abzulehnen. Denn - wie bereits erörtert - ist der Insider selbst im allgemeinen nicht Adressat einer Offenlegungspflicht. Er machte sich unter Umständen sogar nach § 14, 38 WPHG strafbar, wenn er die Information nicht gegenüber dem Markt offen legte, sondern nur gegenüber einer begrenzten Zahl von Aktionären. Eine Strafbarkeit nach § 404 AktG drohte ihm, sofern er als Vorstandsmitglied die Eigenschaft einer Information als Insiderinformation falsch eingeschätzt hätte und insofern ein Geschäftsgeheimnis verriete. Mit den Wertentscheidungen dieser Normen ließe sich keine sanktionsbewehrte Offenlegungspflicht des Insiders vereinbaren. Insofern werden - abgesehen von Praktikabilitätsschwächen bei einer Umsetzung[701] - auch *Kirchners* Überlegungen zum Umfang des Ersatzanspruches hinfällig.

---

699 Elkind v. Ligett and Myers, Inc, a.a.O.

700 Kirchner, FS Kitagawa, S. 675.

701 Hierzu: Mennicke, Sanktionen gegen Insiderhandel, S. 528.

Der *equity*-Ansatz des amerikanischen Rechts mag zwar dem Rechtsgefühl des nicht fraudulösen Anlegers Genugtuung bieten. Er taugt aber für das deutsche Recht nicht, da es hier keinen etwa aus § 242 BGB ableitbaren allgemeinen Billigkeitsgrundsatz gibt.[702] Der *out of pocket approach* entspricht am besten dem Restitutionsprinzip des deutschen Schadensrechts. Bei seiner Anwendung sind jedoch drakonische Haftungsfolgen zu befürchten. Dies soll an folgendem Beispiel verständlich gemacht werden: am Tage X seien 10.000 Aktien der A-Gesellschaft gehandelt worden. 3 Insider hätten jeweils 100 hiervon zu einem Kurswert von 100 gekauft. Nach Veröffentlichung der kursrelevanten Information seien die Kurse auf 120 gestiegen. Die Insider hätten jeweils pro Aktie 20, also insgesamt 20 x 100 = 2000 Gewinn gemacht. 9.700 der Aktien sind aber von anderen Outsidern gekauft worden. Die Insider müssten nun befürchten, von den 10.000 Outsidern der Marktgegenseite in Höhe von jeweils 20/pro Aktie in Anspruch genommen zu werden, was zu einer Haftung in exorbitanter Höhe führen würde. Dies ist eine Folge der mangelnden Kausalität zwischen Insideraktivität und Schadenseintritt. Läge diese vor, hätte also ein Outsider von einem Insider gekauft, würden sich notwendigerweise Schaden und Gewinn in etwa entsprechen.

Das oben gewählte Extrembeispiel verdeutlicht, dass auch eine Schadensberechnung nach dem *out of pocket*-Prinzip nicht zu überzeugenden Lösungen führt. Diese Kritik trifft in gleicher Weise auf *den reinvestment approach* zu, der in der Tat nur eine abweichende Formulierung des „nunc-pro-tunc-Beweises" darstellt. Der *disgorgement approach* schließlich sieht sich nicht der am *reinvestment* und am *out of pocket approach* geübten Kritik ausgesetzt. Der Insider kann niemals mehr verlieren, als er gewonnen hat. Ruinöse Inanspruchnahmen seitens der Outsider muss der Insider nicht befürchten. Dass diese Methode der Schadensberechnung deshalb auch keine abschreckenden Wirkungen entfaltet, führt aus deutscher Sicht nicht zwingend zur Verwerfung des Ansatzes. Das

---

702 Z.B.: BGH NJW 1985, S. 2579-2581, 2580.

deutsche Zivilrecht verfolgt schließlich weder die Intention einer General- noch einer Spezialprävention. Doch ergibt sich nun ein Problem, das dem aus den vorigen beiden Ansätzen resultierenden spiegelbildlich ist: die Anleger haben viel mehr verloren als der Insider herauszugeben hat. Auf jeden Outsider würde daher in bezug auf den vom Insider herauszugebenden Gewinn nur ein minimaler Anteil entfallen. In den Vereinigten Staaten wird dieses Problem mit bestimmten Mechanismen der sog. *class action*[703] zu lösen gesucht. Diese ermöglicht, dass zahlreiche Mitglieder einer Klasse von geschädigten Outsidern, vertreten durch einen Repräsentanten, gegen den Insider klagen können. Hierbei stellt sich dann auch die Frage, auf welche Weise der im Falle des Obsiegens zunächst einmal in einen gemeinsamen „Topf" geflossene, vom Insider gezahlte Betrag wieder auf die einzelnen Mitglieder der Klasse verteilt werden soll. Notwendigerweise kann nicht jedes Mitglied den gleichen Anteil am Insidergewinn erhalten, da nicht jedes Mitglied in gleichem Umfang auf der Marktgegenseite investiert hat. Relativ einfach gestaltet sich dies noch bei einer aus nur institutionellen Anlegern bestehenden Klasse, bei der jedes Mitglied bereits einen relativ hohen Anspruch geltend machen könnte. Meist wird es sich jedoch so verhalten, dass in der Klasse neben institutionellen Anlegern auch Streubesitz bzw. Kleinanleger vertreten sein werden. Dies hätte oft zur Folge, dass auf die Kleinanleger allenfalls Minimalbeträge bei der Verteilung des eingeklagten Geldes entfielen.[704]

In den Vereinigten Staaten führte dies dazu, dass Kleinanleger auf ihre Anteile verzichteten und der Verwendung für soziale Zwecke zustimmten.[705] Zwar wurde nicht in allen US-amerikanischen Prozessen auf diese Weise verfahren. Zuweilen kam es auch dazu, dass eine „pro-rata"-Verteilung des Gewinnes gerichtlich angeordnet wurde. Dies endete jedoch oft mit dem Ergebnis, dass die Kleinan-

---

703 S. dazu auch unten, unter C.

704 Vgl. die Beispiele in Torrence/Hillebrand, 28, Sta Clara Law Review, S. 747, 750.

705 Torrence/Hillebrand, a.a.O.

leger unterpräsentiert waren und deren Anteile von den „Großen“ eingestrichen wurden, was sich für letztere infolge der Summierung nicht selten auszahlte.[706] Eine weitere Möglichkeit der Verteilung wurde durch die Etablierung von treuhänderisch verwalteten Verbraucherfonds versucht.[707]

Aus der Perspektive des deutschen Rechts überzeugt allenfalls eine pro-rata-Verteilung des eingeklagten Gewinns. Die stellvertretende Geltendmachung zivilrechtlicher Ansprüche zur Abführung an gemeinnützige Einrichtungen intendiert lediglich die Herstellung einer kollektiven Genugtuung für vollbrachtes Unrecht. Sie steht mit den Zielsetzungen des deutschen Schadens- oder Bereicherungsrechts nicht im Einklang.

Ergebnis:

Insgesamt erscheinen daher fast alle im amerikanischen Recht praktizierten Modalitäten der Anspruchsbemessung für das deutsche Recht nicht akzeptabel. Allein der *disgorgement approach* verletzt keine fundamentalen Prinzipien des deutschen Zivilrechts. Er ist indes aus den genannten Gründen für die Praxis kaum anwendbar. Die Untersuchung hat daher zum Ergebnis, dass die sog. „große Lösung“ von *Hopt/Will* auch hinsichtlich der Schadensberechnung für eine zivilrechtliche Regulierung des Insiderhandels nicht taugt.

C Entwurf des Arbeitskreises Gesellschaftsrecht

Ein weiterer Entwurf zur zivilrechtlichen Regulierung des Insiderhandels wurde ebenfalls in den 70er Jahren von dem aus zahlrei-

---

706 Torrence/Hillebrand, a.a.O., S.765.

707 Torrence/Hillebrand, a.a.O.

chen namhaften Rechtswissenschaftlern bestehenden Arbeitskreis Gesellschaftsrecht erarbeitet.[708]

I. Inhalt des Vorschlags

Die in §§ 25 und 27 des Entwurfes vorgesehene Gewinnhaftung hat folgenden Wortlaut:

„§ 25 - Gewinnhaftung unternehmensnaher Personen“

(1) Personen in unternehmensnaher Stellung und Personen mit beruflicher, geschäftlicher oder amtlicher Beziehung zum Unternehmen, die bei Börsengeschäften über Wertpapiere der Gesellschaft aus der Verwertung nicht allgemein zugänglicher Kenntnisse (§ 4) für sich oder andere Vorteil gezogen haben, haften denjenigen, die auf der Marktgegenseite in demselben Zeitraum ohne solche Kenntnisse Börsengeschäfte über diese Wertpapiere getätigt haben (Benachteiligte), auf den doppelten Wert des erlangten Vorteils.

[...]

(4) Der Wert des Vorteils ist aufgrund einer Schätzung des Börsenkurses zu ermitteln, der sich bei allgemeiner Zugänglichkeit der verwerteten Kenntnisse im Zeitpunkt der Vornahme des Geschäfts ergeben hätte.

[...]

§ 27 - Gewinnhaftung sonstiger Personen gegenüber der Gesellschaft

Hat jemand, der nicht zu dem in § 25 bezeichneten Personenkreis gehört, aus der Verwertung nicht allgemein zugänglicher Kenntnis-

[708] Arbeitskreis Gesellschaftsrecht, Verbot des Insiderhandels, passim.

se (§ 4) für sich oder andere Vorteil gezogen, so ist er der Gesellschaft zur Herausgabe des Vorteils verpflichtet.

[...]

Der Arbeitskreis Gesellschaftsrecht misst der zivilrechtlichen Regulierung besondere Bedeutung zu, da sie den Individualschutz der Anleger verstärke, die Privatinitiative zur Durchsetzung des Handelsverbotes mobilisiere und die Möglichkeit der Beweislast-Verschiebung eröffne, die das Strafrecht nicht kenne.[709] Der Leitgedanke des Vorschlages sei dabei der vollständige Verzicht auf das schadensrechtliche Kausalitätserfordernis, die Nichtbeachtung des Ausgleichsprinzips sowie die Möglichkeit der kollektiven Geltendmachung der Ersatzansprüche durch die jeweiligen Anspruchsinhaber.

II. Rechtslage in den USA

Der Entwurf des Arbeitskreises Gesellschaftsrecht weist erhebliche Ähnlichkeiten mit Abschnitt 20 A (a) SEA[710] des US-amerikanischen Rechts auf. Insbesondere bezüglich der Themenkreise der kollektiven Anspruchsverfolgung, der Geltendmachung von Ansprüchen durch Outsider, die eine Transaktion unterlassen haben, und der Interpretation der „Gleichzeitigkeit" liegen im amerikanischen Recht bereits Erfahrungen vor, dic für die Bewertung des Entwurfes des Arbeitskreises Gesellschaftsrecht von Bedeutung sein könnten.

1. Wortlaut und Anwendung des Abschnitts 20 A (a)

Abschnitt 20 A (a) wurde in den SEA von 1934 eingefügt, da nach dem Börsencrash von 1987 die Vorschriften des SEA und ITSA als

709 Arbeitskreis Gesellschaftsrecht, Verbot des Insiderhandels, S. 43 ff.

710 Eingefügt von den SEA durch den Insider Trading and Securities Fraud Enforcement Act, (ITSFEA), Pub. L. No. 100-107, 102 stat. 4677(1988).

nicht mehr ausreichend für eine wirksamen Bekämpfung des Insiderhandels erschienen.[711] Abschnitt 20 A (a) hat folgenden übersetzten Wortlaut: „Wer gegen ein Gesetz dieser Kodifikation oder eine auf seiner Grundlage erlassene Regel oder Regulierung[712] verstößt, indem er im Besitz kursrelevanter, nicht-öffentlicher Informationen Kapitalmarktpapiere kauft oder verkauft, ist gegenüber jedem haftbar, der gleichzeitig mit dem Kauf oder Verkauf, der Gegenstand des Verstoßes ist, Kapitalmarktpapiere derselben Klasse[713] kauft (wenn der Rechtsverstoß auf einem Verkauf basiert) oder verkauft (wenn der Rechtsverstoß auf einem Kauf basiert)".[714]

Zum Verhältnis zwischen den Anspruchsgrundlagen nach dem *Law of Torts* in Verbindung mit *rule 10 b-5* und Abschnitt 20 A (a) ist bislang noch keine höchstrichterliche Rechtsprechung ergangen. Derzeit gilt, dass nach Erhebung einer Klage unter Abschnitt 20 A (a) kein gerichtliches Vorbringen unter *rule 10 b-5* mehr gestattet ist und umgekehrt.[715] Die Begründung hierfür lautet, die Geltendmachung von Abschnitt 20 A (a) erfordere ohnehin die Rüge einer Gesetzesverletzung der *rule 10 b-5*. In den Situationen, in denen Kläger und Beklagter nicht gleichzeitig gehandelt haben, steht dem Outsider damit nach der heutigen Rechtsprechung die Wahl zwischen *rule 10 b-5* und Abschnitt 20 A (a) nur bis zur Klageerhebung zu.

Materiellrechtlich ergeben sich aus der Anwendung von Abschnitt 20 A (a) keine neuen Schwierigkeiten,[716] da er in Insiderfällen ei-

---

711 House Report, No. 100 - 910, 7 U. S. C., Congressional and Administrative News, Legislative History, S. 6043 - 6077, 6044 und 6048 (reference: Pub. L. 100 - 704, H. R. 5133).

712 „Rule or regulation" im Original.

713 „Class" meint hier die Angehörigkeit von Aktien, Schuldverschreibungen und Futures zu jeweils einer Klasse von Kapitalmarktpapieren; Wang, 38 Hastings Law Journal, S. 1175, 1186, dort Fn. 55.

714 Erläuterungen im Original.

715 T. Rowe Price New Horizons Fond, Inc., v. Preletz, [Transfer Binder],Fed. Sec. L. Rep.; (CCH) 95, 769; S. 98, 690 - 98, 694, 98, 693.

716 S. aber sogleich u. zu den prozessualen Problemen, S. 305 ff.

nen Bruch von *rule 10 b-5* voraussetzt. Wichtigste Neuerung ist gegenüber der alten Rechtslage, dass es unter Abschnitt 20 A (a) nicht mehr darauf ankommt, ob die zur Entscheidung berufene Stelle der *misappropriation* oder der *fiduciary duty*-Lehre[717] folgt. Denn selbst wenn es unter Abschnitt 20 A (a) an dem Bruch einer Treuepflicht gegenüber dem Outsider fehlt, steht ihm der Anspruch kraft Gesetzes zu.[718]

2. Die kollektive Geltendmachung von Ansprüchen

Wenn auch für jeden Aktionär grundsätzlich die Möglichkeit besteht, seinen Schadenersatzanspruch einzeln gegen Insider geltend zu machen, so gehen in den USA doch meist eine Vielzahl sich geschädigt fühlender Anleger im Wege der sog. *class action* gegen eine Verletzung von *rule 10 b-5* bzw. Abschnitt 20 A (a) vor.[719] *Class action* ist die Bezeichnung für eine Klageart, in der ein Anspruch von einem Kläger stellvertretend für eine gesamte Klasse von Anspruchstellern geltend gemacht wird. Die Voraussetzungen der Erhebung dieses Instrument des amerikanischen Zivilprozessrechts, das der Prozessbeschleunigung und -ökonomie dienen soll,[720] sind im einzelnen in *rule 23 (a)* der *Federal Rules of Civil Procedure* niedergelegt[721]. Im Wesentlichen bestehen diese Voraussetzungen in einer Mehrheit von Klägern,[722] dem Vorliegen ei-

717 S. o., Kapitel 7.

718 Vgl. Fletcher, Insider Trading, S. 377.

719 Vgl. Newberg on Class Actions, Volume 4, § 22.68.

720 United States Parole Commission v. Geraghty, 445 U. S., S. 388 - 424, 402 f.

721 Die Regeln wurden vom Supreme Court auf Grund des Gesetzes „Rule Enabling Act of 1934“, 28 U. S. C., § 2072 erlassen; 308 U. S. 645, 645 - 766 (1937). Sie haben Geltung für die Bundesgerichte, wurden aber auch von über der Hälfte der Einzelstaaten übernommen. Wright, Handbook of the Law, § 62, S. 406. Sog. „joinder of parties“ im Gegensatz zum „joinder of claims“. Vgl. Wright, a. a. O., § 71.

722 Sog. „joinder of parties“ im Gegensatz zum „joinder of claims“. Vgl. Wright, a. a. O., § 71.Rule 20 der Federal Rules of Civil Procedure. Vgl.a. In Re Joint Eastern and Southern District Asbestos Litigation, 129 B. R.,S.

ner gemeinsame Sachverhalts- oder Rechtsfrage,[723] Typizität des Vorbringens,[724] sowie die Adäquanz der Vertretung der Klasse.[725] Sofern die Voraussetzungen zur Erhebung der *class action* vorliegen und kein Mitglied die Ausschließung aus der Klasse beantragt, erhält das Urteil, unabhängig davon, ob es stattgebend oder abweisend ergeht, nach *rule 23 (c) (2)* und *(c) (3)* der *Federal Rules of Civil Procedure* Bindungswirkung gegenüber allen Mitgliedern der Klasse. Sollte nach Rechtskraft des Urteils in derselben Angelegenheit Klage von Personen erhoben werden, die das Gericht als der Klasse zugehörig befindet, kann es die Klage als unzulässig abweisen.[726]

---

710 - 980, 817; Newberg, a. a. O., Volume 1, § 3.03; Alvarado Partners, L. P. v. Mehta, 130 F. R. D., S. 673 - 679, 675; bei 14 Klägern z.B. schon eine Klasse angenommen. Grant v. Sullivan, 131 F. R. D., S. 436 - 450, 439 und bei über 300 Klägern abgelehnt: Minersville Coal Co., Inc., v. Anthracite Export Association, 55 F. R. D., S. 426 - 429, 428; Sagers v. Yellow Freight System, Inc., 529 F 2d, S. 721 - 740, S. 726 ff.; Zachary v. Chase Manhattan Bank 52 F. R. D., S. 532 - 535, 533 ff.; In Re Bally MFG. Securities Corp. Litigation, 141 F.R.D., S. 262 - 273, insbes. 267.

723 Vuyanich v. Republic National Bank of Dallas, 82 F. R. D., S. 420 - 440, 430 ff.; In re Gap Stores, Sec. Litigation, 79 F.R.D., S. 283 - 308, 302 (securities fraud), aber Bedingung nach rule 23 (b), s. u. S. 275; Newberg, a. a. O., § 3.13; General Tel. Co. of Southwest v. Falcon, 457 U. S., S. 147 - 163, 160.

724 Newberg, a. a. O., § 3.13; General Tel. Co. of Southwest v. Falcon, 457 U. S., S. 147 - 163, 160; Stalling v. Califano, 86 F. R. D., S. 140 - 145, 143; Nicholas v. Poughkeepsie Savings Bank, [Transfer Binder 1990 -1991) Fed. Sec. L. Rep., (CCH) 95, 606, S. 97, 836 - 97, 842, 97, 839 ff.; Moskowitz v. Lopp, 128 F. R. D., S. 624 - 638, 631, s. aber auch unten zur „contemporaneousness".

725 Fowler v. Birmingham News Co., 608 F 2d, S. 1055 - 1059, 1058Stahler v. Jamesway Corp., 85 F.R.D., S. 85 - 89, 86; Grant v. Sullivan, a. a. O., S. 440.

726 Coyne, Federal Rules of Civil Procedure, Rn IV - 106/Rule 23.

3. Klagebefugnis des Outsiders bei Unterlassung

Nach dem WpHG führt die auf Insiderkenntnisse gegründete Unterlassung einer Transaktion zu keiner Haftung des Insiders.[727] In den USA wird das Problem der Unterlassung des Kaufs bzw. Verkaufs von Insiderpapieren wird in den USA als ein Problem des *standing*, welches man etwa als Klagebefugnis übersetzen kann,[728] behandelt. Das Erfordernis des *standing* soll den Ausschluss von Popularklagen gewährleisten.[729] Die US-amerikanische Rechtsprechung beschäftigt sich in diesem Zusammenhang mit der Frage, ob bei Auslegung der *rule 10b-5*[730] das Verbot des betrügerischen und arglistigen Verhaltens auch für solche Personen gilt, die eine Transaktion aufgrund von Insiderkenntnissen unterlassen haben. Die Rechtsprechung ist der Ansicht, dass ein tatsächlicher Erwerb bzw. Verkauf erforderlich sei.[731] Sie begründet dies damit, dass das Gericht sonst gezwungen wäre, den mündlichen Aussagen des Outsiders oder dritter Zeugen glauben zu schenken, sie hätten im Fall des rechtmäßigen Verhaltens des Insiders eine Transaktion vorgenommen. Auch könne kaum überprüft werden, ob der Insider in der Tat im konkreten Fall aufgrund der Information vom Geschäft Abstand genommen habe. Schließlich könne er sich bei Abstandnahme von einem Kauf beispielsweise durch Behauptung eines momentanen finanziellen Engpasses oder eines grundsätzlichen Desinteresses entlasten. Außerdem würde das Zugeständnis, bei Unterlassungsfällen klagen zu dürfen, eine unüberschaubare Anzahl potentieller Opfer geradezu dazu einladen, gerichtlich eine Durchsetzung ihrer Ansprüche einmal zu versuchen.[732]

---

727 Assmann/Schneider-Assmann-Cramer, Komm. zum WpHG, Rn 9/§ 14 WpHG; Assmann, Die AG 1994, S. 246f.; ders. ZGR 23 (1994), S. 519; Kümpel, Bank- und Kapitalmarktrecht, Rz 14.189.

728 Romain, Dictionary of legal and commercial terms.

729 Teply/Whitten, Civil Procedure, S. 472.

730 S.E.C., Rel. No. 3230,7 Fed.Reg.3804(1942).

731 Blue Chip Stamps v. Manor Drug Store, 421 U.S., S. 723-771, 742.

732 Blue Chips, a.a.O.; Judge Powell, Concurring opinion, S. 755 f.

Diese Rechtsprechung ist mittlerweile auch in der Literatur anerkannt.[733]

4. Gleichzeitiges Handeln von In- und Outsidern

Eine aus der älteren Rechtsprechung in die Formulierung von *section 20 A (a)* SEA 1934 eingegangene Voraussetzung für die Durchsetzung eines Schadenersatzanspruches besteht im gleichzeitigen Handeln von In- und Outsider. Allerdings verzichtete der Gesetzgeber unter Hinweis auf die zu *rule 10 b-5*[734] ergangene Rechtsprechung bei Erlass des ITSFEA[735] auf eine eigenständige Definition des Begriffes „gleichzeitig". Die einschlägige Rechtsprechung zu *rule 10 b-5* verfährt bei der Bestimmung der „Gleichzeitigkeit" allerdings uneinheitlich.

a) *Periode zwischen Insidertransaktion und Veröffentlichung*

Die Rechtsprechung ist teilweise der Auffassung, unter der Gleichzeitigkeit entspreche der Periode zwischen den Transaktionen des

---

733 Z.B. Clark, Corporate Law, § 8.10.2.; Streit herrschte im konkreten Fall nur wegen der besonderen Umstände des Einzelfalles: das Briefmarkenunternehmen Blue Chip Stamps hatte als Wiedergutmachung für eine Wettbewerbsverletzung gegenüber Briefmarkeneinzelhändlern mit dem Justizministerium vereinbart, den Händlern eigene Aktien zu Vorzugspreisen anzubieten. Die dem Angebot beigefügten Prospekte spiegelten aber die wirtschaftliche Situation von Blue Chips in der Absicht zu negativ wider, die Händler vom Kauf abzuhalten und die Aktien zum Marktpreis veräußern zu können. Die Besonderheit ist, dass den Händlern durch die Vereinbarung mit dem Justizministerium ein Quasi-Anwartschaftsrecht zustand und diese Position durch das Verhalten von Blue Chips verletzt wurde. Dennoch durften die Outsider nicht klagen, da die Richter eine Verwässerung des „standing" befürchteten.

734 S.o., 7. Kapitel

735 House Report, No 100 - 910, S. 27 in: U. S. C., Congressional and Administrative News, Vol. 7, 2d Session 1988 (100th congress), Public Law 100 - 704.

Insiders und der Veröffentlichung der Information.[736] Die Begründung dafür lautet, dass vor dem eigentlichen Handel des Insiders naturgemäß noch niemand durch seine Tätigkeit geschädigt sein könne und nach Veröffentlichung der Information keine Schutzbedürftigkeit des Outsiders mehr bestehe.

b) *Gegenansichten für eine eingeschränktere Zeitspanne*

Dieser Auffassung wurde jedoch unter anderem unter Bezugnahme auf einen Fall widersprochen, in dem ein Outsider ein Monat nach der eigentlichen Insidertransaktion, aber vor Veröffentlichung der Information gehandelt hatte. Eine Begrenzung auf die Zeit zwischen Transaktion und Publizierung war nach Auffassung des befassten Gerichts zu unbestimmt; sie könne für den Insider zu unabsehbaren Haftungsfolgen führen, was vom Gesetz nicht gewollt sei. Eine einmonatige Haftung sei in jedem Fall bereits zu weitgehend.[737]

Im Rahmen der Überlegungen zu einer angemessenen Haftungszeit geht die Rechtsprechung im übrigen teilweise sehr billigkeits- und einzelfallorientiert vor: je nach Lage des Falles endet die für die Haftung relevante Zeitspanne frühestens schon wenige Minuten nach dem Insidergeschäft[738] oder erst mehrere Tagen hiernach.[739] Zum Teil wird auch eine flexible Haftungsperiode befürwortet, die sich bei intensiv gehandelten Papieren verkürzen und bei eher sporadisch den Besitzer wechselnden Werten verlängern soll.[740]

---

736 So schon Shapiro v. Merrill Lynch (1. Instanz), [Transfer Binder 1975 - 1976], Fed. Sec. L. Rep. (CCH), 95, 377, S. 98, 874 - 98, 888, 98, 885.

737 Wilson v. Comtech, 648 F 2d, S. 88 - 95, 94;ebenso: O'Connor and Associates v. Dean Wittner Reynolds, Inc., 559 F. Supp., S. 800 - 806, 803; und vgl. Neubronner v. Milken, 6 F 3d, S. 666 - 673, 670.

738 Judge Celebrezze, dissenting opinion in Fridrich v. Bradford, a. a. O., (Fn 133), S. 324; ähnlich Painter, 65 Columbia Law Review, S. 1361 - 1393, 1378, „same time".

739 Kreindler v. Sambo's Restaurants, Inc., [Transfer Binder 1981 - 1982], Fed. Sec. L. Rep.; (CCH), 98, 312, S. 91, 957 - 91, 961, 91, 960

740 Wang, 38 Hastings Law Review, S. 1175 - 1194, 1182

Durchzusetzen scheint sich in der Praxis mittlerweile die Meinung, eine angemessene Haftungszeit liege noch innerhalb des Tages[741] der Insidertransaktion, aber nach Begehung der Aktivität selbst.[742] Die Tatbegehung soll frühester Zeitpunkt sein, da die Pflicht zur Offenlegung erst mit dem Engagement im Kapitalmarkt beginne.[743]

c) Replik der Literatur - constructive privity

Die zunehmende Tendenz der Rechtsprechung, die zeitliche Haftung des Insiders sehr einzuschränken, wird von der Literatur als *constructive privity* kritisiert. Die Rüge zielt darauf ab, dass im Bereich des materiellen Rechtes auf das Erfordernis der *privity*, also des Nachweises direkter vertraglicher Beziehungen, verzichtet wird, im Prozess dann aber so strenge Anforderungen hinsichtlich der Gleichzeitigkeit gestellt würden, dass dem Kläger eine zivilrechtliche Liquidation des Schadens nicht möglich sei.[744] Dieses Ergebnis sei dogmatisch nicht zu rechtfertigen und schränke die Rechte der Outsider zu sehr ein.

III. Rückschlüsse für die deutsche Rechtslage

1. Würdigung der class action

Die *class action* bietet für die Anspruchsteller eine Reihe strategischer Vorteile, welche man in ökonomische, psychologische und prozessuale unterteilen kann.[745] Der Betrag, dessen Erstattung vom einzelnen Mitglied der Klasse erstrebt wird, mag so geringfügig

---

741 Feldman v. Motorola., Inc., [Transfer Binder 1993], Fed. Sec. L. Rep. (CCH), 97, 806, S. 97, 972 - 97, 987, 97, 981 f. und Aldus v. Securities Litigation, [Transfer Binder 1992 - 1993], 97, 376, S. 95, 981 - 95, 988, 95, 987

742 So O'Connor and Associates v. Dean Wittner, a. a. O., (Fn 197), S. 803.

743 O' Connor and Associates a.a.O..; Unentschieden Bernstein v. Crazie Eddie Inc., 702 F. Supp., S. 962-980.

744 Langevoort, Insider Trading, § 9:02

745 Weinstein, 9 Buffalo L. Rev., 433 - 470, 435

sein, dass sich eine getrennte Verfolgung als zu unökonomisch und nicht lohnenswert erweisen würde. So wird sich der Inhaber einer kleinen Anzahl von Aktien zur Anstrengung einer Klage angesichts des damit verbundenen Aufwandes und des geringen zu erwartenden Nutzens kaum entschließen.[746] Psychologisch kann sehr entscheidend sein, dass die einzelnen Klassenmitglieder nicht allein auftreten, sondern in ihrer Gesamtheit hinter ihren Stellvertretern stehen. Selbst wenn das Gericht sich hiervon nicht beeinflussen lässt, können doch erhebliche Öffentlichkeitswirkungen entstehen und manche Investmentgesellschaft oder Arbitragefirma, der ein Insider angehört, wird sich den mit einer *class action* verbundenen Imageverlust kaum leisten können oder wollen und daher zur außergerichtlichen Zahlung von Entschädigungssummen bereit sein.[747] Prozessual kann die Kontrolle über die eigenen Rechtsanwälte für den Kläger leichter fallen, was eine rationelle Prozessführung erlaubt.[748] Auch die Möglichkeit der Kostenteilung nimmt eine erhebliche Rolle ein, da sie das Engagement eines qualifizierten Anwalts erlaubt und hohe Rechtsberatungsgebühren sich nicht prohibitiv auswirken.[749]

Die *class action* ist daher grundsätzlich als ein geeignetes Instrument der Durchsetzung von Ersatzansprüchen einer Vielheit von geschädigten Anlegern zu begrüßen. Ihre Übernahme in das deutsche Recht begegnet jedoch auch grundsätzlichen Bedenken: Ein Geschädigter wird grundsätzlich auch ohne seine Kenntnis und seinen Willen in das Prozessrechtsverhältnis einbezogen und muss zur Vermeidung einer gegen ihn wirkenden Rechtskraft gem. *rule 23(c)(2) der Federal Rules of Civil Procedure* den Austritt (*opt-*

---

746 In anschaulicher Weise ergab sich dieses Problem außerhalb des Kapitalmarktrechtes bei State v. Levi Strauss and Co, 224 California Reporter, S. 605 - 626, 614 f., bei denen die Einzelforderungen der Klassenmitglieder $ 2.00 nicht überstiegen; vgl. a. Phillips Petroleum Co. v. Shutts, 472 US, S. 797 - 845, 809.

747 Vgl. Weinstein, a. a. O.

748 Weinstein, a.a.O.

749 Newberg, Class actions, § 5.19.

out) aus der Klasse erklären. Hierin wird zum Teil mit Recht ein Verstoß gegen die Dispositionsmaxime gesehen.[750]

Endgültig gegen eine Übernahme ins deutsche Recht sprechen jedoch die unter 3. erörterten, untrennbar mit der prozessualen Zulassung einer *class action* verknüpften Verfremdungen des deutschen Schadensrechts.

2. Stellungnahme zur Auslegung der „Gleichzeitigkeit"

Sowohl der Vorschlag des Arbeitskreises Gesellschaftsrecht als auch *section 20 A (a)* verzichten auf ein Kausalitätserfordernis. Dies ist angesichts des oben erarbeiteten Ergebnisses, dass eine Kausalität im Börsengeschäft nicht existieren könne, als konsequent zu begrüßen. Anstelle des Kausalitätserfordernisses haben beide Ansätze das Kriterium der Gleichzeitigkeit zur Begrenzung der zivilrechtlichen Haftung ausgewählt. Dieses Kriterium erfährt je nach Auffassung zur materiellen Rechtslage eine andere dogmatische Einordnung: geht man - nach hier vertretener Ansicht unzutreffenderweise - davon aus, die Kausalität zwischen Insiderhandel und Schaden des Outsiders sei grundsätzlich beweisbar, so verschafft die Darlegung der Gleichzeitigkeit dem Outsider eine Beweiserleichterung für das Vorliegen von Kausalität. Ist man hingegen - nach hier vertretener Ansicht zutreffenderweise - der Meinung, die Kausalität lasse sich nicht nachweisen, so handelt es sich bei der Gleichzeitigkeit nicht um ein Merkmal des materiellen Tatbestandes, sondern um eine Zulässigkeitsvoraussetzung einer Klage. Nur derjenige Outsider, der darlegen kann, er habe gleichzeitig mit dem Insider gehandelt, ist nicht „quivis ex populo",[751] sondern hat ein subjektives Recht inne, den Insider gerichtlich in Anspruch zu nehmen. Nur unter dieser Voraussetzung ist der Outsider klagebefugt.

---

750 Mennicke, Insiderhandel, S. 555 m.w.N.; zu Bedenken gegen die Erforderlichkeit eines Erfolgshonorars auch Voß, Insiderkonzept, S. 109.

751 Zum prinzipiellen Ausschluss der Popularklage: Baumbach-Lauterbach, Komm. zur ZPO, § 50 ZPO, Rn 47.

Zur Auslegung des Begriffes der Gleichzeitigkeit in der amerikanischen Rechtsprechung und Literatur ist folgendes zu bemerken: Die Ansicht, frühester Zeitpunkt der Haftung müsse derjenige der Insidertransaktion sein, da sonst niemand durch diese geschädigt sein könne, beruht auf der Erwägung, dass eine Schädigung durch Insiderhandel beweisbar sei. Insofern ist sie nach der hier vertretenen Auffassung abzulehnen. Soweit sie auf den Zeitpunkt der Veröffentlichung der Information als spätesten Zeitpunkt abstellt, verdient sie dagegen Zustimmung, da nach Veröffentlichung der kursrelevanten Information gar keine Insidertatsache mehr vorliegt.

Die von Teilen der Rechtsprechung vertretenen Einzelfallregelungen müssen auch vor dem Hintergrund der verschiedenen Möglichkeiten der Schadensbemessung beurteilt werden. Wird der Restitutionsansatz herangezogen, wird die Haftung des Insiders mit zunehmender Haftungszeit umfassender, da eine wachsende Zahl von Outsidern erlittene Kursverluste geltend machen kann. Folgt man dagegen dem *disgorgement approach*, der die Schadensbemessung nach der Bereicherung des Insiders vornimmt, erweitert sich die Haftung des Insiders mit zunehmender Haftungszeit nicht, da der seinerseits erzielte Gewinn stets die Obergrenze der Haftung darstellt. Bedingt durch die zunehmende Anzahl der Outsider verkleinert sich jedoch der auf den einzelnen Outsider entfallende Gewinn.

Die Entscheidung darüber, ob der Insider einer möglichst drakonischen Haftung unterliegen bzw. der einzelne Outsider einen möglichst großen Anteil am auszukehrenden Gewinn erhalten soll, richtet sich dementsprechend in erster Linie danach, welche Variante das zur Entscheidung berufene Gericht in der konkreten Situation für richtig und angemessen hält. Erachtet es Gesichtspunkte der Prävention bei Umsetzung des (bei einer auf *section 20 A (a)* gestützten Klage im amerikanischen Recht nicht mehr anwendbaren) Restitutionsgrundsatzes für besonders wichtig, wird es eine möglichst lange Haftungszeit befürworten und diese nur gegen praktische Gesichtspunkte einer unverhältnismäßigen finanziellen Überforderung des Insiders abwägen. Bei Anwendung des *disgorgement approach* wird das Gericht möglicherweise einer möglichst großen Anzahl von Outsidern eine- wenn auch geringe - Kompensation gewähren und so die Haftungszeit eher verlängern. Will es dagegen den klagenden Outsidern eine größtmögliche Kompensation pro Kopf zukommen lassen, wird es die Haftungszeit sehr kurz ansetzen.

Die durch die vorgenannten Ansichten eröffneten Möglichkeiten, eine Zeitspanne für die Haftung des Insiders gegenüber den Outsidern zu bestimmen, überzeugen indes sämtlich nicht. Die mangelnde Bestimmtheit der Rechtsfolgen eines Insidervergehens, die in weitem Maße aus der Verantwortung des Gesetzgebers in das Belieben des Gerichts überstellt werden, ist mit dem Bedürfnis nach Rechtssicherheit nicht vereinbar. Es bestehen jedoch noch schwerwiegendere Bedenken.

3. Die Problematik der Privatstrafe

Die Übertragung von *section 20 A (a)* ins deutsche Recht, wie vom Arbeitskreis Gesellschaftsrecht vorgeschlagen, scheidet namentlich auch aus grundsätzlichen, dogmatischen Erwägungen heraus aus. Traditionelle Voraussetzungen eines Kompensationsanspruchs nach deutschem Delikts- bzw. Kondiktionsrecht werden in aller Konsequenz, aber ohne eingehende Begründung, durch den allein ergebnisorientierten Gesetzesvorschlag des Arbeitskreises Gesellschaftsrecht missachtet. Angesichts eines politischen Wunsches nach zivilrechtlichem Ausgleich wird verkannt, dass ein Schaden oder eine Entreicherung des Outsiders nach den Vorschriften des Bürgerlichen Gesetzbuches nicht feststellbar sind. Die Einführung der Ausgleichsansprüche dient ausschließlich Sanktionierungszwecken. Der Entwurf des Arbeitskreises Gesellschaftsrecht wird deshalb auch als Wiedereinführung der Privatstrafe kritisiert.[752] Eine Bestrafung auf Veranlassung des Verletzten laufe der Trennung

---

[752] Jenckel, Das Insiderproblem, S. 115.

zwischen Zivil- und Strafrecht zuwider.[753] Die Privatstrafe hat ihren Ursprung in überkommenen germanisch-rechtlichen Vorstellungen von der privaten Rechtsverfolgung und -vollstreckung bei Gesetzesverstößen[754] und findet sich im geltenden Recht nur noch im elterlichen Züchtigungsrecht, der Vertragsstrafe, der Vereinsstrafe und der strafprozessualen Privatklage.[755] Die rechtliche Zulässigkeit von Privatstrafen ist äußerst umstritten. Die Gegner der Privatstrafe halten sie für unzulässig, da sie gegen einen wesentlichen Grundsatz des modernen Rechtsstaates, die strenge Trennung zwischen Straf- und Zivilrecht, verstoße.[756] Ihre Befürworter fordern dagegen ihre Anerkennung als Schutzinstrument privater Rechte.[757]

Dass es sich bei dem Vorschlag des Arbeitskreises Gesellschaftsrecht überhaupt um eine Privatstrafe handelt, ist allerdings nicht evident. Im Bereich des gewerblichen Rechtsschutzes wird bereits die These vertreten, dass die Etablierung von Mehrfachschadenersatz nicht notwendigerweise dem Zweck des Schadenersatzrechtes zuwiderlaufe, sondern im Gegenteil einem andernfalls drohenden Marktversagen entgegensteuern könne.[758] Die Begründung hierfür lautet, dass beispielsweise derjenige, der in ein von einem Dritten erworbenes Schutzrecht eingreife und im schlimmsten Falle die Inanspruchnahme auf den aus dem inkriminierten Handeln gezogenen Vorteil zu befürchten habe, kaum von weiteren Rechtsverletzungen abgeschreckt werde; dies gelte insbesondere dann, wenn aufgrund der dort strengeren Beweisanforderungen strafrechtliche Konsequenzen unwahrscheinlich seien.

Es mag hier letztlich dahingestellt bleiben, ob die gesetzliche Verankerung von Mehrfachschadenersatz sich für die Absicherung der Funktionsfähigkeit von Märkten eignet. Denn anders als im ge-

---

753 Mennicke, Sanktionen gegen Insiderhandel, S. 544.
754 Hirsch, FS Engisch, S. 304, 306.
755 Jescheck, Strafrecht AT, S. 12.
756 Hirsch, a.a.O., S. 327.
757 Vgl. hierzu Großfeld, Privatstrafe, S. 94, m.w.N.
758 Assmann, BB 1985, S. 15, 24.

werblichen Rechtsschutz fehlt es im Fall von Insiderdelinquenz an einem Eingriff in das Schutzrecht eines Outsiders. In der Tat handelt es auch bei dem Vorschlag des Arbeitskreises Gesellschaftsrecht und dessen amerikanischem Pendant um eine Form einer in Gesetzeskraft erwachsenen Privatstrafe. Ein Bedürfnis nach Entschädigung besteht seitens des Outsiders weder aus Gesichtspunkten der Kompensation noch der Entreicherung, sondern allein aus dem Wunsch nach Genugtuung.[759] Der Insider soll Vermögen, das er unrechtmäßig erworben hat, nicht behalten dürfen und dem „schlechter weggekommenen" Outsider soll eine Möglichkeit eröffnet werden, sich dieses Vermögen zuzueignen. Diese Vorstellung aber ist dem deutschen Zivilrecht zutiefst fremd. Einem eventuellen Genugtuungsbedürfnis des Outsiders kann allenfalls das Strafrecht Abhilfe schaffen, wenn man dessen Rechtfertigung denn neben dem Rechtsgüterschutz und der Resozialisierung Straffälliger auch in einer Genugtuungs- und Vergeltungsfunktion sieht.[760] Allein dem Strafrecht ist es vorbehalten, die Rechtsordnung durch Bestrafung des Delinquenten und gegebenenfalls durch Abschöpfung der aus der Tat erzielten Vorteile zu wahren. Nur das Strafrecht gewährt auch die Verfahrensrechte, die die praktische Berücksichtigung der Unschuldsvermutung gegenüber dem Beschuldigten bzw. Angeklagten garantieren können.[761]

D Zusammenfassung des achten Kapitels

Die vorangehende Untersuchung hat gezeigt, dass die von der Literatur erarbeiteten Gesetzesvorschläge einer zivilrechtlichen Lösung des Insiderhandels einer kritischen Prüfung auf ihre Vereinbarkeit mit deutschem Recht nicht standhalten. Dies scheint auch darin begründet zu liegen, dass die Entwürfe in allzu enger Anlehnung an

---

759 Vgl. schon Diamond v. Oreamuno, 248, N.E., S. 910-916, 912 unten; vgl. a. Prosser/Keeton, a.a.O., zur Abgrenzung zwischen Zivil- und Strafrecht.

760 Vgl. zu den Funktionen und Aufgaben des Strafrechts: Wessels, Strafrecht AT, § 1 I.

761 Mennicke, Sanktionen gegen Insiderhandel, S. 544.

das US-amerikanische Recht entstanden sind. Dies hat in pragmatischer Weise die kaum zu lösende Kausalitätsproblematik auf prozessualer Ebene überbrückt. Immerhin scheint auch die US-Lösung vom politischen Bestreben geprägt zu sein, dem individuellen Anleger um jeden Preis einen schadensrechtlichen Ausgleich zukommen lassen. Dies mag im US-Recht, das Straf- und Präventionszwecke auch im Zivilrecht kennt, noch angehen. Im deutschen Recht führt dies zu unlösbaren dogmatischen Widersprüchen. Im Ergebnis ist also festzustellen, dass das Zivilrecht zumindest im Hinblick auf andere Marktteilnehmer im anonymen Börsengeschehen weder *de lege lata* noch *de lege ferenda* ein taugliches Instrument zur Bekämpfung des Insiderhandels darstellt.

9. Kapitel: Rechte der Gesellschaft bei Insiderhandel

Im WpHG und der Regierungsbegründung zu seinem Entwurf[762] wird die Gesellschaft, der der Insider angehört, nicht als Schädigungsobjekt in Erwägung gezogen. Die Gründe für diese stiefmütterliche Behandlung wurden im ersten Kapitel der Arbeit unter E bereits dargestellt. Gerade deshalb soll aber hier untersucht werden, ob nicht auch die Gesellschaft eines Schutzes gegen Insiderhandel bedarf und welche Verteidigungsmöglichkeiten ihr gegebenenfalls zur Verfügung stehen.

A Entlastung von Insidern in der Hauptversammlung

I. Gesetzliche Grundlage

Die Hauptversammlung zählt nach § 118 Abs. 1 AktG zu den Organen der Aktiengesellschaft. Sie dient gleichzeitig der Mediatisierung der Einflussmöglichkeiten der Aktionäre und der internen Willensbildung der Gesellschaft in Grundsatzfragen.[763] Nach § 120 Abs. 2 AktG erfolgt die Entlastung zum Zweck der Billigung der Verwaltung der Gesellschaft durch die Hauptversammlung. Hierfür sieht § 120 Abs. 1 AktG zwei Wege vor: der gesetzliche Regelfall besteht nach Satz 1 in der sog. „Gemeinsamen“ Entlastung, das heißt der Erteilung der Entlastung durch jeweils einen Beschluss betreffend das Gremium des Aufsichtsrates und betreffend dasjenige des Vorstands.[764] Es kann aber auch aufgrund des Hauptversammlungsbeschlusses oder Verlangens einer qualifizierten Minderheit, die 10 % des Grundkapitals oder einen Nennbetrag von DM 2.000.000,- erreicht, gesondert über einzelne Mitglieder abgestimmt werden. Die Entlastung hat in beiden Formen sowohl die

---

762 BR-DrS 793/93.

763 Hüffer, Komm. zum AktG, § 118, Rn 1 ff.

764 Geßler-Hefermehl-Eckhardt, Komm. zum AktG, § 120, Rn 17.

Genehmigung der Tätigkeit der Organe für die Vergangenheit als auch die Vertrauenskundgabe für die Zukunft zum Inhalt.[765] Wenn die verweigerte Entlastung somit auch keinerlei unmittelbare Rechtswirkungen hat, so ist ihre mittelbare praktische Bedeutung dennoch nicht zu unterschätzen.[766] Die nicht entlastete Verwaltung büßt gegenüber Öffentlichkeit, Kunden und Belegschaft erheblich an Vertrauen ein und muss um ihre Wiederwahl fürchten. Diese Konsequenzen können im Einzelfall ebenso einschneidende Bedeutung für ein Vorstands- bzw. Aufsichtsratsmitglied erlangen wie unmittelbare Rechtswirkungen in Form von Schadenersatzansprüchen, einer Kündigung oder Abberufung.[767]

II. Das Recht, Insidern die Entlastung zu verweigern

Nach § 120 Abs. 2 AktG billigt die Hauptversammlung durch die Entlastung die Verwaltung der Gesellschaft. Zweifelhaft ist, ob die Durchführung von Insidergeschäften durch die Organmitglieder dem Bereich der Verwaltungstätigkeit zugehört und überhaupt Gegenstand eines Entlastungsbeschlusses sein können. Der Begriff der „Verwaltung" wird in der Literatur unterschiedlich ausgelegt. Zuweilen wird er als Führung der Geschäfte der Gesellschaft[768] bzw. deren Kontrolle interpretiert. Manche verstehen ihn aber auch als die gesamte Tätigkeit des Vorstands und des Aufsichtsrates umfassend.[769] Nur die zweite Auffassung wird im Regelfall die Sanktionierung von Insidergeschäften erlauben. Denn letztere rechnen zumeist dem Privatbereich der Verwaltungsmitglieder und nicht deren amtlicher Tätigkeit zu. Die besseren Argumente sprechen auch für die extensivere Ansicht. Bei Personen, die ähnlich exponierte Positionen wie Vorstands- und Aufsichtsratsmitglieder großer Bör-

765 Hüffer, Komm. zum AktG, § 120, Rn 2.
766 Vgl. KK zum AktG-Zöllner, § 120, Rn 24.
767 So auch Großkomm. AktG-Barz, § 120, Rn 6.
768 Großkomm. AktG-Barz, zu Beginn der Anm. 6.
769 Geßler-Hefermehl-Eckhardt, Komm. zum AktG, § 120, Rn 35.

sengesellschaften bekleiden, sind Privat- und berufliches Leben kaum voneinander zu scheiden. Ihre Privatsphäre hat jedenfalls dort ihre Grenze, wo Interessen der Gesellschaft, d. h. unmittelbare Vermögensinteressen, aber auch deren Reputation gefährdet sind. Außer Zweifel dürfte dies sein, wenn die Leitungs- oder Aufsichtsorgane Straftatbestände aus dem Bereich des Vermögens- und Wirtschaftsstrafrechtes verwirklichen. Bei Vorliegen eines substantiierten Verdachtes auf Insidergeschäfte muss die Hauptversammlung daher die Möglichkeit haben, durch Verweigerung der Entlastungserteilung ihr fehlendes Vertrauen in das Management und die Überwachung der Geschäftsführung kundzutun.

III. Die Pflicht, Insidern die Entlastung zu verweigern

Möglicherweise besteht in gewissen Konstellationen sogar eine Pflicht der Hauptversammlung, die Entlastung zu verweigern. Dies ist vor allem dann denkbar, wenn die Interessen von Hauptversammlung und Insiderhandel treibenden Verwaltungsmitgliedern im Ausnahmefall nicht gegenläufig sein sollten, die Insidergeschäfte der Verwaltungsmitglieder also beispielsweise für Rechnung der Gesellschaft abgeschlossen werden. So war dies angeblich bei einigen im Zusammenhang mit der „Eurotunnel"-Affäre stehenden Banken der Fall.[770] Die Geschäftsleitungen einiger Kreditinstitute hatten offenbar Insiderspekulationen zugunsten ihres Unternehmens durchgeführt.

1. Meinungsstand

Die Meinungen divergieren abermals. Zum Teil wird darauf hingewiesen, dass ein Entlastungsbeschluss, der in Kenntnis rechtswidrigen Organhandelns mehrheitlich gefasst worden sei, nicht mehr nach § 243 AktG anfechtbar[771] sei. Der Minderheit stehe dann

770 Hierzu: FAZ vom 10. August 1995.

771 Vgl. Hüffer, Komm. zum AktG, § 243 AktG, Rn 11.

aber kein Weg mehr zur Verfügung, gegen den Willen der Mehrheit rechtswidriges Organhandeln zu rügen. Die Möglichkeit, rechtswidriges Organhandeln gutzuheißen, widerspreche der Kontrollfunktion der Anfechtungsklage.[772] Die Erteilung der Entlastung setze ein gesetz- und satzungsmäßiges Verhalten der Geschäftsführung voraus. Einer pflichtvergessenen Verwaltung dürfe das Vertrauen nicht ausgesprochen werden, weil sie im Ergebnis eine „glückliche Hand“ gehabt habe.[773] Im Zweifel treffe die Hauptversammlung daher eine Pflicht, die Entlastung zu verweigern.

Die Gegenauffassung wird damit begründet, dass die Entlastungserteilung ohnehin nur mittelbare Rechtswirkung entfalte. Da Kompensationsansprüche nicht verloren gingen, müsse die Hauptversammlung keine Rücksicht auf die Einhaltung von Gesetz und Satzung durch die Verwaltung nehmen. Die Hauptversammlung entscheide nicht über die Gesetz-, sondern allein über die Zweckmäßigkeit der Verwaltung.[774] Eine Pflicht der Hauptversammlung, die Entlastung zu verweigern, bestehe nicht.

2. Stellungnahme

Der ersten Auffassung ist der Vorzug zu gewähren. Wenn auch zutreffenderweise von ihren Gegnern darauf hingewiesen wird, die Entlastungserteilung entfalte keine unmittelbaren Rechtswirkungen, so ist doch zu betonen, dass die praktischen Auswirkungen der Entlastung von großer Bedeutung sind. Diese betreffen nicht nur das Verhältnis der Mehrheit zur Minderheit, sondern auch Dritte, die mit dem Unternehmen geschäftlich in Kontakt stehen. So mag man der Hauptversammlung zwar einen gewissen Beurteilungsspielraum bei kleineren Verfehlungen der Geschäftsleitung einräumen können. Zumindest bei schweren Satzungsverstößen und der Begehung von bedeutenderen, im wirtschaftlichen Verkehr relevanten Straftaten aber sollte die Hauptversammlung verpflichtet

---

772 Hüffer, a.a.O., Rn 12.

773 Hüffer, a.a.aO., Rn 11.

774 Geßler/Hefermehl-Eckhardt, Komm. zum AktG, § 120, Rn 38.

vanten Straftaten aber sollte die Hauptversammlung verpflichtet sein, der Administration die Entlastung zu verweigern. Jede andere Einschätzung würde konspirativem Verhalten zwischen Kapitalmehrheit und Verwaltung Vorschub leisten. Durch eine entsprechende Verpflichtung ist selbstverständlich nur das rechtliche Dürfen, nicht das Können der Hauptversammlung beschränkt. Erteilt die Hauptversammlung mit der erforderlichen Mehrheit die Entlastung bleibt der Minderheit also unbenommen, auf Rechtsmittel gegen den Beschluss zu verzichten und sich der Mehrheit zu beugen. Die Minderheit kann aber auch den pflichtwidrig gefassten Entlastungsbeschluss unter den Voraussetzungen der §§ 241 ff. AktG anfechten.

IV. Abberufung des Insiders bei fehlender Entlastung

Mitglieder des Vorstandes können vom Aufsichtsrat nach § 84 Abs. 3 Satz 1 AktG abberufen werden. Die Abberufung von Mitgliedern des Aufsichtsrats richtet sich nach § 103 Abs. 1 AktG und obliegt der Hauptversammlung. Jedoch genügt hierzu nicht der Beschluss über die Verweigerung der Entlastung, sondern es hat ein gesondert formulierter Beschluss zu erfolgen, der von einer Dreiviertelmehrheit der abgegebenen Stimmen getragen werden muss.

Fraglich ist, ob die verweigerte Entlastung einer Abberufung von Organmitgliedern zugrunde gelegt werden kann. Eine Pflicht des Aufsichtsrates zu einer Abberufung im Falle einer berechtigten Entlastungsverweigerung besteht jedenfalls nicht.[776] Alles weitere ist streitig. Zum Teil wird die Auffassung vertreten, die Verweigerung der Entlastung stelle keinen wichtigen Grund im Sinne des § 84 Abs. 3 AktG dar, da die Motive für die Verweigerung sehr verschiedenartig seien und darin nicht notwendig ein Misstrauens-

[775] Großkomm. zum AktG-Barz, § 120, Rn 6.

votum verkörpert sei.[776] Andere neigen der gegenteiligen Ansicht zu, sofern der Verweigerungsbeschluss einen klar formulierten Vertrauensentzug bekunde.[777]

Die Ansicht, die in einer verweigerten Entlastung einen wichtigen Grund für eine Abberufung des Vorstand durch den Aufsichtsrat sieht, sofern die Verweigerung einen klar formulierten Vertrauensentzug enthalte, verdient den Vorzug. In der Praxis wird die Entlastung höchst selten verweigert, da im allgemeinen die Großaktionäre nach außen hin hinter dem Management stehen und die Kleinaktionäre zumeist nicht die notwendige Stimmenmehrheit aufbringen, um eine Entlastung zu verhindern.[778] Wenn daher im Einzelfall tatsächlich einmal die Entlastung mit der Begründung mangelnden Vertrauens in das Management verweigert werden sollte, so bedeutet dies eine schwerwiegende Beeinträchtigung der zukünftigen Arbeit des Vorstands und des Ansehens der Gesellschaft. Der Aufsichtsrat muss daher zumindest die Möglichkeit haben, in einem solchen Fall die Abberufung aus wichtigem Grund auszusprechen. Gleiches gilt für die Hauptversammlung hinsichtlich der Abberufung von Vorstandsmitgliedern. Beiden Organen ist bei Insiderfällen ein Ermessensspielraum zuzubilligen, inwieweit sie von ihrem Recht zur Abberufung Gebrauch machen.

---

776 KK zum AktG-Zöllner, § 120, Rn 42; Godin-Wilhelmi, Komm. zum AktG, § 120, Rn 5.

777 So z. B. Hüffer, Komm. zum AktG, § 120, Rn 16.

778 Vgl. die in der FAZ vom 26. Juni 1996 zitierte Frage von Hocker(Deutsche Schutzvereinigung für Wertpapierbesitz) an Keitel (Vorstandsvorsitzender von Hochtief als Großaktionär von Holzmann) im Hinblick auf die Holzmann- Hauptversammlung:" Wieviele Millionen muss ein Management in den Sand setzen, bis sie ihm die Entlastung verweigern ?"; dazu auch FAZ vom 27. Juni 1996; zur Strabag-Hauptversammlung, in der viele Kleinaktionäre ihren Unmut durch Entlastungsverweigerung bekundeten und dennoch das Management insgesamt mit großer Mehrheit entlastet wurde: FAZ vom 27. Juni 1996; zur AGIV- Hauptversammlung, bei der Entlastung- wenn auch bei verhältnismäßig zahlreichen Enthaltungen und Neinstimmen- erteilt wurde, obwohl das Unternehmen statt angekündigter 50 Mio. DM Gewinn über 50 Mio. DM Verluste machte: FAZ vom 29. Juni 1996.

B Insiderhandel als Grund zur Kündigung

Der zwischen Gesellschaft und Organmitglied bestehende Dienstvertrag kann nach § 626 BGB aus wichtigem Grund gekündigt werden. Es herrscht Unklarheit, ob die Begehung von Insiderhandel einen wichtigen Grund in diesem Sinne darstellt.

I. Meinungsstand

Es wird die Auffassung vertreten, dass die Nichtanerkennung der Insiderhandelsrichtlinien der Börsensachverständigenkommission[779] kein wichtiger Grund im Sinne von § 626 BGB sei, da die Richtlinien auf dem Prinzip der Freiwilligkeit fußten und ihre Anerkennung somit nicht durch vertragliche Zwangsmaßnahmen forciert werden dürfe.[780] Arbeitsgerichtlich wurde kurz vor Inkrafttreten des WpHG darüber hinaus ein Fall entschieden, in dem tatsächlich Verstöße vorgekommen waren:[781] bei der Dresdner Bank hatten Mitarbeiter über einen längeren Zeitraum „Front Running" betrieben[782] und hierdurch erhebliche Gewinne erzielt. Diese Aktivität war damals zwar nicht von den Insiderhandelsrichtlinien aber von den derselben Kodifikation angehörigen Händler- und Beraterregeln verboten. Die seitens der *Dresdner Bank* unter Androhung einer fristlosen Kündigung durchgesetzte Vertragsauflösung wurde von den Mitarbeitern nach § 123 BGB wegen widerrechtlicher Drohung angefochten. Das Arbeitsgericht entschied, dass die Auflösung durch widerrechtliche Drohung zustande gekommen sei, da ein verständiger Arbeitgeber bei gegebener Sachlage eine Kündigung nicht ernsthaft in Erwägung gezogen hätte, sondern die zum Teil bereits lange für das Unternehmen tätigen Mitarbeiter zunächst abgemahnt hätte.

---

779 Bundesanzeiger 1988, nichtamtlicher Teil, S. 2883-2885.

780 Rümker, BB 1972, S. 1208, 1210.

781 FAZ vom 6. Juni 1992.

782 Vgl. zum Begriff Assmann/Cramer in Assmann/Schneider, Komm. zum WpHG, § 14, Rn 31 und 34.

Soweit ein tatsächlich vorgekommener Verstoß gegen das Insiderhandelsverbot in Rede steht, wird dagegen zum Teil die Möglichkeit einer Kündigung bejaht. Der Ruf der Gesellschaft könne durch die Begehung von Insiderhandel so in Gefahr geraten, dass der Gesellschaft eine weitere Zusammenarbeit mit dem Organ nicht mehr zumutbar sei.[783]

II. Kritik und Stellungnahme

Nach § 626 Abs. 1 BGB kann das Dienstverhältnis aus wichtigem Grunde fristlos gekündigt werden, wenn Tatsachen vorliegen, auf Grund derer dem Kündigenden unter Berücksichtigung aller Umstände des Einzelfalles und unter Abwägung der Interessen beider Vertragsteile die Fortsetzung des Dienstverhältnisses bis zu dessen vorgesehenen regulären Bedingung nicht zugemutet werden kann.

1. Nichtanerkennung der IHR als Kündigungsgrund

Die in der Literatur vorgetragenen Bedenken dürften heute keine große praktische Bedeutung mehr erlangen, da es unwahrscheinlich ist, dass die Anerkennung der IHR im Dienstvertrag der Gesellschaft mit dem Organ erst nachträglich erfolgt. Denkbar ist dies allenfalls bei einer Börseneinführung des Unternehmens, da ja bis zu diesem Zeitpunkt für das jeweilige Organmitglied noch gar keine Gelegenheit zur Begehung von Insiderhandel im Sinne der IHR, die eine Börsennotierung voraussetzen, bestand. Dann allerdings stellt sich in der Tat die Frage, ob bei einer Weigerung des Organmitgliedes die Fortsetzung des Dienstverhältnisses bis zur Möglichkeit der ordentlichen Kündigung für die Gesellschaft unzumutbar ist. Vom Dienstherrn muss der Dienstverpflichtete sich dann insbesondere vorhalten lassen, aus welchem Grunde heraus er die Unterschrift versagt, wenn nicht, um teilweise sanktionsfrei Insidergeschäfte begehen zu können. Allenfalls könnte der Dienstverpflichtete geltend machen, dass er in einem Fall ungerechtfertig-

---

[783] Rümker, a.a.O., S. 1211.

ter Verurteilung nicht zusätzlich zu den strafrechtlichen Sanktionen auch noch zur Herausgabe angeblicher Gewinne verpflichtet sein will. Zugunsten des Dienstverpflichteten ist allerdings zu berücksichtigen, dass für ihn die drohende Strafbarkeit nach dem WpHG bereits eine ausreichend scharfe Sanktion darstellen sollte. Lässt er sich hiervon nicht abhalten, wird er dies vermutlich auch nicht durch die Unterzeichnung der IHR tun. Zudem fällt auch für den Dienstverpflichteten ins Gewicht, dass in der Nichtanerkennung der IHR - aus welchem Grunde auch immer sie geschehen mag- gegenüber der tatsächlichen Begehung von Insidergeschäften noch ein erheblicher qualitativer Unterschied besteht. Nach Abwägung der beiderseitigen Interessen erscheint es für die Gesellschaft durchaus noch zumutbar, den Termin der ordentlichen Kündigung abzuwarten. Die Nichtanerkennung der IHR stellt keinen wichtigen Grund zur fristlosen Kündigung dar.

2. Begehung von Insidergeschäften als Kündigungsgrund

a) Bei Nachweisbarkeit der Tat

Grundsätzlich müssen alle Tatsachen, die einen wichtigen Grund darstellen, bewiesen sein.[784] Wenn die Tatsachen einen Straftatbestand verwirklichen, führt dies nicht eo ipso zu einem wichtigen Kündigungsgrund.[785] Dies hängt vielmehr vom Einzelfall ab und ist auch der oben genannten Interessenabwägung unterworfen. Die Interessen des Dienstverpflichteten sind allerdings dabei weniger schutzbedürftig wenn die Straftat vorsätzlich begangen wurde[786] und gegen die Interessen des Dienstherrn gerichtet war.[787] Ein Abwarten des strafrechtlichen Urteils ist in jedem Fall nicht erforderlich.[788] Insiderhandel ist sowohl ein vorsätzliches Delikt als auch gegen die Interessen des Dienstherrn gerichtet. Der Ruf der Gesell-

---

784 BGH NJW 1993, S. 463-465, 464; BAG NJW 1985, S. 1851-1852, passim.

785 BAG a.a.O.

786 BAG NJW 1985, S.3094-3096, 3095.

787 Staudinger-Neumann, Komm. zum BGB, § 626, Rn 48.

788 BAG NJW 1985, S. 3094-3096, 3094 f.

schaft hat unter dem Publikwerden der Insidervorkommnisse sehr zu leiden. Außerdem wird nach der in dieser Arbeit vertretenen Auffassung unter Umständen auch in die Vermögensinteressen der Gesellschaft, deren „informationelle Eigentumsrechte" eingegriffen.[789] Unter den genannten Voraussetzungen erscheint die Entscheidung des Arbeitsgerichtes in dem Streit zwischen der Dresdner Bank und ihren Mitarbeitern aus heutiger Sicht sehr zurückhaltend. Es ist aber zu berücksichtigen, dass zu jenem Zeitpunkt das WpHG noch nicht in Kraft war, eine Strafbarkeit also noch nicht bestand. Somit würde das Gericht nach heutiger Rechtslage möglicherweise auch anders entscheiden. Die tatsächliche Begehung von Insiderhandel stellt nach heutiger Rechtslage grundsätzlich einen wichtigen Grund zur fristlosen Kündigung dar. Ausnahmen mögen gelten, wenn lediglich Bagatelldelikte Gegenstand der Verfehlung waren.[790]

b) *Verdachtskündigung*

Der Dienstherr hat dann, wenn die Tatsachen des wichtigen Grundes nicht nachgewiesen sind, auch die Möglichkeit einer „Verdachtskündigung".[791] Erforderlich ist aber, dass bereits der Verdacht das Vertrauen innerhalb des Dienstverhältnisses zerstört und dessen Fortsetzung unmöglich macht.[792] Der Verdacht muss daher im Regelfall bereits auf die Begehung eines Delikts von einiger Schwere gerichtet sein. Die Herausbildung einer einschlägigen Kasuistik ist Sache der Rechtsprechung. Grundsätzlich kann die Gesellschaft daher bei einen Verdacht auf die Vornahme von Insidergeschäften erheblichen Umfangs durch ein Organmitglied diesem fristlos kündigen.

---

[789] Mennicke, Insiderhandel, s. 210 schlägt für derartige Fälle die Möglichkeit der Umsetzung von Mitarbeitern vor.

[790] Vgl. a. Mennicke a.a.O.

[791] Z.B.: BAG NJW 1986, S. 3159-3161, 3160.

[792] BAG a.a.O. und Staudinger-Neumann, a.a.O.

C Schaden der Gesellschaft durch Insiderhandel

Die Gesellschaft selbst kann sich unternehmensinterner Insider zwar durch Abmahnung, Kündigung und Abberufung von einem Organposten erwehren. Diese Verteidigungsmöglichkeiten genügen jedoch möglicherweise nicht, wenn die Insiderhandelsaktivitäten eine Rechtsposition der Gesellschaft verletzt haben. Für diesen Fall müssen der Gesellschaft unter Umständen Kompensationsansprüche gegen Insider zur Verfügung stehen.

I. Verletzung einer Geschäftschance der Gesellschaft

Eine durch Insiderhandel verletzte Rechtsposition der Gesellschaft könnte in ihren sog. Geschäftschancen zu sehen sein. Unter Bezugnahme auf die amerikanische *corporate opportunities doctrine*[793] haben Literatur[794] und die Rechtsprechung[795] in jüngerer Zeit behandelt, unter welchen Umständen ein Gesellschafter Geschäftschancen der Gesellschaft verletzt, wenn er an ihrer Stelle günstige wirtschaftliche Gelegenheiten wahrnimmt.[796] Die Rechtsprechung stützte sich dabei zunächst[797] auf eine Analogie zum Wettbewerbsverbot des persönlichen haftenden Gesellschafters einer Personengesellschaft nach §§ 112, 113 HGB [798] und später auf Kritik der Literatur[799] hin auf eine Verletzung von gesellschaftsrechtlichen Treuepflichten.[800] Die Verletzung einer Geschäftschance kann den

793 Wolffe/Naffziger, Law of Business Corporationes, S. 427, 431.

794 Immenga, Die personalistische Kapitalgesellschaft, S. 156 - 159; Mestmäcker, Verwaltung, Konzerngewalt, S. 166 ff.; Raiser, Kapitalgesellschaftsrecht, § 14, Rn 67; vgl. zu den Vorgängen um Poullain und die Neue Heimat: Kübler, FS Werner, S. 437 - 448, 437.

795 BGH ZIP 1983, S. 543 - 552, 549 f. (Poullain).

796 Vgl. dazu auch K. Schmidt, GesR, § 20 V 3.

797 WM 1981, S. 357 - 359.

798 Vgl. zu dieser Analogie auch Timm, GmbH-Rdschau 1981, S. 177,178.

799 Timm, a.a.O.

800 DB 1989, S. 1666 - 1668, 1667.

Gesellschafter gegenüber der Gesellschaft schadenersatzpflichtig machen.

1. Definition einer Geschäftschance

Nach der Rechtsprechung des BGH liegt eine Geschäftschance dann vor, wenn sich der Gesellschaft ein günstiges Geschäft von besonderer Wichtigkeit bietet.[801] Der Begriff der Geschäftschance wurde dann in der Literatur ergänzt.[802] Anhaltspunkt dafür, ob das fragliche Verhalten eines Aktionärs inhaltlich überhaupt eine Geschäftschance der Gesellschaft berühre, könne dabei zunächst der satzungsmäßige Unternehmensgegenstand sowie der von der Gesellschaft tatsächlich normalerweise ausgeübte Tätigkeitsbereich sein. Die Gesellschaft müsse auch finanziell und rechtlich in der Lage sein, das Geschäft durchzuführen. Würde etwa eine wettbewerbsrechtliche Vorschrift der Gesellschaft den Erwerb versagen, dürfe nicht von einer Geschäftschance gesprochen werden. Eine Geschäftschance der Gesellschaft liegt somit nach der von der Literatur erweiterten Definition des BGH vor, wenn

- der avisierte Geschäftsabschluss von erheblicher Wichtigkeit für die Gesellschaft ist,
- die Gesellschaft rechtlich und tatsächlich in der Lage wäre, diesen anstelle des Unterlassungsverpflichteten zu tätigen und
- der avisierte Geschäftsabschluss dem gewöhnlichen Tätigkeitsbereich der Gesellschaft angehört.

2. Geschäftschancenlehre und Insiderhandel

Der Abschluss eines Kaufvertrages über (noch) unterbewertete Aktien der Gesellschaft durch den Insider könnte Geschäftschancen der Gesellschaft verletzen. Ob eine besondere Wichtigkeit des Geschäftes für die Gesellschaft gegeben ist, mag zunächst dahin ste-

---

801 BGH NJW 1986, S. 584-585,585.

802 Etwa: Kübler/Waltermann, ZGR 20 (1991), S. 162, 169.

hen, da die Beantwortung dieser Frage Einzelfall abhängig ist. Die Gesellschaft muss hingegen die rechtliche Möglichkeit haben, das Geschäft über die unterbewerteten Aktien anstelle des Insiders abzuschließen. Indes darf die Gesellschaft nach § 71 AktG eigene Aktien nur unter engen Voraussetzungen erwerben, etwa zu Zwecken der Mitarbeiterbeteiligung oder wenn allein durch den Erwerb eigener Aktien schwerer Schaden von der Gesellschaft abgewendet werden kann. In der Regel wird es der Gesellschaft also gar nicht erlaubt sein, anstelle des Insiders das inkriminierte Geschäft zu tätigen.[803]

Auch aus einem weiteren Grunde wird durch Insiderhandel keine Geschäftschance der Gesellschaft verletzt: der Erwerb eigener Aktien zählt - zumindest nach in Deutschland gegenwärtig bestehender Rechts- und Tatsachenlage - auch im weitesten Sinne nicht zum gewöhnlichen tatsächlichen Tätigkeitsbereich der Gesellschaft. Es handelt sich vielmehr um eine für die Gesellschaft allenfalls ausnahmsweise zugelassene Tätigkeit. Aktivitäten von Insidern in diesem Bereich berühren noch nicht einmal marginal die üblichen geschäftlichen Vorhaben der Gesellschaft. Der Abschluss des Kaufvertrages über unterbewertete Aktien verletzt insoweit keine Geschäftschancen der Gesellschaft.

II. Parallelen zum Urheberrecht

Die verbotene Handlung des Insiders besteht jedoch nur vordergründig in dem Kauf von Aktien. Ein Kauf von Wertpapieren ist grundsätzlich rechtlich nicht zu beanstanden, da es jedem offensteht, Aktien zu erwerben oder dies zu unterlassen. Verboten ist dem Insider vielmehr das Gebrauchmachen von einer nichtöffentlichen Information im Zusammenhang mit dem Wertpapiererwerb. Genau hier muss auch die Überlegung ansetzen, welche

---

803 Mit ähnlicher Begründung lehnt Mennicke, Insiderhandel, S. 217 eine Eingriffskondiktion der Gesellschaft ab; Steinhauer, Insiderhandelsverbot und Ad-hoc-Publizität, S. 223f. hat sich der Meinung von Mennicke im Ergebnis angeschlossen.

Rechtsposition der Gesellschaft durch das verbotene Insiderhandeln entzogen wird. Hilfreich kann hierbei ein Blick auf das Urheberrecht sein.

Eine Insiderinformation stellt freilich keine urheberrechtlich geschützte Position nach § 2 UrhG dar. Hierzu zählen lediglich Sprachwerke, Programme der Datenverarbeitung, Musikwerke, Werke der bildenden Kunst, Film- und andere Werke, wobei als Werke nur persönliche geistige Schöpfungen zu verstehen sind. Auch eine analoge Anwendung des Urheberrechts, etwa des Schadensersatzanspruchs nach § 97 UrhG, kommt nicht in Betracht, da im Urhebergesetz der Schutz von Insiderinformationen sicher nicht planwidrig vergessen wurde. Das Urheberrecht beabsichtigt aber den Schutz des sog. geistigen Eigentums.[804] Nach der Lehre vom geistigen Eigentum stehen dem Urheber nicht nur einzelne Verwertungsrechte, sondern ein durch den geistigen Schöpfungsakt begründetes umfassendes Recht zu.[805] Hierbei gilt als geistiges Eigentum nicht das Sacheigentum an den Werkexemplaren. Dem urheberrechtlichen Schutz unterliegt vielmehr die geistige Schöpfung selbst.[806]

Es gilt zu analysieren, inwieweit einige der Lehre vom geistigen Eigentum zugrundeliegenden Erwägungen auf die insiderrechtliche Problematik übertragbar sind.[807] Der Insider usurpiert durch die Verwertung interner Kenntnisse zum eigenen Gewinn möglicherweise wirtschaftliche Positionen, an denen die Gesellschaft eine Urheberschaft beanspruchen kann. Der Gesellschaft könnten parallel zum urheberrechtlichen geistigen Eigentum aus ihrer Urheberschaft „informationelle Eigentumsrechte“ an Insidertatsachen zustehen. Bei dessen unrechtmäßiger Verwertung durch einen Insider wäre sie ggf. zu Ausgleichsansprüchen berechtigt.

---

804 RGZ 35, S. 63 - 75, 70.

805 Urheberrecht, Einführung (Hillig), S. XIII.

806 Hillig, a.a.O.

807 Auch Kirchner, FS Kitagawa, S. 665, 675 sieht hier wohl Parallelen.

In der deutschen Literatur haben mögliche Parallelen zwischen dem Urheber- und dem Insiderrecht bislang soweit ersichtlich keine Beachtung gefunden. In der US-amerikanische Fachdiskussion wird die Problematik der Eigentumsrechtsfähigkeit von Informationen hingegen im Rahmen zweier Ansätze behandelt. Diese Ansätze werden teilweise miteinander vermengt,[808] bedürfen jedoch separater Darstellung;[809] es handelt sich zum einen um die von den amerikanischen Gerichten in der jüngeren Vergangenheit angewandte sog. *misappropriation theory* und zum anderen um den *business property approach.*

1. Der Ansatz der misappropriation theory

Zurückgehend auf eine *dissenting opinion* des *Chief Justice Burger* in der Entscheidung *United States versus Chiarella*[810] wurde die *misappropriation theory* erstmals in der Entscheidung *United States versus Newman*[811] zur Grundlage einer strafgerichtlichen Entscheidung unter *rule 10b-5. Newman* hatte von zwei befreundeten Investmentbankern Insiderinformationen hinsichtlich einer bevorstehenden Unternehmensübernahme erhalten. Diese Informationen verwandte er zu Käufen von Aktien der Zielunternehmen. Das Gericht hielt offenbar *Newman's* Tun für verwerflich, konnte aber auf der Grundlage der gültigen *fiduciary duty theory* zu keiner Verurteilung gelangen; es fehlte an einer treurechtlichen Beziehung zwischen dem Insider und einem potentiell geschädigten Anleger. Die Lehre vom *equal access* hätte eine Verurteilung Newmans und der beteiligten Investmentbanker getragen, war aber zuvor schon vom *Supreme Court* in einem anderen Verfahren verworfen worden.[812] Das Gericht entschied daher, dass auch der Bruch einer Treupflicht gegenüber einer Informationsquelle die Insiderhaftung auslösen

---

808 Weber, Insiderrecht und Kapitalmarktschutz, S. 99 ff.

809 Georgakopoulos, 26 Conn. L. Rev. S. 1, 12 (1993).

810 445 U.S. 222, 240 (1980).

811 664 F.2d 12 (2d Cir. 1981), aff'd after remand, 772 F. 2d 729, cert. denied, 404 U.S. 863 (1983).

812 US v. Chiarella, 445 U. S., S. 222, 235.

könne. Es rechnete insoweit *Newman* auch die arbeitsrechtliche Treupflicht, die die Investmentbanker gegenüber ihrem Arbeitgeber verletzt hatten, zu. Der als Appellationsgericht des Staates New York in Insiderfragen erfahrene *2d Circuit* ließ sich bei dieser Entscheidung wohl auch vom gewünschten Ergebnis leiten.

Die Doktrin von der *misappropriation*, etwa der Veruntreuung von Informationen, wurde sodann aber in den Entscheidungen *S.E.C. versus Materia*[813] und *U.S. versus Carpenter*[814] weiterentwickelt. Hierin wurde einerseits klargestellt, dass der illegale Erwerb einer Insiderinformation ohne eine spätere Verwertung keine Strafbarkeit auslöse; andererseits genüge für die strafrechtliche Haftung eine Treubindung des Insiders zum Inhaber der Information ohne dass diese Bindung mittelbar oder unmittelbar vom Emittenten der ge- oder verkauften Aktie ableitbar sein müsse. Schärfere Konturen erhielt die *misappropriation theory* dann in zahlreichen weiteren Entscheidungen. Hierbei wurde insbesondere erörtert, unter welchen konkreten Voraussetzungen eine verwandtschaftliche oder eheliche Beziehung insiderrechtliche Bedeutung erlangen können;[815] eine weitere Entscheidung brachte die Erkenntnis, dass auch die Ausnutzung von Insiderinformationen, die im Rahmen berufsrechtlicher (im entschiedenen Fall ärztlicher) Schweigepflichten erlangt worden waren, eine Strafbarkeit wegen Insidervergehen begründen konnte.[816]

---

813 745 F. 2d 197, (2d Cir. 1984).

814 791 F.2d, 1024 (2d Cir. 1986).

815 U.S. v. Reed 601 F. Supp. 685 (S.D.N.Y. 1985) rev'd on other grounds, 773 F. 2d 477 (2d Cir. 1985); U.S. v. Chestman, 947 F 2d. 551 (2d Cir. 1991), cert. denied, 503 U.S. 1004 (1992); vgl. a. Martin, 29 Am. Bus. L.J. 665, 681-684 (1992).

816 U.S. v. Willis 737 F. Supp. 269 (S.D.N.Y. 1990), vgl.a. 778 F. Supp. 205, 208 (S.D.N.Y. 1991) zur Ablehnung der Berufung.

Schließlich wurde die *misappropriation theory* 1997 vom *Supreme Court* anerkannt.[817] Der *Supreme Court* wendet die Lehre dabei nicht an Stelle sondern ergänzend zur *fiduciary duty theory* an. Die Besonderheit der *misappropriation theory* im Kontext des U.S.-amerikanischen Kapitalmarktrechts besteht in ihrer Schutzrichtung: Das durch sie ausgesprochene Verbot bezieht sich nicht notwendigerweise auf ein illegales Verhalten am Kapitalmarkt. Auch Vertrauensbrüche des Insiders gegenüber einer Informationsquelle außerhalb eines offiziellen Handelsplatzes, etwa im Rahmen einer berufs- oder arbeitsrechtlichen Treuebeziehung, genügt. Haftungsbegründend ist insofern die verbotene Herkunft bzw. der untersagte Erwerb der Information. Die spätere Verwertung der Information zu Wertpapiergeschäften am Kapitalmarkt ist lediglich Voraussetzung für die Strafbarkeit wegen Insiderhandels.[818] Wie auch im einzelstaatlichen Gesellschaftsrecht, aber im Gegensatz zu der ursprünglichen bundesrechtlichen Insidergesetzgebung stellt also die *misappropriation theory* den Schutz privater Rechtsgüter und nicht denjenigen der Kapitalmärkte in den Vordergrund. Marktinteressen werden nur noch reflexartig geschützt.[819]

Diese Kehrtwendung, die die Anwendung der *misappropriation theory* durch höhere und höchste Bundesgerichte herbeiführte, hat eine kaum mehr überschaubare Vielzahl kritischer Literaturbeiträge ausgelöst.[820] Gegenstand der Kritik ist insbesondere, dass in den Fällen, in denen die Insiderinformation ohne das Bestehen einer Treuepflicht zur Informationsquelle oder zum Anleger auf der

---

[817] U.S. v. O'Hagan, 117 Sup. Ct. 2199 (1997); ausführlich hierzu Lange, WM 1998, S. 525 ff. sowie Weber, Insiderrecht und Kapitalmarktschutz, S. 116 ff.

[818] U.S. v. O'Hagan, a.a.O., 2209.

[819] vgl. hierzu Weber, Klaus-Peter, Insiderrecht und Kapitalmarktschutz., S. 125.

[820] Hartmann, Juristische und ökonomische Probleme des Insiderhandels, S. 84 ff. und 94 ff.; Beeson, 144 U. Pa. L.- Rev., 1077, 1139 (1996); Kidd, 18 Del. J. Corp. L., 101, 133-136 (1993); Cox, Duke L.J., 628 ff. (1986); Coffee, 26 Am. Crim. L. Rev., 121 ff. (1988); Feiner, 50 Brook.L.Rev., Kimel, 38 Stan.L.Rev. 1549, 1565 (1986); Warren, 39 Ala.L.Rev. 337, 343 (1988).

Marktgegenseite erlangt wurde, weder die *misappropriation* noch die *fiduciary duty theory* Anwendung finde.[821] Gleichzeitig werde mit den Grundsätzen des *Common Law* gebrochen und eine Kriminalisierung arbeitsrechtlicher Beziehungen bewirkt. Ein effizienter Schutz der Kapitalmärkte sei unter dieser Doktrin nicht möglich.

Die von der internationalen Literatur an der *misappropriation theory* geübte Kritik ist in der Sache gerechtfertigt. Die Lehre taugt nicht als alleiniges Haftungskonzept einer auch kapitalmarktschützenden - und diesen Anspruch erhebt sie - Insiderregelung. Soweit sie auch ärztliche oder anderweitige berufsrechtliche Verschwiegenheitsverpflichtungen zur Haftungsbegründung genügen lässt, entfällt jede wirtschaftliche Beziehung zwischen verbotenem Erwerb und verbotener Verwertung der Information. Es geht hierbei eher um den Schutz der Vertraulichkeit des Wortes, der im deutschen Recht etwa durch § 203 StGB und § 404 AktG strafrechtlich sanktioniert wird. Dennoch beinhaltet die *misappropriation theory* eine überaus wichtige Kernaussage: Jedes insiderrechtlich relevante Handeln zeichnet sich nicht ausschließlich durch einen wirtschaftlichen Bezug zu den Anlegern sondern auch zur Informationsquelle aus. Dieser Bezug zur Informationsquelle hat, anders als die *misappropriation theory* dies stipuliert, nicht notwendigerweise einen spezifisch insiderrechtlichen Charakter. Der spezifisch insiderrechtliche Charakter liegt vielmehr nur dann vor, wenn vom Insider nicht nur eine Vertrauensbeziehung gebrochen wird, sondern dieser Bruch auch zu einem wirtschaftlichen Entzug, zur „Veruntreuung, einem Diebstahls bzw. einer Unterschlagung“[822] von der Gesellschaft gehörigen Tatsachen führt.

Der Untersuchung der Frage, ob eine Tatsache bzw. eine Idee einem Unternehmen oder einer Person gehören kann, hat sich der *property rights approach* gewidmet.

---

821 Beeson, 144 U.Pa. L.Rev. 1077, 1135 ff. (1996).

822 Vgl. z.B. "Den of Thieves" von James B. Stewart.

2. Der property rights approach

Die Zuweisung von Eigentumsrechten nimmt in marktwirtschaftlich orientierten Gesellschaftsformen eine herausragende Rolle ein. Das Bestehen sowie auch der Schutz dieser Rechte sind leichter nachvollziehbar, wenn sie an physisch greifbaren Objekten bestehen, also etwa an einem Grundstück, an einem Auto oder einem Werkzeug (bzw. „Äpfeln und Walzwerken“).[823] Bei immateriellen Objekten verlangt die Analyse der Rechtsbeziehungen einen wesentlich höheren Abstraktionsgrad. Die für den deutschen Rechtskreis bereits angedeutete Diskussion um die Lehre vom geistigen Eigentum, die sich der Untersuchung von Eigentumsrechten an immateriellen Vermögensgegenständen verschrieben hat, hat auch den US-amerikanischen Rechtskreis beschäftigt. Auch wenn der Urheber sich im Wesentlichen bei der Herstellung seiner Werke öffentlicher Güter, wie der Sprache, der Ideen, des Humors und des Genres bedient hat, sollen seine Werke besonderen Schutz genießen.[824] Der Grund hierfür liegt darin, dass der Urheber sich bei der Kombination der öffentlichen Güter weniger durch handwerkliches Geschick als durch Inspiration und Originalität auszeichnet. Er bedient sich der Kultur, des Humors und des Genres, die ihn umgeben, nur als Rohmaterial, das er zu einer ganz eigenen Schöpfung verarbeitet.[825]

Im US-amerikanischen Rechtskreis wird offen diskutiert, ob sich die Gedanken, die sich für den Schutz des Urheberrechts an geistigem Eigentum durchgesetzt haben, auf den Schutz eines Verwertungsrechts an einer kursrelevanten Nachricht übertragen lassen.

---

823 So Easterbrook, 11 Sup. Ct. Rev. 309, 309 (1981).

824 Boyle, 80 Cal. L. Rev., 1413, 1463 (1992).

825 Vgl. Bleistein v. Donaldson Lithographing, 188 U.S. 239 (1902); vgl. a. andere Entscheidungen, in denen der Supreme Court *property rights* an Informationen zuerkannte: Forsham v. Harris, 445 U.S. 169 (1980); Consumer Product Safety Commissions v. GTE Sylvania Inc., 447 U.S. 102 (1980); Trammel v. U.S. 445 U.S. 40 (1980).

Gemeinsamer Ausgangspunkt dieser Diskussion ist, dass eine Information einen erheblichen Wert besitzen kann:

„*Nowhere is this commodity more valuable or volatile than in the world of high finance, where facts worth fortunes while secret may be rendered worthless once revealed.*“[826]

Teile der Literatur meinen aber, wenn auch unter Bedauern und ohne eingehende Begründung, dass Produzenten an Informationen nicht die notwendigen Eigentumsrechte erwerben könnten, weshalb die Produktion von Informationen auch suboptimal verlaufe.[827] *Manne*[828] hingegen verweist auf *Schumpeters*[829] Sichtweise von der Rolle des Unternehmertums. Hiernach kann eine Wettbewerbswirtschaft ohne die dynamische Innovation durch Erfinder und Unternehmer, nicht bestehen. Für *Manne* sind Originalität und Innovationskraft Kennzeichen eines Unternehmers selbst dann, wenn der Unternehmer sich für diese Eigenschaften vorhandener Elemente bedient. Um für den Unternehmer einen Anreiz zu schaffen, sich am technologischen Fortschritt über seine Ideen zu beteiligen, müsse der Unternehmer auch an den von ihm geschaffenen Tatsachen Eigentumsrechte begründen kann.

Der Ansatz von *Manne* verdient grundsätzlich Zustimmung. An Informationen können ähnlich wie an schöpferischen Ideen eines Urhebers abstrakte, eigentumsähnliche Rechte begründet werden. Der Unternehmer hat in der Regel Aufwendungen in Form von

---

826 U.S. v. Materia, 745 F. 2d 197, (2d Cir. 1984).

827 Note, Saari, 29 Stan.L.Rev. 1031 ff. (1977) m.w.N.; Arrow, Insurance, Essays in the theory of risk bearing, risk and resource allocation, 223 – 238; Kraakman, in Hopt/Wymeersch, S. 46; Karmel, 59 Brook L. Rev., 168-170; Cox, Duke L.Rev. 1986, 633; Finnel, Del. L.J. 605 (1987); Coffee, 26 Am. Crim L.J. 144 (1988).

828 Insider Trading and the Stock Market, 110: „The argument developed in the following three chapters is that a rule allowing insider trading may inadvertently be tampering with one of the well-springs of American prosperity.“

829 Unternehmer, S. 476 ff.

Arbeitskraft und Materialverschleiß für die Kreierung der Information gehabt. Auch der Zufall mag zuweilen eine Information im Verfügungsbereich des Unternehmers entstehen lassen. In der Tat macht es dabei auch keinen Unterschied, ob der Unternehmer nur bereits bekannte Fakten zu einer neuen Idee zusammengefügt hat. Wie auch der Urheber kulturelle, präexistente Grundlagen zu einem eigenen schöpferischen Werk verbindet, kann auch der Unternehmer vorhandene Produktionsfaktoren in einer unverwechselbaren und eigenständigen Weise zu einer wertvollen, unter Umständen kursrelevanten Information zusammenführen. Für diese Informationen muss der Unternehmer ein Schutzrecht erwerben können, um die von ihm kreierten Tatsachen wirtschaftlich verwerten und sich auch gegenüber Dritten gegen rechtswidrige Eingriffe zur Wehr setzen zu können. Da Informationen als solche weder patentiert werden können noch dem Urheberrecht unterfallen, bedarf es zu ihrem Schutz eigener Rechte, und zwar informationeller Eigentumsrechte. Unter welchen konkreten Voraussetzungen ein solches informationelles Eigentumsrecht an kursrelevanten Tatsachen begründet werden kann, muss allerdings noch herausgearbeitet werden.

3. Eigentumsrechtsfähigkeit von Markttatsachen

Sogenannte Markttatsachen entstehen ohne Einfluss des Unternehmers. Es herrscht zwar im einzelnen Streit, was unter Markttatsachen zu verstehen ist und ob sie überhaupt vom Anwendungsbereich des WpHG erfasst werden.[830] Zumindest besteht aber wohl insoweit Einigkeit, als es sich bei Markttatsachen um Informationen über die Rahmenbedingungen von Märkten oder über die Märkte selbst handelt.[831] Hierzu zählen etwa Änderungen der Leit-

830 Vgl. z.B. Assmann, ZGR 23 (1994), S. 494, 513; ders. in : Assmann/Schneider, Komm. zum WpHG, § 13, Rn 51; Tippach, WM 1993, S. 1269, 1274; Hopt in: Hopt/Wymeersch, European Insider Dealing, S. 129, 134; Caspari, ZGR 23 (1994), S. 530, 540; Claussen, ZBB 1992, S. 267, 276 f.; Schödermeier/Wallach, EuZW 1990, S. 122, 123.

831 Schödermeier/Wallach a.a.O.; unklar Kümpel, WM 1994, S. 2137, 2139.

zinssätze durch die Bundesbank, politische Entscheidungen sowie auch Naturereignisse.[832] Es ist offensichtlich, dass der Unternehmer zu deren Entstehung nicht in zurechenbarer Weise beigetragen hat. Auch kein Dritter kann ein Recht auf solche Informationen beanspruchen. Der Politiker oder hohe Verwaltungsbeamte hat dadurch, dass er eine kursrelevante Entscheidung beabsichtigt,[833] kein Recht erlangt, sein Vorabwissen zu seinem Privatnutzen zu verwerten. Ist beispielsweise eine Subvention der Stahlindustrie geplant, die Auswirkungen auf die Aktienkurse notierter Stahlunternehmen hat, wird niemand behaupten, die zuständigen Beamten und Politiker hätten ein Recht, vor Veröffentlichung der Nachricht Aktien an den Stahlunternehmen zu erwerben. Auch für Geschäfte der Zentralbank besteht nur scheinbar eine Ausnahme: Die in § 20 WpHG in Übereinstimmung mit Art 2 Abs. 4 Satz 1 der EG-Insiderrichtlinie kodifizierte *Central-Bank-Exemption* erlaubt der Zentralbank gewisse, auf Insiderinformationen gegründete Transaktionen. *Die Central-Bank-Exemption* gewährt der Bank jedoch nicht das Gebrauchmachen von einem erlangten Verwertungsrecht, sondern nimmt lediglich Geschäfte vom Insiderhandelsverbot aus, die von der Zentralbank als Trägerin hoheitlicher Gewalt im Rahmen der ihr zugewiesenen Aufgaben durchgeführt werden.[834]

4. Eigentumsrechtsfähigkeit papierbezogener Tatsachen

Auch an sog. papierbezogenen Tatsachen kann niemand eine Rechtsinhaberschaft geltend machen. Unter papierbezogenen Tatsachen sind solche Informationen zu verstehen, die bestimmte

---

832 Vgl. etwa FAZ vom 24. April 1996 zu den Kursauswirkungen der italienischen Parlamentswahlen; vgl.a. FAZ vom 12. März 1996 zur internationalen Börsenbeeinflussung infolge der Veröffentlichung der US-Arbeitslosenstatistik.

833 Vgl. aber Hopt/Will, Europäisches Insiderrecht, die beschreiben, wie Bismarck im Zusammenwirken mit seinem Bankier Bleichröder eigene politische Entscheidungen zum Aktienkauf missbrauchte.

834 Vgl. Assmann-Schneider, Komm. zum WpHG, § 20, Rn 1.

Klassen von Wertpapieren eines Emittenten betreffen,[835] wie etwa ein höchstrichterliches Urteil über die rechtlichen Verhältnisse bestimmter Wertpapiere. Keinesfalls wird man dem Richter aber ein Verwertungsrecht an der Information zubilligen wollen, die er durch seine Entscheidung geschaffen hat.

5. Eigentumsrechtsfähigkeit emittentenbezogener Tatsachen

Die Gesellschaft kann hingegen an unternehmens- bzw. emittentenbezogenen Tatsachen Eigentum erwerben. Diese Tatsachen weisen die oben erarbeiteten Charakteristika auf: unternehmensbezogene Tatsachen wurden durch Arbeitsaufwand und Materialverschleiß erworben oder fallen durch Zufall in den Verfügungsbereich des Unternehmers. Zu denken ist hier insbesondere an bevorstehende Kapitalerhöhungen und Unternehmensübernahmen, an Produktentwicklungen, Rohstofffunde sowie patentierungsfähige Erfindungen.

6. Zuordnung von Eigentumsrechten an Insidertatsachen

Nach *Manne* muss dem unternehmerisch agierenden Manager als Frucht seiner innovativen Schaffenskraft auch die Verwertungsbefugnis an den Informationen zustehen, die er mit produziert hat.[836] Andere Autoren ordnen Eigentumsrechte an unternehmensbezogenen Insidertatsachen dem Unternehmen selbst zu; verwende der Insider sie für seinen persönlichen Gebrauch, so veruntreue er die Information sogar zu Lasten des Unternehmens.[837] Eine solche Veruntreuung habe etwa im Fall *S.E.C. versus Texas Gulf Sulphur*

---

835 Assmann a.a.O., § 13 WpHG, Rz 58; zum Teil abw. Caspari, ZGR (23) 1994, S. 540; vgl.a. Kümpel, Bank- und Kapitalmarktrecht, Rn 14.107.

836 Mann a.a.O., S. 116 ff.; Das Gericht behandelte allerdings in diesem Fall nicht Schäden der Gesellschaft sondern der Anleger auf der Marktgegenseite.

837 Scott, 9 J.Leg.Stud 801, 812 (1980) sowie Lorie, 9 J. Leg.Stud. 819 ff. (1980).

(TGS) stattgefunden.[838] *TGS* hatte bedeutende Kupfer- und Zinkvorkommen entdeckt. Vor Veröffentlichung der Nachricht über den Fund deckten sich zahlreiche leitende Angestellte mit Aktien bzw. mit Call-Optionen auf Aktien der Gesellschaft ein.[839] Die Angestellten hätten hierdurch eine Rechtsinhaberschaft der Gesellschaft an ihr zustehenden Informationen verletzt.[840]

Carlton/Fischel vertreten hierzu einen vermittelnden Ansatz:[841] Eigentumsrechte an einer kursrelevanten Nachricht betreffend die eigenen Papiere sollen zunächst der Gesellschaft selbst zustehen. Die Gesellschaft habe sodann aber die Befugnis, über die Eigentumsrechte an von ihr generierten Informationen (ggf. auch pauschal oder vorab) zu verfügen. Dies könne durchaus im Rahmen des Anstellungsverhältnis als zusätzlicher Vergütungsbestandteil[842] erfolgen. Dem Ansatz von *Carlton/Fishel* ist jedenfalls teilweise zuzustimmen. Informationelle Eigentumsrechte an Insidertatsachen kann nur die Gesellschaft erwerben, die hierfür ja ggf. auch originär Aufwendungen in Form von Lohnzahlungen und Material getätigt hat. Hat sie ein solches Eigentumsrecht erlangt, kann sie hierüber auch grundsätzlich frei verfügen – also auch einem Mitarbeiter oder Organmitglied das Recht zur Verwertung der Information als Sachlohn abtreten. Jedoch kann dies nicht unbeschränkt geschehen.

---

838 401 F.2d, 833 (2d Cir. 1968), cert. denied 394 U.S. 976 (1969).

839 Vor Anwendung der misappropriation theory war diese Folgerung nur in einigen einzelstaatlichen Entscheidungen zum Gesellschaftsrecht gezogen worden : Brophy v. Cities Service Co., 31 Del. Ch. 241, 70 A. 2d 5 (1949); Diamond versus Oreamuno, 24 N.Y. 2d 494; 248 N.E. 2d 910 (1969).

840 Scott, a.a.O.; vgl. a. Morgan, 48 Ohio St. L.J. 79 (1987); Kitch, 9 J. Legal Stud. 683, 718-719 (1980).

841 Fisch, 35 St. L. Rev., 857, 866.

842 Dazu eingehend später im 10. Kapitel.

7. Dispositionsbeschränkungen durch Insiderrecht

Die Vertreter des *property rights approach* vertreten im US-Recht zum Teil eine unbeschränkte Dispositionsbefugnis privater Vertragsparteien über Insidertatsachen, wie an folgendem Fall illustriert werden kann:[843] Ein Unternehmen soll Hauptzulieferer eines anderen Unternehmens sein. Im Rahmen der Geschäftsbeziehung erfährt der Zulieferer, dass sein Kunde sich mit bedeutenden Expansionserwägungen trägt und daher seine Aufträge an den Zulieferer in naher Zukunft deutlich erhöhen wird.[844] Der Kunde könne hier dem Zulieferer nicht einseitig sondern nur durch beiderseitigen Vertrag die Verwertung der Information für Wertpapiergeschäfte versagen, da der Zulieferer die Information in legaler und geschäftsüblicher Weise erlangt habe.[845] Ähnliches gelte für einen sog. *white knight*, also eine Person, die von der Zielgesellschaft von einer bevorstehenden Übernahmesituation in Kenntnis gesetzt worden ist, um die Übernahme als solche zu verhindern.[846] Auch dieser habe die Information von der Zielgesellschaft in legaler Weise erhalten, so dass er sie für Wertpapiergeschäfte in der Zielgesellschaft nutzen dürfe. Beschränkungen könne die Zielgesellschaft dem *white knight* nur durch vertragliche Bindungen auferlegen.[847]

Folgt man der Auffassung, Insidertatsachen unterlägen ausschließlich einer privaten Dispositionsbefugnis, ob nun derjenigen der Gesellschaft allein oder auch derjenigen Dritter, so wären staatliche Interventionen aufgrund öffentlich-rechtlicher Normen überflüssig. Die Regulierung des Insiderproblems könnte dann grundsätzlich der Gesellschaft selbst und ihren vertraglichen Dispositionen über-

---

843 26 Georgia L.Rev. 179, 216 (1991) .

844 Nach Brudney, 93 Harv. L.Rev., 322, 353 dürfte der Zulieferer von dieser Information keinen Gebrauch machen, da sie ihm einen ungerechtfertigten Vorteil vor uninformierten Anlegern verschaffen würde.

845 Fisch, a.a.O., 224, 225.

846 Gabler, Wirtschaftslexikon, Mergers & Acquistions (Achleitner).

847 Fisch, a.a.O., 225.

lassen werden. Durch den Staat würde die Gesellschaft nur vor rechtswidrigen Übergriffen Dritter durch Diebstahl, Unterschlagung oder Veruntreuung von Informationen geschützt, könnte aber im übrigen über die Verwertung der von ihr generierten Informationen frei entscheiden. Eine solche Lösung würde aber die Doppelnatur des Insiderhandels verkennen: Insiderhandel kann dem Eigentümer der Information schaden aber gleichzeitig auch den Markt gefährden. Die Bedeutung der Information im börslichen Handel ähnelt insofern hinsichtlich einiger Aspekte derjenigen eines KFZ im Straßenverkehr: Das Eigentum am KFZ ist zugunsten des Inhabers vor rechtswidrigen Übergriffen Dritter geschützt; gleichzeitig ist aber der Eigentümer genauso wie der rechtswidrige Besitzer des KFZ zu verantwortungsvollem Umgang mit dem Auto im Rahmen der Verkehrsvorschriften gehalten. In Deutschland ist auch die Gesellschaft selbst an die „Verkehrsvorschriften“ des WpHG gebunden und darf – auch unternehmensbezogene - Insidertatsachen nicht unbeschränkt verwerten. Insbesondere dürfen die Organe auch mit Genehmigung der Gesellschaft keine Insidergeschäfte tätigen, Empfehlungen abgeben oder nicht-öffentliche Informationen weitergeben. Andernfalls würden die verantwortlichen Organe sich strafrechtlichen Konsequenzen nach §§ 14, 38 WpHG aussetzen. Die Gesellschaft selbst unterliegt auch der Verpflichtung zur Ad-hoc-Publizität nach § 15 WpHG. Außerdem ist ihre Dispositionsbefugnis nach § 71 AktG durch Beschränkungen des Handels mit eigenen Aktien beschränkt.

Auch einen Schaden kann die Gesellschaft – insoweit abweichend vom KFZ-Beispiel – nur geltend machen, sofern ihr eine Verwertung ihres Eigentums durch die Ordnungsvorschriften des WpHG nicht verwehrt war. Auch der urheberrechtliche Autor kann Schadensersatz nur deshalb verlangen, weil er selbst das Recht innehat, das geschaffene Werk – auch gegen Entgelt - zu vervielfältigen, zu verbreiten, zu verkaufen und auszustellen. Die Gesellschaft kann mit anderen Worten vom Insider dann Schadensersatz verlangen, wenn sie auch selbst die Insiderinformationen legal hätte verwerten dürfen.

8. Dispositionsbefugnis über Insidertatsachen

a) Dispositionsbefugnis in Übernahmekonstellationen

Die Übernahme börsennotierter Unternehmen unterliegt innerhalb des Insiderrechts einem Sonderrecht, das sich nicht aus dem Wortlaut des WpHG, sondern aus der Präambel der EG-Richtlinie ableitet : „Da dem Erwerb oder der Veräußerung von Wertpapieren stets eine entsprechende Entscheidung der Person vorausgehen muss, die eines der beiden Geschäfte tätigt, stellt die Tatsache dieses Erwerbes oder dieser Veräußerung nicht als solche eine Verwendung eine Insider-Information dar." Gemeint ist mit diesem Passus die Situation, in der ein Unternehmen als Bietergesellschaft oder *takeover-bidder*, weshalb die Klausel auch als *takeover-bidder-exemption* bezeichnet wird,[848] sich für den Kauf eines Zielunternehmens entscheidet. Die Entscheidung stellt grundsätzlich eine Insiderinformation dar, weil sie nicht öffentlich bekannt und kursrelevant ist: das Bekanntwerden einer Kaufabsicht wird als Wertschätzung der Zielgesellschaft vom Anlegerpublikum verstanden und somit ein Steigen der Börsenkurse verursachen.[849] Damit unterfielen die für die Bietergesellschaft handelnden Personen nach Art. 2 Abs. 2 der EG-Richtlinie dem Verbot, Papiere der Zielgesellschaft vor Publikation der Übernahmeabsicht für die Bietergesellschaft zu erwerben. Indes liefe dies den vitalen Interessen des Bieters zuwider. Denn bis zur Veröffentlichung ließen sich die Anteile am Target wesentlich günstiger erwerben, ja möglicherweise würde eine frühzeitige Mitteilung an den Markt die Börsenkurse sogar derart

---

[848] Davies, in : Hopt/Wymeersch, European Insider Dealing, S. 243, 247; krit: Tippach, Insiderhandelsverbot, s. 201 und 204; Hopt, in:Hopt/Wymeersch, European Insider Dealing, S. 129, 140.

[849] Davies, a.a.O., S. 244;Vgl. zur Kursauswirkung des Angebotes bei der gescheiterten Übernahme von Chrysler durch Kerkorian: FAZ vom 26. April 1995. Allerdings gibt es auch Ausnahmen: Das Bankhaus S.G. Warburg wurde so oft „herumgereicht", dass schließlich vor der Übernahme die Kurse sanken: FAZ vom 4. Mai 1995.

steigen lassen, dass die Übernahme nicht mehr finanzierbar wäre.[850] Im Ernstfall könnte dies für eine sanierungsbedürftige Zielgesellschaft das wirtschaftliche Ende bedeuten, da sich ein Sanierer in Gestalt eines Kaufinteressenten nicht mehr finden ließe. Dieses Ergebnis wird für unerwünscht erachtet,[851] weshalb einige Rechtsordnungen, in denen Unternehmensübernahmen bereits seit langem den Hintergrund für eine Vielzahl von Insidergeschäften boten,[852] der Bietergesellschaft im Rahmen einer Übernahme den Erwerb von Aktien der Zielgesellschaft gestatteten.[853] Diese Regelung übernahm die EG-Richtlinie mit der o.g. Bestimmung.[854] Das deutsche Recht folgt der *takeover-bidder-exemption*. Zwar wurde sie entgegen ursprünglichen Forderungen[855] nicht in das WpHG aufgenommen, sie findet sich jedoch - etwas unglücklich formuliert - in der Regierungsbegründung zu § 14 WpHG, wo der sog. Pakethandel vom Insidertatbestand ausgenommen wird.[856] Der Pakethandel ist ein börsentechnischer Fachausdruck, für ein außerbörslich vollzogenes Geschäft über einen größeren Bestand von Aktien an ei-

---

850 Davies, a.a.O.

851 Vgl. z.B. Tippach, Insiderhandelsverbot, S.204 f.

852 Rechtstatsächlich standen hier vor allem die „Übernahmekriege" in den USA der 80er Jahre im Vordergrund: vgl. den Überblick in der FT vom 17. Februar 1994(Waters); in gewissen Industriezweigen haben die verstärkten Übernahmeaktivitäten in den 90er Jahren auch in Großbritannien wieder eingesetzt: FT vom selben Tage (Bart); zur im Verhältnis zu Unternehmensübernahmen größeren Bedeutung von Mergers & Acquisitions für den Insiderhandel am deutschen Markt: Kohler, Inside Information, in : Hopt/Wymeersch, European Insider Dealing, S. 263,267 und Tippach, a.a.O.;

853 So z.B. in England: Rule 4.1. des City Code on Take-overs and Mergers, amended up to 30 August 1989.

854 Zur unzutreffenden Ansicht, die Takeover-Bidder-Exemption leite sich aus Art. 2 Abs. 3 der Richtlinie ab: richtigstellend Hopt, in : Hopt/Wymeersch, European Insider Dealing, S. 129, 140.

855 Stellungnahme des ZKA der deutschen Banken, Rn4/§14 WPHG; nicht veröffentlichtes Dokument vom 20. August 1993; DiskussEWPHG, S. 26 ebenfalls nicht veröffentlichtes Dokument, das dem Verfasser nur undatiert und ohne AKtZ vorliegt.

856 BR-DS 793/93, S. 145

nem börsennotierten Unternehmen.[857] Meist werden auch Unternehmenskäufe im Wege des Pakethandels abgewickelt.[858] Auch wenn größere Klarheit in der Regierungsbegründung also wünschenswert gewesen wäre, so ergibt sich doch aus ihr eindeutig die Geltung der *takeover-bidder-exemption* für das deutsche Recht.

In einer Übernahmesituation ist also die Dispositionsbefugnis der Gesellschaft über die Insiderinformation –zumindest aus insiderrechtlicher Sicht- gegeben: der Gesellschaft ist in Übereinstimmung mit der Regierungsbegründung zum WpHG und der EG-Richtlinie die Verwertung der selbstgeschaffenen Information erlaubt. Im Einzelfall wird allerdings zu prüfen sein, ob die Ausnutzung der Information auch im Einklang mit dem Recht der Unternehmensübernahme steht.[859] Kauft der Insider vor Veröffentlichung der Übernahmeabsicht also Aktien auf eigene Rechnung, um die anstehenden Kursgewinne für sich zu verwerten, verletzt er informationelle Eigentumsrechte der Bietergesellschaft und ist dieser zum Schadenersatz verpflichtet.

b) *Bevorstehende Anteilsemission*

Ähnlichkeiten zur Übernahmesituation weist aus insiderrechtlicher Sicht der Fall auf, dass die Gesellschaft eine Anteilsemission am Kapitalmarkt beabsichtigt, um aus den Zeichnungserlösen zukünftige Vorhaben zu finanzieren oder Verluste abzudecken. Eine kursrelevante Information soll dabei allein dem Insider (etwa einem technischen Vorstand der emittierenden Gesellschaft) bereits zu Beginn der Zeichnungsfrist bekannt sein; die Information wird dann nach Ablauf der Zeichnungsfrist bekannt gegeben. Hat der

---

857 Canaris, Bankvertragsrecht, Rn 1822 und 1898; Brüggemann, GKHGB, Rn 38/ § 381 BGB.

858 Vgl. Wiedemann, Gesellschaftsrecht, S. 834 f.

859 Vgl. das nun in Kraft getretene Wertpapiererwerbs- und Übernahmegesetz, BGBl Teil I vom 20. Dezember 2001, S. 3822; hierzu: Ehricke/Roth, DStR 2001, S. 1120 ff., Land, DB 2001, S. 1707 f..

Insider vor Veröffentlichung der kursrelevanten Nachricht gezeichnet, hat er sich zu Lasten der Gesellschaft zu günstig „eingekauft“ und setzt sich wegen der Verletzung des informationellen Eigentums der Gesellschaft Schadenersatzansprüchen aus. Ob der Insider aufgrund des Verschweigens der kursrelevanten Tatsache unter Umständen auch für den der Gesellschaft hinsichtlich der übrigen Zeichner entgangenen Emissionserlös haftet, ist dann kein insiderrechtliches Problem mehr.

III. Bemessung des Schadensersatzes

Sofern die betroffene Gesellschaft vom Insider einen Ausgleich für die Verletzung ihrer informationellen Eigentumsrechte verlangt, stellt sich die Frage, wie dieser Ausgleich zu bemessen ist. Hierfür kommen verschiedene Ansätze in Frage.

1. Bemessung nach der Differenzhypothese

Nach dem Verständnis der Differenzhypothese[860] liegt ein Schaden bei der Gesellschaft dann vor, wenn bei einem Vergleich des tatsächlichen Vermögens der Gesellschaft mit demjenigen, das sich bei Hinwegdenken der Insiderhandlung ergibt, ein geringerer Wert des tatsächlichen Vermögens ergibt. In den oben besprochenen Fällen ist eine solche Vermögenseinbusse jeweils feststellbar. Der Insider muss die Gesellschaft also so stellen, wie sie ohne sein Handeln gestanden hätte. Im Übernahmefall ist der Gesellschaft der Mehrbetrag zu ersetzen, den sie angesichts des Ansteigens des Kaufpreises infolge der Insidergeschäfte an die Altgesellschafter der Zielgesellschaft zahlen musste. Beim Emissionsfall ist sie in Höhe des entgangenen Zeichnungserlöses zu entschädigen.

---

860 S. bereits o., 5. Kapitel.

2. Bemessung in Anlehnung an § 4 der IHR bzw. § 97 UrhG

Die Verletzung urheberrechtlich geschützter Rechte kann zu finanziellen Einbußen auf Seiten des Berechtigten führen. Die Bemessung des Schadens führt bei Anwendung der Differenzhypothese zu Schwierigkeiten. Namentlich verändert sich das Vermögen etwa eines Textautors nicht notwendigerweise, wenn ein Dritter dessen literarische Ausführungen als eigene feilbietet. Das Urheberrecht hält für dieses Dilemma in § 97 UrhG einen Ausweg bereit. § 97 UrhG hat - soweit hier von Interesse - folgenden Wortlaut:

„Wer das Urheberrecht [...] verletzt, kann vom Verletzten [...] auf Schadenersatz in Anspruch genommen werden. An Stelle des Schadenersatzes kann der Verletzte die Herausgabe des Gewinns, den der Verletzer durch die Verletzung des Rechts erzielt hat, und Rechnungslegung über diesen Gewinn verlangen."

§ 97 UrhG erlaubt dem urheberrechtlich Geschädigten also, anstelle von Schadenersatz auch den aus dem verbotenen Geschäft erzielten Gewinn herauszuverlangen. Die Unterscheidung zwischen einem Schadenersatz- und einem Gewinnherausgabeanspruch geht auf dogmatische Streitigkeiten vor dem Erlass der Norm zurückgeht.[861] In der Praxis jedoch gilt das Recht auf Gewinnherausgabe nicht als isolierter Anspruch, sondern im Einklang mit der bisherigen Rechtsprechung[862] als eine Berechnungsmethode für den Schadenersatzanspruch.[863] Eine Begründung für die Notwendigkeit dieser ungewöhnlichen Koexistenz eines Herausgabe- und eines Kompensationsanspruchs liefert ein sehr altes Urteil des Reichsgerichts, das sich noch nicht auf den § 97 UrhG, sondern nur auf allgemeinere Erwägungen hatte stützen können. In dem zugrundeliegenden Sachverhalt hatte die Beklagte ohne Genehmigung des

---

861 Nordemann, Komm. zum UrhG, § 97 UrhG, Rn 41 f..

862 RG GR UR 1934, S. 627 - 631.

863 Schricker-Wild, Komm. zum UrhG, § 97 UrhG, Rn 68; Assmann, BB 1985, S. 15, 16 ff.

Klägers dessen Musikstücke nachgedruckt. Der Kläger wollte Schadenersatz, konnte aber keine ihm zugefügte Vermögenseinbuße nachweisen. Das Reichsgericht sprach ihm die Herausgabe desjenigen Gewinnes zu, den die Beklagte durch den ungenehmigten Nachdruck erzielt hatte. Die Entscheidung stehe im Einklang mit dem schadensrechtlichen Restitutionsprinzip. Das schadenstiftende Ereignis sei darin zu sehen, dass die Beklagte sich durch den Nachdruck die Früchte des geistigen Eigentums des Klägers zu ihrem Vorteil angeeignet habe. Der Kläger müsse deshalb so stehen, wie wenn der Vertrieb für seine Rechnung vorgenommen worden wäre. Dies gelte auch dann, wenn er hierzu niemals seine Genehmigung gegeben hätte. Das Reichsgericht fährt fort, die Bemessung des Schadens erfolge nach der Bereicherung des Beklagten. Es führt knapp aus, dass es eine Vermischung der dogmatischen Grenzen zwischen Schadenersatz und Kondiktion nicht befürchte. Der Herausgabeanspruch sei zumindest aus Billigkeitserwägungen geboten.

Einen ähnlichen Herausgabeanspruch kennen auch die von der Börsensachverständigenkommission verfassten Insiderregeln.[864] Gemäß § 4 der Regeln haben Insider den aus Insidergeschäften erzielten Gewinn an die Gesellschaft abzuführen. Entsprechendes gilt für vermiedene Verluste. Die im Urheberrecht bereits anerkannte und von den Insiderregeln angeregte Möglichkeit der Schadensbemessung nach dem Gewinn des Delinquenten muss der Gesellschaft bei der Geltendmachung von Ansprüchen gegen den Insider auch außerhalb des Anwendungsbereiches der Insiderregeln möglich sein. In der Regel wird zwar der Anspruch auf Restitution für die Gesellschaft interessanter als eine Gewinnherausgabe sein, da er angesichts der verschiedenen Volumina der Transaktionen höher ausfallen wird: Beabsichtigt die Gesellschaft etwa, 100.000 Aktien an einem Unternehmen für DM 100/Aktie zu erwerben und hat der Insider im Vorfeld der Übernahme 500 Aktien gekauft, was zu einem Anstieg der Kurse auf DM 101 führte, so beläuft sich der Schaden für die Gesellschaft auf DM 100.000. Steigt dann nach der

---

[864] Vgl. o., 1. Kapitel.

Publizierung der Übernahme der Kurs auf DM 120, realisiert der Insider einen Gewinn von DM 10.000.-. Durch die Gewinnherausgabe würde die Gesellschaft also bei weitem keine vollständige Kompensation für den erlittenen Schaden erlangen.

Haben aber etwa im vorgenannten Fall zwanzig Insider durch voneinander unabhängiges Handeln einen Anstieg auf DM 101 verursacht und hat jeder von ihnen einen Gewinn von DM 10.000.- gemacht, so kann es für die Gesellschaft günstiger sein, den erzielten Gewinn von diesen herauszuverlangen. Es wird der Gesellschaft dabei auch wesentlich leichter fallen, den von den Insidern erzielten Gewinn nachzuweisen als – wie dies für die Differenzhypothese notwendig wäre - den Anstieg der Börsenkurse um exogene Faktoren zu bereinigen und eindeutig auf die Insidertransaktionen zurückzuführen. Der Gesellschaft sollte insofern ein Wahlrecht eingeräumt werden, ihren Schaden nach der Differenzhypothese oder nach dem vom Insider erzielten Gewinn zu bemessen.

IV. Anspruchsgrundlagen

Als Anspruchsgrundlage der Gesellschaft gegen einen Insider kommt § 93 Abs. 2 AktG, gegebenenfalls in Verbindung mit § 116 AktG, in Betracht, soweit es sich bei den Insidern um Mitglieder von Vorstand oder Aufsichtsrat handelt. Diese begehen durch Insiderhandel eine Pflichtverletzung gegenüber der Gesellschaft, durch welche dieser nach den obigen Ausführungen auch ein Schaden entsteht.

§ 823 Abs. 2 BGB scheidet als Anspruchsgrundlage aus, da § 14 WpHG kein Schutzgesetz zugunsten der Gesellschaft ist.[865]

Hingegen kann die Gesellschaft einen Schadensersatzanspruch auf § 823 Abs. 1 BGB stützen, da es sich bei den der Gesellschaft zustehenden informationellen Eigentumsrechten um sonstige Rechte

---

865 S.o., 4. Kapitel.

im Sinne der Vorschrift handelt. Mit der Erwähnung des sonstigen Rechts in § 823 Abs. 1 BGB wollte der Gesetzgeber zum Ausdruck bringen, dass den in der Vorschrift namentlich genannten Rechten gewisse eigentumsähnliche Rechtspositionen vergleichbar sind, die einen spezifischen Zuweisungsgehalt und eine soziale Ausschließungsfunktion aufweisen.[866]

Für das Urheberrecht ist anerkannt, dass es sich - trotz spezialgesetzlichen Schutzes- um ein sonstiges Recht im Sinne des § 823 Abs. 1 BGB handelt.[867] Gleiches gilt nach höchstrichterlicher Rechtsprechung auch für Betriebsgeheimnisse, etwa in Form eines Geheimverfahrens, das vom Betrieb ablösbar ist und einen eigenständigen Wert hat.[868] Nach den Ausführungen unter II. und III. in diesem Kapitel, in denen bereits Anleihe bei den Rechtsgedanken des § 97 UrhG genommen wurde, ergibt sich eine starke Verwandtschaft zwischen dem Recht des Urhebers am geistigen Eigentum an einem Werk und demjenigen der Gesellschaft am informationellen Eigentum an einer gesellschaftsbezogenen Insidertatsache. Für eine Ungleichbehandlung beider Rechte ergibt sich keine Rechtfertigung. Von daher muss die Gesellschaft bei einer Verletzung ihres informationellen Eigentumsrechts auch deliktsrechtlichen Schutz in Anspruch nehmen können.

D Zusammenfassung des 9. Kapitels

Eine börsennotierte Aktiengesellschaft kann in mehrfacher Weise von Insiderhandelsaktivitäten betroffen sein. Von angestellten oder vertraglich verbundenen Insider kann sie sich unter Umständen durch Kündigung lösen. Organmitglieder können abberufen werden. Die Hauptversammlung kann ihnen die Entlastung verweigern. Schließlich kann die Gesellschaft durch Insiderhandel auch

866 Mü-Ko-Mertens, § 823 BGB, Rn 124 f.

867 BGHZ 26, S. 52, 59.

868 Vgl. sog. Kuchenrutschfall, BGHZ 16, S. 172, 175.

Schaden nehmen. Abgesehen von Reputationsschäden können Insider informationelle Eigentumsrechte des Unternehmens an unternehmensbezogenen Insidertatsachen verletzen. Die Eigentumsrechte an diesen Tatsachen stehen der Gesellschaft selbst, nicht dem Angestellten oder Organ zu, der die Tatsache unter Umständen mitentwickelt hat. Die Gesellschaft darf aber von informationellen Eigentumsrechten an Insidertatsachen nicht unbeschränkt Gebrauch machen. Auch sie wird durch die Verfügungsbeschränkungen der §§ 14, 38 WpHG an der Ausnutzung von Insiderinformationen sowie an deren Weitergabe in der Regel gehindert. Nur in Ausnahmefällen, wie der bevorstehenden Übernahme einer Zielgesellschaft oder einer Anteilsemission, kann die Gesellschaft daher von einem Insider Schadensersatz für erlittene Vermögensnachteile aus Insidergeschäften verlangen. Es steht der Gesellschaft frei, diesen Schadensersatzanspruch nach den Vorgaben der Differenzhypothese oder in Entsprechung zu § 4 der IHR bzw. § 97 UrhG nach dem vom Insider erzielten Gewinn zu bemessen. Die Gesellschaft kann ihre Ansprüche dann gegebenenfalls auf §§ 93 Abs. 2, 116 AktG oder auf § 823 Abs. 1 BGB stützen.

10. Kapitel: Ökonomische Gesichtspunkte

A Einführung

Im nachfolgenden Kapitel sollen die zuvor auf juristischer Grundlage erarbeiteten Ergebnisse mit dem Stand der ökonomischen Forschung abgestimmt werden. In den Wirtschaftswissenschaften wird bereits seit einigen Jahrzehnten eine heftige Debatte um das Erfordernis einer Regulierung des Insiderhandels und die Notwendigkeit eines gesetzlichen Insiderhandelsverbotes geführt.[869] In den USA wurde diese Diskussion auch durch die Verabschiedung eines gesetzlichen Insiderhandelsverbots nicht beendet. Der Streit kreist um die ökonomischen Vor- und Nachteile des Insiderhandels für die Funktionsfähigkeit der Kapitalmärkte. Die Geister scheiden sich insbesondere an der Frage, ob Insiderhandel die Aktienkurse dem wahren Wert der zugrundeliegenden Papiere annähern kann und ob Insiderhandel die Informationsverbreitung am Kapitalmarkt begünstigt oder ob er im Gegenteil zu einer Erhöhung von Transaktionskosten führt. Am Beispiel des *lemon and plum*[870]-Marktes und unter dem Stichwort der *adverse selection* erfasst die wirtschaftswissenschaftliche Debatte auch die negativen Konsequenzen von

---

869 Vgl. Schneider DB 1993, S. 1429, 1431; H. Schmidt, Börsenorganisation zum Schutz der Anleger, S.78; ders. in : Hopt/Wymeersch, European Insider Dealing, S. 21,24; Ott/Schäfer, ZBB 1992, S. 226, 229; Manove, 104 Quarterly Journal of Economics, 823 (1989); Swoboda, Kapitalmarkt und Finanzierung, S.49, 50; Schörner, Gesetzliches Insiderhandelsverbot, S. 114; Manne, 23 Vand. L. Rev., 542 (1970); Carlton/Fishel, 35 Stan. L. Rev. 1983, 857; Hirshey/Zaima, Insider Trading, Journal of Finance, 971 (1989); King/Roell, Insider Trading, S. 171 f.; Easterbrook, 11 Sup.Ct. Rev., S. 309-365 (1981); Broadway/Bruce, Welfare Economics, S. 123-129.

870 Das lemon-and-plum-market-Modell beschreibt einen Gebrauchtwagenmarkt, an dem gute und schlechte Gebrauchtwagen (amer. lemons and plums) gehandelt werden. Können lemons und plums mangels Informationen vom Käufer nicht mehr unterschieden werden, werden gute Gebrauchtwagen irgendwann vom Markt verschwinden.

Informationsasymmetrien zwischen den Anlegern auf die Liquidität des Marktes und die Kapitalkosten.[871]

Eine marktbezogene Regelung wurde aber in Deutschland mittlerweile durch das WpHG[872] geschaffen, das den Schutz der Funktionsfähigkeit der Kapitalmärkte und der an ihnen agierenden Anleger intendiert. Selbstverständlich wird durch die positive Gesetzeslage die Debatte um die Regulierungsbedürftigkeit des Kapitalmarktes nicht „unerlaubt",[873] denn auch bestehende Gesetze können aufgrund besserer Erkenntnis wieder aufgehoben oder geändert werden. Die Regulierung durch das WpHG ist jedoch auch europarechtlich verankert[874], so dass eine kurzfristige Zurücknahme der marktbezogenen Regelungen des WpHG aus heutiger Sicht wenig wahrscheinlich erscheint. Unter praktischen Gesichtpunkten ist es daher von geringerem Interesse, die Debatte bezüglich einer marktbezogenen Insiderregelung ein weiteres Mal aufzunehmen.[875] Es verspricht demgegenüber mehr, aus ökonomischer Sicht den Blick auf die Konsequenzen des Insiderhandels für eine börsennotierte Gesellschaft, deren unmittelbarer Schutz ja durch das WpHG nicht gewährleistet werden soll, zu richten. Im Mittelpunkt werden dabei zwei Themenkreise stehen, denen die Vertreter der Wirtschaftswissenschaften besondere Aufmerksamkeit schenken :

- die Auswirkungen des Insiderhandels auf den innerbetrieblichen Informationsfluss (B)
- die Tauglichkeit des Insiderhandels als Instrument der Managementvergütung (C).

---

871 Akerlof, Q.J.Econ. 488 (1970).

872 Siehe vorne, 1. Kapitel.

873 Hartmann, Juristische und ökonomische Regelungsprobleme des Insiderhandels, S. 21.

874 Siehe ebenfalls vorne, 1. Kapitel.

875 Die wohl aktuellste Zusammenfassung der Diskussion hierzu findet man bei Hartmann a.a.O., S. 33 ff.

Hinsichtlich beider Themenkreise soll zunächst der Diskussionsstand dargestellt und einzelne Meinungen auf ihre Schlüssigkeit untersucht werden. Unter D wird dann die empirische Belegbarkeit der Standpunkte überprüft.

B Insiderhandel und Informationsfluss

Auch ein kleineres Unternehmen kann nur erfolgreich geführt werden, wenn seine Geschäftsführer untereinander und mit den zuständigen Mitarbeitern in effizienter Weise kommunizieren. Die Bedeutung einer reibungslosen Kommunikation wächst mit der Größe des betroffenen Unternehmens. Während sich bei einem kleineren Unternehmen die zuständigen Mitarbeiter regelmäßig kennen und sich Informationen auf kurzem Wege übermitteln können, muss eine Information bei Großkonzernen oft zunächst zahlreiche Hierarchieebenen überwinden, bevor sie den entscheidungsbefugten Mitarbeiter erreicht.

Unabhängig von der Präsenz von Insiderhandel eröffnen sich bei der Weitergabe einer Information zahlreiche Fehlerquellen. Tatsachen können falsch verstanden, vergessen, bewusst oder unbewusst unwahr oder auch einfach an die falschen Personen weitergegeben werden. Moderne Kommunikationsmöglichkeiten wie *e-mail* beschleunigen zwar den Informationsfluss, führen aber derzeit im Vergleich zu den traditionellen Informationswegen auch noch zu erhöhten Risiken bei der Überwachung der Vertraulichkeit des Wortes und bei der Weiterleitung von Nachrichten. Auch durch die Delegation von Entscheidungsbefugnissen auf untere Führungs- bzw. Fachebenen kann die Fehlleitung von Informationen allenfalls reduziert nicht aber ausgeschlossen werden.[876]

Fraglich ist, inwieweit die Existenz von Insiderhandel die Fehlleitung von Informationen im Unternehmen beeinflusst. Für eine wei-

---

[876] Haft, 80 Mich. L. Rev. 1051, 1063 (1982)

tere Verschlechterung des Informationsflusses durch Insiderhandel spricht, dass der Mitarbeiter bei Erhalt einer Information zunächst einen zusätzlichen Entscheidungsprozess in Gang setzen muss. Vor Weiterleitung der Information wird er zunächst bedenken, ob er sie für den Kauf von Insiderpapieren einsetzen möchte. Fehlt dem Mitarbeiter die notwendige Liquidität, muss er sich für den Wertpapierkauf Kredit beschaffen. Eventuell möchte der Mitarbeiter auch noch Freunde und Verwandte mit „heißen Tips“ bedenken.[877] Erst dann, wenn die Transaktion arrangiert, Mittel beschafft und somit unter Umständen geraume Zeit verstrichen ist, wird der Mitarbeiter die Insidertatsache weitergeben. Hierdurch können sich bereits im Einzelfall erhebliche zeitliche Verschiebungen in der Informationsübermittlung ergeben. Auch wenn die im Einzelfall eintretende Verzögerung nur gering sein sollte, so können sich – zumindest in einem größeren Unternehmen – die einzelnen Verzögerungen zu einem beträchtlichen Zeitverlust summieren.[878] Mitarbeiter werden dabei möglicherweise nicht alleine und ausschließlich auf eigene Rechnung arbeiten, sondern sich mit anderen zusammenschließen, um Insiderinformationen auszutauschen und ggf. gemeinsame Geschäfte zu tätigen.[879] Über die Verzögerung des Informationsflusses hinaus wird dann auch betriebliche Arbeitszeit für private Interessen der Arbeitnehmer verbraucht. Durch den verspäteten Zugang von Informationen auf höheren Hierarchieebenen müssen dort Entscheidungen unter größerem Zeitdruck getroffen werden, was die Fehleranfälligkeit der Entscheidungen erhöht.

Der Verdacht auf Insideraktivitäten im Unternehmen kann auch Misstrauen im Mitarbeiterkreis begründen. Der Kollege oder Vorgesetzte wird Informationen, die er von einem potentiellen Insider erhält, genauer auf ihre Richtigkeit und ihre zeitnahe Weiterleitung prüfen. Auch hierdurch geht Arbeitszeit für andere Aufgaben verloren. Schließlich werden Mitarbeiter auf unteren Hierarchieebenen

---

877 Haft, a.a.O.

878 Bainbridge, 38 U.Fla. L.Rev. 35, 50 (1986).

879 Haft a.a.O.

möglicherweise Frustration verspüren, dass ihre Vorgesetzten aufgrund besserer finanzieller Ausstattung und genauerer Kenntnis des Gesamtunternehmens Insiderinformationen effizienter nutzen können. Auf allen Ebenen kann die Neigung entstehen, Informationen gänzlich zurückzuhalten oder zu manipulieren, um den eigenen Gewinn aus den Insidergeschäften zu maximieren.

Vorteilhaft für das Unternehmen kann sich demgegenüber auswirken, dass das hohe Eigeninteresse an der Verwertung kursrelevanter Informationen die Mitarbeiter motiviert, positive oder negative kursbeeinflussende Nachrichten schnellstmöglich an die Entscheidungsträger weiterzugeben und damit veröffentlichungsfähige Informationen zu schaffen.[880]

C Insiderhandel als Entlohnung des Managements

Die adäquate Entlohnung von Führungs- und qualifizierten Fachkräften stellt eine ständige Sorge für große wie für kleine Wirtschaftsunternehmen dar. Zusätzlich zu den traditionellen erfolgsabhängigen Entlohnungsformen wie Tantiemen, Belegschaftsaktien und Aktienoptionen könnte ein Unternehmen begehrten Arbeitskräften eine möglicherweise attraktive Vergütung durch die Gestattung von Insidergeschäften in eigenen Papieren bieten – einmal unterstellt, das aktuelle straf- und ordnungswidrigkeitenrechtliche Verbot zum Schutz der Kapitalmärkte existierte nicht.

Ausgangspunkt der Überlegungen, inwieweit ein solches Vergütungsmodell wirtschaftlich effizient funktionieren kann, sollen die von *Manne* in dessen Grundsatzwerk „*Insider Trading and the Stock Market*" getroffenen Erwägungen sein.[881] *Manne* gründet seine Thesen auf den Ansatz *Schumpeters*[882], wonach infolge der

[880] Carlton/Fishel, 35 Stan. L. Rev. 857, 870 (1983).

[881] S. 131-133.

[882] Unternehmer, in: Handbuch der Staatswissenschaften, S. 476 ff.

Trennung von Eigentum und Kontrolle an der Unternehmung eine Bürokratisierung und dementsprechend eine Lähmung der wettbewerblichen Dynamik drohe. Die im modernen Großunternehmen notwendige Separierung von Kontroll- und Eigentümerbefugnissen will *Manne* dadurch abgemildert wissen, dass die Vergütung des angestellten Managers derjenigen des selbständigen Unternehmers zumindest angenähert wird. Hierbei misst *Manne* der Gestattung von Insiderhandel gegenüber Mitarbeitern eine Schlüsselrolle zu. Ob das von *Manne* propagierte Vorgehen sich auch schädlich für das Unternehmen auswirken kann, ist streitig und soll nachfolgend diskutiert werden.

I. Das Agency-Modell

Die Wirtschaftswissenschaften nutzen das sog. *agency*-Modells zur Veranschaulichung des Vergütungsproblems. Eine *principal-agent* Beziehung gilt als wirtschaftlich entstanden, soweit zwei oder mehr Personen unter Eingehung gegenseitiger Rechte und Pflichten gemeinsam am Erfolg eines Projektes oder einer Unternehmung teilhaben.[883] Die teilhabenden Personen müssen sich dabei über die Erreichung des von ihnen erwünschten Nutzens aus dem Vorhaben sowie der gewünschten Risikoverteilung im Klaren sein und diesbezüglich auch untereinander Verständigung erzielen.[884] Bei auftragsähnlichen Beziehungen erfreut sich typischerweise der *agent* als Auftragnehmer einer Informationsvorhand gegenüber dem *principal*, da er sich näher am Geschehen befindet.[885] Eine *principal-agent*-Beziehung charakterisiert auch das Verhältnis zwischen den Aktionären und dem Top-Management einer Gesellschaft.[886] Die Aufgabe des *principal* besteht dabei im Wesentlichen in der Zurverfügungstellung von Kapital während sich sein Nutzen aus die-

---

883 Weber, Wolfgang, Insider-Handel, Informationsproduktion und Kapitalmarkt , S. 157 m.w.N.

884 Jensen/Meckling, 3 J. Fin. Econ. 306 (1976); Ross, 63 Am. Econ. Rev. 134 (1973).

885 Vgl. Klock, 10 Ga. St. U. L. Rev. 297, 317 (1994).

886 Vgl. z.B. Lahmann, Insiderhandel, S. 106 f.

sem Verhältnis vornehmlich in der Rendite seiner Investition zeigt. Die Rendite der Investition in ein börsennotiertes Unternehmen setzt sich aus der Dividende und der Wertsteigerung des Börsentitels zusammen. In Abhängigkeit von der Branche und vom Alter des Unternehmens mag der eine oder der andere Bestandteil der Rendite im Vordergrund stehen. Dem *agent* ist hingegen die Leitung der täglichen Geschäfte übertragen. Sein Nutzen liegt in der Erzielung eines möglichst hohen Gehalts bei möglichst niedrigem Arbeitseinsatz.

Nicht nur die Verteilung von Aufgaben und Nutzen, auch die Verteilung des Risikos liegen üblicherweise klar zu Tage. Der *principal* hat sein Portefeuille in der Regel diversifiziert; er besitzt Aktien an Unternehmen verschiedener Branchen und Länder, daneben möglicherweise Anleihen, Immobilien oder andere Anlagen. Dies erlaubt ihm hinsichtlich einzelner Investitionen höhere, hinsichtlich anderer Investitionen niedrigere Risiken einzugehen. Im Durchschnitt wird er sich risikoneutral verhalten.[887] Dem *agent* ist eine Diversifizierung des von ihm eingesetzten Humankapitals weitgehend unmöglich. Dienstvertraglich wird er sich verpflichtet haben, seine gesamte Arbeitskraft einer Gesellschaft zu widmen und er wird in der Regel vertraglichen oder gesetzlichen Wettbewerbsverboten, etwa nach § 88 AktG, unterliegen. Dementsprechend verhält sich der *agent* grundsätzlich risikoavers[888] – ein Scheitern seiner „Humaninvestition" könnte schließlich den Verlust seines Arbeitsplatzes sowie Reputationsschäden bedingen, die ihm auch das Finden eines neuen Arbeitsplatzes erschweren würden.

Aus den unterschiedlichen Erwartungen der Parteien an den Nutzen ihres Tuns sowie aus den voneinander abweichenden Risikoprofilen ergibt sich ein latenter bzw. akuter Interessenkonflikt zwischen *principal* und *agent*. Dieser Interessenkonflikt kann schädliche, übermäßig risikoscheue Verhaltensweisen des agent bedingen, die

---

887 Vgl. Weber, Wolfgang, a.a.O., S. 159.

888 Weber, a.a.O.

in der ökonomischen Literatur gemeinhin als *shirking* und *consumption on the job* bezeichnet werden.[889]

Um solch schädliche Verhaltensweisen des *agent* gänzlich auszuschließen, müsste die Risikoverteilung zwischen *principal* und *agent* derart modifiziert werden, dass sie ein Pareto-Optimum erreicht. Pareto-Optimum bedeutet in diesem Zusammenhang, dass weder *principal* noch *agent* wirtschaftlich besser gestellt werden können, ohne den jeweiligen Widerpart wirtschaftlich schlechter zu stellen.[890] In der ökonomischen Theorie ist ein solches Pareto-Optimum allerdings auch bei gut ausgehandelten Verträgen zwischen *principal* und *agent* nicht erreichbar.[891] Zwischen *principal* und *agent* ist daher anstelle eines pareto-optimalen Interessenausgleichs nur ein beschränkt pareto-effizientes Gleichgewicht herstellbar.[892] Die durch die Beschränkung der Pareto-Effizienz verursachten Ressourceneinbussen (teilweise ineffizienter Material- und Personaleinsatz) führen zu fiktivem Aufwand, der als „*agency*-Kosten" bezeichnet wird.[893]

Die *agency*-Kosten können in solche unterteilt werden, die durch die Verfolgung gegenläufiger Interessen des *principal* und des *agent* entstehen und solche, die dem *agent* aus der notwendigen Überwachung des *principal* erwachsen; hierbei werden die zu überwachenden Tatbestände als „*hidden action*" und „*hidden information*" bezeichnet.[894] Als *hidden action* wird das Problem umschrieben, dass der *principal* nur über beschränkte Möglichkeiten – etwa über Kontrollgremien und Berichtserfordernisse – verfügt, die Arbeitsleistung des *agent* zu überwachen. Auch wenn sich der *agent* grundsätzlich an den von ihm zu verantwortenden Umsatz- und

---

889 Z.B. Jensen/Meckling, 3 J. Fin. Econ. 306 (1976).

890 Varian, Grundzüge der Mikroökonomik, S. 64 ff.

891 Weber, Wolfgang, Insider-Handel, Informationsproduktion und Kapitalmarkt, S. 158; Jensen/Meckling, a.a.O., 308.

892 Weber, Wolfgang a.a.O.

893 Weber, a.a.O.

894 Arrow, Insurance, 223 ff.

Ergebniszahlen messen lassen muss, so wird es dem *principal* im Einzelfall doch schwer fallen, diese Zahlen um exogene Faktoren wie gesamtwirtschaftliche Rahmendaten und branchenspezifische Besonderheiten zu bereinigen. Mit *hidden information* wird hingegen der Zustand bezeichnet, dass der *agent* auf einer Informationsgrundlage handeln und entscheiden kann, die für den *principal* nur eingeschränkt nachvollziehbar ist.[895] Der *principal* ist nicht in der Lage und es ist auch nicht seine Aufgabe, sich um Details aus dem Tagesgeschäft zu kümmern.

II. Reduzierung der *agency*-Kosten

1. Agency-Kosten aus gegenläufigen Interessen

Diejenigen *agency*-Kosten, die auf der Verfolgung latent gegenläufiger Gewinnmaximierungsinteressen beruhen, können durch eine Annäherung der Interessen zwischen *principal* und *agent* reduziert werden. Erhält der *agent* neben seinem Fixgehalt eine variable Vergütung in Abhängigkeit von der Entwicklung der Gewinnsituation[896] der Gesellschaft, wird er sich eher bemühen, die Ertragslage der Gesellschaft positiv zu beeinflussen. Der Grad an Identifikation des *agents* mit den Interessen des *principals* erhöht sich folglich; Gewinnsteigerungen erweitern schließlich das für den *principal* zur Verfügung stehende Dividendenvolumen.[897] Die Interessen von *principal* und *agent* nähern sich noch weiter an, wenn der *agent* nicht nur an Gewinn- sondern auch an Unternehmenswertsteigerungen teilhat. Dies kann durch Ausgabe von Vermögensbeteili-

---

895 Hierzu auch Lahmann, Insiderhandel, S. 107.

896 Umsatztantiemen werden sich nur im Einzelfall – z.B. bei starker Vertriebsorientierung der Gesellschaft zur Inzentivierung des Managements eignen – andernfalls kann sich eine solche wegen der Vernachlässigung der Kostenseite eher kontraproduktiv auswirken.

897 Die Tantieme kann dabei auch – etwa auf der Grundlage des M-Dax, SMAX oder sonstiger Vergleichsgrößen indiziert werden, um die performance des *agent* ins Verhältnis zu derjenigen vergleichbarer Marktteilnehmer zu setzen.

gungen in realer Form durch Stockoptions, Wandelschuldverschreibungen oder Aktien oder in virtueller Form durch sog. Phantomaktien[898] oder Stock Appreciation Rights[899] erfolgen.

2. *agency*-Kosten aus der Überwachung des *agents*

Die *agency*-Kosten aus der Überwachung der Aufgaben des *agent* durch den *principal* ergeben sich zum einen aus den Aufwendungen für Kontrollgremien wie Aufsichts- und Beirat.[900] Zum anderen bestimmen auch sog. Kontrollmärkte die *agency*-Kosten in der wirtschaftswissenschaftlichen Theorie.[901] In der Regel werden diese Kontrollmärkte unterschieden nach

- dem Managementarbeitsmarkt
- dem Kapitalmarkt und dem sogenannten
- Markt für Unternehmenskontrolle.[902]

Die Kontrolle der Leistung des *agent* tritt insbesondere am Managementarbeitsmarkt hervor. Seine Qualität sollte sich dort in seinem „Marktwert" ausdrücken, also bei guten Leistungen in attraktiven Stellenangeboten und guter Bezahlung, bei schlechten Leis-

898 Unter Phantomaktien versteht man eine innovative Tantieme, bei der Wertsteigerungen des Aktienkurses dem Mitarbeiter in bar ausgezahlt werden ohne dass er tatsächlich eine Aktie an der Gesellschaft erhielte, vgl, Harrer, Mitarbeiterbeteiligungen, Rn 161.

899 Bei Stock Appreciation Rights (SAR) handelt es sich ähnlich wie bei Phantomaktien um eine innovative Tantiemeform, allerdings hier in Form einer virtuellen Call-option. Die Vergütung erfolgt durch Auszahlung der Differenz zwischen dem bei Erhalt der Option festgesetzten Basispreis und dem bei Ausübung der Option gültigen Börsenkurs; vgl. dazu Friederichsen, Aktienoptionsprogramme, S. 14 f.

900 § 113 AktG sieht dabei vor, dass die Vergütungen der Aufsichtsratsmitglieder durch Festlegung in der Satzung oder durch sonstigen Beschluss der Hauptversammlung erfolgen muss.

901 Schörner, Gesetzliches Insiderhandelsverbot, S. 196 ff.

902 Schörner, a.a.O., auch zu der hier nicht zu behandelnden Frage, wie diese Märkte ihrerseits durch Insiderhandel beeinflusst werden (insbesondere S. 201, 203 und 206).

tungen in niedrigerem Gehalt oder möglicherweise Reputationsverlust und Arbeitslosigkeit. Auch auf dem Kapitalmarkt schlagen sich die Folgen eines erfolgreichen oder weniger erfolgreichen Managements in der Regel nieder. Ist die Börse effizient, spiegeln die Aktienkurse also verfügbare Unternehmensinformationen weitestgehend wider, wird sich auf Dauer auch die Qualität der Managementleistungen in der Entwicklung der Börsenkurse abbilden.[903] Bei schlechten Leistungen werden sich die Kosten für die Akquisition von Eigenkapital erhöhen.[904] Dies wirkt sich insbesondere sehr nachteilig aus, wenn – wie bei jungen Unternehmen der Hochtechnologie - Eigenkapitalfinanzierung kaum durch Fremdkapital- oder Innenfinanzierung substituiert werden kann.

Der Markt für Unternehmungskontrolle zeichnet sich schließlich dadurch aus, dass Unternehmen empirisch häufiger Gegenstand von Übernahmen durch Dritte werden, wenn ihre Geschäftspolitik nicht am Interesse der Anteilseigner ausgerichtet ist und deshalb die Bewertung des Unternehmens unterhalb dessen liegt, was bei effizienter Ressourcenausschöpfung erreichbar wäre.[905] Der Wechsel der Mehrheit der Anteilseigner wird dann auch den Austausch des Top-Managements der Gesellschaft nach sich ziehen.

III. Einfluss von Insiderhandel auf die *agency*-Kosten

Die Gestattung von Insiderhandel hat möglicherweise Einfluss auf das Entstehen der *agency*-Kosten sowie deren Reduzierung. Dies wird vornehmlich unter drei Aspekten untersucht:

- Effizientere Entlohnung des Managements durch die Gesellschaft

---

903 Schörner, a.a.O., S. 201.

904 Süchting, Finanzmanagement, S. 81 f.

905 Schörner, a.a.O.; Vgl. a. Adams, Die AG 1989, S. 333, 336 f. zu Ineffizienzen am Markt für Unternehmungskontrolle.

- Negative Anreizwirkungen (*perverse incentive*)
- Informationsverbreitung durch die Gesellschaft.

1. Effizientere Entlohnung des Managements

Einige Befürworter eines unregulierten Insiderhandels meinen, wenn der *principal* dem *agent* Insiderhandel erlaube – unterstellt, eine staatliche Regulierung besteht nicht – führe dies zu einer idealen Entlohnung des *agent*, da diesem hiermit die Früchte seiner Arbeit zuwachsen würden.[906] Eine Erlaubnis, Insiderhandel zu treiben senke auch die Kontrollkosten, da der Dienstvertrag nicht ständig mit dem *agent* neu verhandelt werden müsse sondern dieser sich sein Gehaltspaket selbständig schnüren könne.[907]

Die Gegenmeinung[908] lautet, Insiderhandelsgewinne führten zu einer unpräzisen Entlohnung, da die Gewinne nicht um gesamtwirtschaftliche Rahmendaten bereinigt werden könnten.[909] Durch Insiderhandel könnten auch sog. *free-rider*, also Personen, die nicht selbst die Information geschaffen haben, profitieren.[910] Andere[911] vertreten sogar die Meinung, Insiderhandel könne sich schädlich auf das Unternehmen auswirken. Sie begründen dies im Wesentlichen damit, dass bei bereits optimal ausgehandelten Verträge zwischen *principal* und *agent* die Entlohnungskomponente einseitig zugunsten des *agent* abgeändert werde. Außerdem sei Grundlage der Entlohnung nicht mehr die Leistung des *agent* sondern dessen privilegierter Zugang zu kursrelevanten Informationen.

---

906 Diese Auffassung geht insbesondere auf Manne, Insdier Trading and the Stock Market, 131-133, zurück.

907 Carlton/Fischel, 35 St.L.Rev., 857, 870, 872 (1983).

908 Bainbridge, 38 U.Fla. L. Rev. 35, 47 (1986).

909 Hopt/Will, Europäisches Insiderrecht, S. 40.

910 Ott/Schäfer, 12 Int'Rev. Law & Econ.357 (1992).

911 Scott, 9 J. Leg. Stud. 801, 808 (1980); Easterbrook, 11 Sup. Ct. Rev. 309, 332 (1981).

Mit der Problematik des Einwirkens exogener Faktoren müssen sich allerdings alle erfolgsorientierten Vergütungssysteme auseinandersetzen, so dass das Argument nicht zwingend gegen Insiderhandel als Instrumenr der Managementvergütung spricht. Die Bekämpfung des *free-riding* sollte möglich sein, da die Gesellschaft außenstehenden Personen Insiderhandel nicht erlaubt hat, diese also illegal handeln. Die Unterstellung, die Erlaubnis von Insiderhandel verbessere die Dienstverträge einseitig zugunsten des *agent*, beruht auf einem Zirkelschluss. Denn der Nachweis, dass Dienstverträge überhaupt pareto-optimal ohne die Erlaubnis von Insiderhandel abgeschlossen werden können, wird nicht erbracht.

2. Investitionsrisiko und perverse incentive

Führungskräften erlaubter Insiderhandel steht im Verdacht eine sog. *perverse incentive* auszulösen.[912] Hinter diesem Begriff verbergen sich zwei Befürchtungen: bei Erlaubnis von Insiderhandel könne der *agent* zum einen auch von schlechten Nachrichten profitieren und diese daher sogar produzieren; zum anderen verleite die Gestattung von Insiderhandel einen Mitarbeiter grundsätzlich dazu hochriskante Projekte einzugehen.[913]

a) Nutzung und Produktion schlechter Nachrichten

Sind dem Insider Nachrichten bekannt, die sich negativ auf den Börsenkurs auswirken werden, kann er aus seinen Beständen Aktien vor dem Bekanntwerden der Information veräußern, um Verluste zu vermeiden. Er kann aber aus seiner Kenntnis sogar Gewinne durch sog. „*short-selling*“ oder Leerverkäufe[914] erzielen. Hierzu

---

912 Levmore, 68 Va. L. Rev. 117, 149 (1992); Schotland, 53 Cal. L. Rev. 1425, 1442 (1967).

913 Vgl. z.B. Mendelson, 117 U.Pa. L. Rev. 470, 489 (1969); Salbu, Wash. L. Rev., 308, 324 (1993).

914 Leerverkäufe werden meist von Baissiers eingesetzt, um auf sinkende Aktienkurse zu spekulieren, vgl. Vahlens Wirtschaftslexikon, „Leerverkauf“;

lässt sich der Insider von seinem Broker im Rahmen einer Wertpapierleihe Aktien der betroffenen Gesellschaft zum noch hohen Kurs mit der Maßgabe übertragen, dass er dem Broker Aktien gleicher Art und Güte zurückzugewähren hat.[915] Sodann verkauft er diese, ihm nicht gehörenden Aktien zum (immer noch) hohen Kurs. Nach Bekanntwerden der schlechten Nachricht wird der Aktienkurs sinken. Jetzt erwirbt der Insider die zurückzugewährenden Aktien zum niedrigen Preis am Markt. In Höhe der Differenz zwischen dem Kurs bei Ausleihe und dem Kurs bei Zurückgewähr der Aktien (abzüglich Kosten) erzielt der Insider also einen Gewinn. Besonders gefährlich erscheint diese Möglichkeit, durch Leerverkäufe Gewinne zu erzielen, wenn der Insider nicht nur unabhängig von eigenem Handeln entstandene negative Nachrichten ausnutzt sondern zur eigenen Bereicherung bewusst solche Informationen produziert. *Levmore*[916] hält ein solches Verhalten für wahrscheinlicher als die Produktion guter Nachrichten und bezeichnet die Erlaubnis von Insiderhandel daher als ebenso sinnlos wie eine unbeschränkte Erstattung von Reisekosten. *Levmore* wird entgegengehalten, Gewinne aus schlechten Nachrichten seien nicht grundsätzlich zu verurteilen. Der Insider werde motiviert, schlechte Nachrichten nicht zurückzuhalten sondern die Öffentlichkeit über entsprechende Aktivitäten mittelbar zu informieren.[917] Insiderhandel helfe also, „Schweigekartelle" aufzubrechen.[918] Im übrigen erlange das Risiko aus Leerverkäufen nur geringe praktische Relevanz, da solche Leerverkäufe vielen Unternehmensinsidern nach Section 16 (c) SEA 1934 ohnehin verboten seien. Die interne Überwachung durch

---

in Deutschland sind Leerverkäufe durch die AGB der Banken Privatanlegern meist unmöglich gemacht.

915 Bei der Wertpapierleihe handelt es sich nach deutschem Recht um ein Sachdarlehen im Sinne von § 607 BGB; Vahlens Wirtschaftslexikon „Wertpapierleihe".

916 68 Va. L. Rev. 117, 149 (1992).

917 Vgl. Wenger, S. 13 f. (1986-zitiert bei Weber).

918 Weber, Wolfgang, Insider-Handel, Informationsproduktion und Kapitalmarkt, S. 170 unter Hinweis auf eine entsprechende Sachverhaltsgestaltung bei Dirks v. S.E.C., 463 U.S. 646-679.

Kollegen und Kontrollgremien führe überdies dazu, dass von der bewussten Produktion schlechter Nachrichten abgesehen werde.[919] Schließlich sei auch jedem Manager, um Gehalt und Position nicht zu gefährden, selbst daran gelegen, nicht mit der Verursachung schlechter Nachrichten in Verbindung gebracht zu werden. Der Insider könne hierdurch den Wert seines Humankapitals dauerhaft reduzieren und müsse schwere Reputationsschäden befürchten.[920]

b) *Eingehen riskanter Projekte*

Neben der absichtlichen Produktion negativer Informationen bzw. ihrer opportunistischen Ausnutzung soll Insiderhandel nach Meinung einiger Autoren auch die Neigung des Managements erhöhen, überaus riskante Projekte einzugehen. Der hieraus durch Insiderhandel zu erzielende Gewinn erhöhe sich entsprechend der Volatilität des Projektes.[921] Eine durch Insiderhandel erhöhte Risikofreude des Managements sei auch nicht als Erfolg zu werten,[922] da die Aktionäre (bzw. der *principal*) ein höheres Risiko nur dann akzeptierten, wenn sie hierfür mit entsprechend höheren Renditechancen entlohnt würden.[923] Habe aber der Manager ein Projekt mit negativem Barwert ausgewählt, so sei dies nicht mehr gewährleistet. Auch würden die Forderungen der Aktionäre nach Rückgewähr ihrer Einlage bzw. angemessenen Dividenden bei Scheitern des Projekts bzw. bei Insolvenz der Gesellschaft nachrangig bedient (also insbesondere auch nach der Gehaltsforderung des Insiders).

---

919 Carlton/Fischel, 35 St.L.Rev. 857, 873-875 (1983); a.A. Bainbridge, U.Fla.L.Rev. 34, 53 (1986).

920 Carlton/Fischel a.a.O.

921 Easterbrook, 11 Sup.Ct. Rev., 309, 332 (1981); Levmore, 68 Va. L. Rev. 117, 149 (1992).

922 Carlton/Fischel, a.a.O., 876.

923 Bainbridge, U.Fla.L.Rev., 34, 53 (1986).

3. Informationsfluss auf den Markt

Die Befürworter einer Deregulierung des Insiderhandels machen auch geltend, Insiderhandel fördere die Informationsverbreitung, was nicht nur dem Markt sondern auch der Gesellschaft selbst nutze.[924] Die Gesellschaft werde durch eine offene Informationspolitik wertvoller für den Anleger, was wiederum die Kapitalkosten der Gesellschaft senke.[925] Die Anleger würden hinter einer Gesellschaft, die offen mit Informationen umgehe, nicht immer das Schlimmste vermuten müssen und ihr Investment nicht von vornherein diskontieren. Im Gegensatz zu einer vollständigen und offiziellen Veröffentlichungspflicht, die über das Ziel hinaus schießen würde, erlaube Insiderhandel eine diskretere und flexiblere Informationsverbreitung. Auch die Haftung der Gesellschaft für Fehlinformationen könne hierdurch ausgeschlossen werden. Andere vermuten eher, dass der Insider ein Interesse daran habe, seine Informationen zurückzuhalten, bis er sie gewinnbringend einsetzen könne. Der Informationsfluss werde gerade nicht beschleunigt.[926]

D Auswertung der Diskussion

Zu fast allen Fragestellungen, die auf die Vor- und Nachteile von Insiderhandel für börsennotierte Unternehmungen abzielen bestehen konträre Ansichten. Die meisten dieser Ansichten sind in sich schlüssig. Soweit sie dies nicht sind, wurde dies vorstehend kritisch gewürdigt.

Verschiedene modellgestützte Analysen haben sich zum Ziel gesetzt, die in der Wissenschaft vertretenen Ansichten mathematisch zu verifizieren. Die Analysen haben teilweise zum Ergebnis, dass in Abhängigkeit von den tatsächlichen Gegebenheiten die Gestat-

---

[924] Manne, Insidertrading and the Stock Market, 78-104.

[925] Carlton/Fischel, a.a.O., 878.

[926] Bainbridge, U.Fla. L. Rev. 34, 55 (1986).

tung von Insiderhandel gegenüber Mitgliedern des Managements sowohl schlechtere wie auch bessere Investitionsentscheidungen hervorrufen könne als das Verbot von Insiderhandel.[927] Andere gelangen zum Schluss, dass ein Manager bei erlaubtem Insiderhandel nicht immer die bessere sondern immer die riskantere Investition auswählen würde.[928] Insiderhandel habe negative Wohlfahrtswirkungen für die Eigentümer von Unternehmen.[929] Allerdings beruht diese Folgerung auch auf der Annahme einer bereits ohne die Gestattung von Insiderhandel optimal funktionierenden Wirtschaftswelt. Eine Verschlechterung dieser Bedingungen durch Insiderhandel war mit anderen Worten angesichts der getroffenen Prämissen die einzig mögliche Lösung.[930]

Die Schwäche dieser mathematisch angelegten *principal-agent*-Analysen liegt darin, dass ihre Ergebnisse jeweils von den getroffenen und nicht verifizierbaren Annahmen abhängen und somit einer fast beliebigen Manipulation ausgesetzt sind. Selbst wenn diese Annahmen seriös gewählt sind, bedürfen sie angesichts der Komplexität der Modelle einer Vereinfachung, die oft zur Realitätsferne führt.[931] Die modellgestützten Hypothesen sind damit im Ergebnis ebenso widersprüchlich wie die in der theoretischen Diskussion angeführten Argumente. Eine logisch-deduktive Bestimmung der Richtigkeit eines *principal-agent*-Modells erscheint unmöglich.[932] Eine Lösung kann insoweit wohl nur über empirische Betrachtungen angestrebt werden. Empirische Untersuchungen betreffen zum Teil die Existenz von Insiderhandel als solchem[933] oder dessen Profitabilität.[934] Nach der Studie von *Givoly/Palmon*

927 Bebchuk, The Effect of Insiders' Choice, 45 ff.

928 Vgl.a. Seeger, Insiderhandel am deutschen Aktienmarkt, S. 277 ff.

929 Fischer, Insider trading, 687.

930 Weber, Wolfgang, a.a.O., S. 168.

931 Holmström, 10 The Bell J. Econ., 74, 80 ff. (1979).

932 Lahmann, Insiderhandel, S. 114 f.

933 Seeger, Insiderhandel am deutschen Aktienmarkt, S. 277 ff. zur Zusammenfassung seiner Untersuchungsergebnisse.

934 Givoly/Palmon, 58 J. Bus. 69, 85 (1985).

bewahrheitet sich zwar, dass führende Manager höhere Renditen aus Wertpapiertransaktionen in Papieren ihrer Gesellschaft erzielen als Dritte. Diese Gewinne sollen im Wesentlichen jedoch nicht aus Insiderwissen hinsichtlich einer konkreten, kursrelevanten Tatsache herrühren, sondern aus einer zutreffenderen Gesamteinschätzung ihres Unternehmens.[935] Die Grenze dürfte diesbezüglich freilich fließend verlaufen. Aus der Studie von *Givoly/Palmon* lässt sich aber noch nicht ableiten, dass der Insiderhandel auch aus Sicht des Unternehmens positive Konsequenzen zeitigt. Soweit es um die Vergütungswirkung von Insiderhandel geht, scheinen entsprechende Studien vollständig zu fehlen. Weitere Autoren[936] fanden heraus, dass die Varianz von Projekterträgen in den Fällen zunimmt, in denen die Führungskräfte am Unternehmenswert in irgendeiner Weise beteiligt sind. Auch dieses Ergebnis lässt jedoch keine zwingenden Schlussfolgerungen auf die Auswirkungen von Insiderhandel zu. Zwar mag die Wahrscheinlichkeit von Insidervorkommnissen bei am Unternehmen beteiligten Mitarbeitern höher sein. Die höhere Risikofreude dieser Mitarbeiter kann aber ebenso durch die Einräumung von Beteiligungen an sich hervorgerufen worden sein.

Die vorgenannten empirischen Untersuchungen vermögen daher keinen entscheidenden Beitrag zur Verifizierung der in der theoretischen Diskussion gefallenen Argumente und der aus den Modellanalysen gewonnen Hypothesen zu leisten. Bei dem derzeitigen Stand der empirischen Forschung ist insoweit keine abschießende Entscheidung möglich, ob Insiderhandel aus der Sicht einer börsennotierten Unternehmung schädlich ist. Vermutlich werden solche empirischen Untersuchungen auch in der Zukunft schwierig durchzuführen sein, da in den meisten Industrienationen mit entwickelten Kapitalmärkten gesetzliche Insiderhandelsverbote bestehen.

---

935 Hierzu auch Hartmann, Juristische und ökonomische Regelungsprobleme des Insiderhandels, S. 25.

936 Vgl. Seyhun, 16 J.Fin. Econ. 189 ff. 195 (1986).

E Zusammenfassung des 10. Kapitels

Die wirtschaftlichen Vor- und Nachteile von Insiderhandel für börsennotierte Unternehmen sind sehr umstritten. Das Meinungsspektrum reicht von der Zubilligung eines Vergütungscharakters von Insiderhandel bis zur völligen Ablehnung des Insiderhandels wegen Störungen des informationellen Gleichgewichtes im Betrieb. Verschiedene modellgestützte Analysen haben sich zum Ziel gesetzt, die in der Wissenschaft vertretenen Ansichten mathematisch zu verifizieren und gelangen dabei zu widersprüchlichen Ergebnissen. Die Schwäche dieser mathematisch angelegten, sog. "*principal-agent*"-Analysen liegt darin, dass ihre Ergebnisse jeweils von den getroffenen und nicht verifizierbaren Annahmen abhängen und somit einer fast beliebigen Manipulation ausgesetzt sind. Eine Lösung erscheint nur über empirische Betrachtungen möglich, die die Richtigkeit der zugrundegelegten Annahmen untermauern könnte. Die bisher existenten empirischen Untersuchungen liefern die erforderlichen Ergebnisse nicht. Bei dem derzeitigen Stand der Forschung ist insoweit keine abschließende Entscheidung möglich, ob Insiderhandel aus der Sicht einer börsennotierten Unternehmung schädlich ist.

Thesenartige Zusammenfassung

Zusammenfassend sollen die wesentlichen Ergebnisse der Arbeit noch einmal thesenartig dargestellt werden.

(1) Das gesetzlich normierte Insiderrecht einschließlich der Bestimmungen über die Ad-hoc-Publizität untersteht heute der Kapitalmarktaufsicht, die durch das Frankfurter Bundesaufsichtsamt für den Wertpapierhandel ausgeübt wird. Verstöße können durch Bußgelder und Geld- und Freiheitsstrafen sanktioniert werden. Die Entscheidung für eine kapitalmarktrechtliche anstelle einer gesellschaftsrechtlichen Regulierung des Insiderhandels in Deutschland war im Wesentlichen historisch durch den entsprechenden Ansatz der EG-Insiderrichtlinie bedingt. Diese führte dazu, dass der frühere, gesellschaftsrechtlich orientierte Ansatz der Insiderhandelsrichtlinien der Börsensachverständigenkommission an Bedeutung verlor.

(2) Auch wenn die gesellschaftsrechtliche Komponente des Insiderhandelsproblems nicht gesetzlich geregelt wurde, kann ihre Existenz doch nicht geleugnet werden. Insbesondere dann, wenn der Insider vermittels seines gesellschaftsrechtlichen Einflusses privilegierten Zugang zu kursrelevanten Informationen hat, untersagen ihm die gesellschaftsrechtlichen Treupflichten hiervon zulasten seiner Mitaktionäre Gebrauch zu machen. Zur Offenlegung von Informationsvorsprüngen kann der Insider aber nicht von seinen Mitaktionären gezwungen werden. Auch stellt Insiderhandel keinen Unterfall der Sondervorteilsnahme nach §§ 26 oder 243 AktG dar.

(3) Mitglieder der Unternehmensverwaltung, also insbesondere des Aufsichtsrates und des Vorstandes einer Aktiengesellschaft sind durch ihren Dienstvertrag gehalten, Insidergeschäfte zu unterlassen. Bei Verletzung ihrer Pflichten drohen ihnen dienstrechtliche Maßnahmen wie Abmahnung oder Kündigung auch dann, wenn die Insiderhandelsrichtlinien der Börsensachverständigenkommission nicht ausdrücklich in ihren Dienstvertrag Eingang gefunden haben. Allerdings entfaltet der Dienstvertrag zwischen Organmitglied und

Gesellschaft keine Schutzwirkungen zugunsten der Aktionäre. Die spezifischen Risiken des Insiderhandels für die Aktionäre entspringen eher der organschaftlichen Bestellung als der schuldrechtlichen Dienstabrede. Die Aktionäre können auch nicht im Wege der *actio negatoria,* einer verbandsrechtlichen Abwehrklage, gegen Insiderhandel treibende Organmitglieder vorgehen. Dieses Rechtsinstitut soll nur als Schutzinstrument gegen Überschreitungen verbandsrechtlicher Kompetenzen, nicht aber gegen einfach kriminelles Handeln dienen. Schließlich bestehen auch keine treurechtlichen Beziehungen zwischen Organmitgliedern und Aktionären, da es hierfür sowohl an einem vertraglichen wie auch einem gesetzlichen Anknüpfungspunkt mangelt.

(4) Aus deliktsrechtlicher Sicht hat sich ergeben, dass ein Outsider nicht durch § 823 Abs. 1 BGB geschützt wird, da die Vorschrift im Wesentlichen nur vor Verletzung des Eigentumsrechts an der Aktie, nicht jedoch vor Renditeminderungen schützt. Nach der hier vertretenen – wenn auch stark umstrittenen Auffassung – bieten dem Outsider jedoch die §§ 823 Abs. 2 in Verbindung mit 14, 38 WpHG Schutz, was aus der europarechtlichen Interpretation des Insiderverbots ableitbar ist. Weiterhin sind Insideraktivitäten als vorsätzlich und sittenwidrig im Sinne von § 826 BGB anzusehen.

(5) Im Rahmen eines Börsengeschäfts ist es einem Outsider dennoch nach geltendem Recht nicht möglich, mit Erfolg Schadenersatzansprüche gegen Insider geltend machen. Outsider, die Verluste erlitten, während sie auf der dem Insider entgegengesetzten Marktseite handelten, können bereits keinen Äquivalenzzusammenhang zu den Insideraktivitäten belegen. Der normative Zurechnungszusammenhang fehlt hingegen regelmäßig zwischen den Verlusten, die von Outsidern auf derselben Marktseite wie der Insider tätig waren und den Insidergeschäften. Nur in Ausnahmesituationen können eine äquivalente Kausalität bzw. ein normativer Zurechnungszusammenhang gegeben sein. Dann kann der Insider einen Schadensersatzanspruch des Outsiders nicht mit dem Argument abwehren, dieser habe aus den Insiderhandelsaktivitäten Vorteile erzielt, die seine Verluste kompensierten. Delikts- und treurechtli-

che Verletzungshandlungen eines Insiders können damit also im Ergebnis zivilrechtlich kaum wirksam sanktioniert werden.

(6) Auch das Bereicherungsrecht erlaubt dem Outsider nicht, börslich erlittene Verluste beim Insider zu liquidieren. Die Leistungskondiktion scheitert, weil der sachenrechtliche Direkterwerb an den betroffenen Aktien das einzige unmittelbar zwischen Insider und Outsider bestehende Leistungsverhältnis darstellt. Das Insidergeschäft tangiert aber nicht den Rechtsgrund der sachenrechtlichen Übertragung. Zwischen Insider und Bank sowie zwischen den Banken werden die Rechtsbeziehungen vom Kondiktionsrecht beherrscht. Insidergeschäfte zeitigen in diesen Beziehungen im Regelfall aber keine Nichtigkeitsfolgen. Da die Wirksamkeit der Rechtsverhältnisse durch Insidergeschäfte unberührt bleibt, ist auch die Eingriffskondiktion erfolglos.

(7) Die US-amerikanische Rechtslage basiert auf einem erheblichen Erfahrungsschatz bei der Bekämpfung von Insiderhandel. Zivilrechtliche Sanktionen knüpfen dort insbesondere auch an das Bestehen ungeschriebener Treuepflichten zwischen Management und Aktionären an. Diese Treupflichten untersagen der Unternehmensleitung die Vornahme von Insidergeschäften. Eine Übertragung dieser Gedanken ins deutsche Gesellschaftsrecht kann nicht gelingen, da treuhänderische Bindungen zwischen Unternehmensleitung und Anteilseignern weder auf rechtsgeschäftlicher noch auf gesetzlicher Grundlage bestehen. Die Regelungsansätze des amerikanischen Rechts können insoweit für das deutsche Recht nicht fruchtbar gemacht werden. Des Weiteren können auch Ansätze, Sekundärinsider von einem Primärinsider abgeleiteten Treupflichten zu unterwerfen nicht ins deutsche Recht übertragen werden.

(8) In der Literatur wurden in der Vergangenheit Vorschläge einer gesetzlichen, zivilrechtlichen Lösung des Insiderhandels erarbeitet. Diese Entwürfe halten einer kritischen Prüfung auf ihre Vereinbarkeit mit deutschem Recht nicht stand. Der Grund hierfür scheint zu sein, dass die Entwürfe in allzu enger Anlehnung an das US-amerikanische Recht entstanden sind. Dies umging die besonders

bedeutsame Kausalitätsproblematik bei Schadensersatzansprüchen von Outsidern gegen Insider durch eine Verlagerung der Beweislast, die oft zu Lasten des Insiders ging. Die US-Lösung ist dabei offenbar vom politisch motivierten Bestreben geprägt, dem Anleger einen schadensrechtlichen Ausgleich für erlittene Kursverluste zukommen lassen. Dies mag im US-Recht, das Straf- und Präventionszwecke auch im Zivilrecht kennt, noch angehen. Im deutschen Recht führt dies zu unlösbaren dogmatischen Widersprüchen, insbesondere auch zum Wiederaufleben der größtenteils für unzulässig erachteten Privatstrafe.

(9) Nicht nur uninformierte Anleger, auch die börsennotierte Aktiengesellschaft kann von Insiderhandelsaktivitäten betroffen sein. Verletzen ihre Angestellten oder Organmitglieder bestehende Vertragsbeziehungen so kann sich die Gesellschaft unter Umständen durch Kündigung von den Delinquenten lösen. Organmitglieder können daneben auch von ihrem Posten abberufen werden. Die Hauptversammlung kann ihnen für ihre Tätigkeit im Dienst der Gesellschaft die Entlastung verweigern, was in eingeschränktem Masse rechtliche Folgen, in bedeutenderem Maße persönliche und wirtschaftliche Folgen für die betreffenden Personen haben kann.

Schließlich kann die Gesellschaft durch Insiderhandel auch Schaden nehmen. Abgesehen von Reputationsschäden können Insider informationelle Eigentumsrechte des Unternehmens an unternehmensbezogenen Insidertatsachen verletzen. Eigentumsrechte an diesen Tatsachen stehen der Gesellschaft selbst, nicht dem Angestellten oder Organ zu, welches die Tatsache, wie zum Beispiel ein bedeutendes Patent, unter Umständen mitentwickelt hat. Die Gesellschaft darf aber von ihren informationellen Eigentumsrechten an Insidertatsachen nicht unbeschränkt Gebrauch machen. Auch sie wird durch die Verfügungsbeschränkungen der §§ 14, 38 WpHG an der Ausnutzung von Insiderinformationen sowie an deren Weitergabe in der Regel gehindert. Nur in Ausnahmefällen, wie der bevorstehenden Übernahme einer Zielgesellschaft oder einer Anteilsemission, kann die Gesellschaft daher von einem Insider Schadensersatz für erlittene Vermögensnachteile aus Insidergeschäften verlangen. Es steht der Gesellschaft frei, diesen Schadensersatzanspruch nach den Vorgaben der Differenzhypothese oder in Entsprechung zu § 4 der IHR bzw. § 97 UrhG nach dem vom Insider erzielten Gewinn zu bemessen.

(10) Die wirtschaftlichen Vor- und Nachteile von Insiderhandel für börsennotierte Unternehmen sind sehr umstritten. Verschiedene modellgestützte Analysen haben sich zum Ziel gesetzt, die in der Wissenschaft vertretenen Ansichten mathematisch zu verifizieren und gelangen dabei zu widersprüchlichen Ergebnissen. Die Schwäche dieser mathematisch angelegten, sog. "*principal-agent*"-Analysen liegt darin, dass ihre Ergebnisse jeweils von den getroffenen und nicht verifizierbaren Annahmen abhängen und somit einer fast beliebigen Manipulation ausgesetzt sind. Eine Lösung erscheint nur über empirische Betrachtungen möglich, die die Richtigkeit der zugrundegelegten Annahmen untermauern könnte. Die bisher existenten empirischen Untersuchungen liefern die erforderlichen Ergebnisse nicht. Bei dem derzeitigen Stand der Forschung ist insoweit keine abschließende Entscheidung möglich, ob Insiderhandel aus der Sicht einer börsennotierten Unternehmung schädlich ist.

Ausblick

Die nahe Zukunft verspricht eine rasante Fortentwicklung des deutschen Kapitalmarktes insbesondere auch über die zu erwartenden erheblichen Mittelzuflüsse aus den nun für die private Altersvorsorge zugelassenen Pensionsfonds.[937] Auf die zu erwartenden tatsächlichen Entwicklungen werden auch der deutsche und der europäische Gesetzgeber reagieren müssen. Hierbei stehen schon Debatten um eine neue Insiderrichtlinie auf europäischer Ebene an.[938] In der Schnittmenge zwischen Gesellschafts-, Zivil- und Kapitalmarktrecht zeichnet sich ebenfalls eine deutliche Modernisierung bestehender Vorschriften bzw. freiwilliger Kodizes[939] durch das Wertpapiererwerbs- und Übernahmegesetz[940] sowie den Regierungsentwurf eines Vierten Finanzmarktförderungsgesetzes[941] vom 14. November 2001 ab. Das Wertpapiererwerbs- und Übernahmegesetz enthält einerseits kapitalmarktrechtliche Verhaltenspflichten bei Unternehmenskäufen[942], andererseits aber auch gesellschaftsrechtliche Regelungen für den Ausschluss von Minderheiten (sog. Squeeze-Out).[943]

Der Regierungsentwurf des Vierten Finanzmarktförderungsgesetzes, beabsichtigt, den Anlegerschutz durch Erhöhung von Marktintegrität und Markttransparenz zu verbessern, die Handlungsmög-

---

937 Altersvermögensgesetz (Gesetz zur Reform der gesetzlichen Rentenversicherung und zur Finanzierung eines kapitalgedeckten Altersvorsorgevermögens, BGBl vom 29. Juni 2001, S. 1309).

938 Handelsblatt vom 4. Dezember 2001.

939 Z.B. Übernahmekodex der Börsensachverständigenkommission beim Bundesministerium der Finanzen vom 14. Juli 1995, geändert durch Bekanntmachung von 28. November 1997; vgl. hierzu BGH-Beschluss von 13. November 2001, DB 2001, S. 2705 f.

940 BGBl. Teil I vom 20. Dezember 2001, S. 3822.

941 http://www.bundesfinanzministerium.de/Anlage8361/Gesetzentwurf.pdf.

942 Zur Rechtslage auf Europäischer Ebene: Entwurf der Übernahmerichtlinie der EG, Abl. EG- Nr. C-23 vom 24. Januar 2001, S. 1.; zum Scheitern der Richtlinie: Land, DB 2001, S. 1707 f..

943 Vgl. hierzu Ehricke/Roth, DStR 2001, S. 1120 ff.

lichkeiten der Marktteilnehmern zu erweitern und zu flexibilisieren sowie Lücken im Abwehrsystem gegen die Geldwäsche zu schließen.[944] In diesem Zusammenhang ist unter anderem eine Flexibilisierung des Börsenrechts, insbesondere der Anforderungen für den börslichen Handel geplant. Neben investmentrechtlichen Änderungen für Kapitalanlagegesellschaften und Auslandsfonds wird aber auch das WpHG abermals geändert werden. Im Mittelpunkt stehen hierbei die Neuregelung der Kurs- und Marktmanipulation, die Konkretisierung der Vorschriften zur Ad-hoc-Publizität, die Veröffentlichung der Geschäfte von Unternehmensinsidern sowie die Schaffung einer Anspruchsgrundlage für Schadensersatzansprüche von Anlegern, die durch verspätete, unterlassene oder unrichtige Veröffentlichung kursbeeinflussender Tatsachen geschädigt wurden. Damit bringt der Gesetzentwurf unter anderem für den Bereich der zivilrechtlichen Sanktionierung kapitalmarktrechtlich verbotener Handlungen ganz erhebliche Änderungen mit sich:

- Anleger können einen Schadensersatzanspruch nach Einschränkung des § 15 Abs. 6 WpHG künftig gem. § 37b WpHG auf eine unterlassene unverzügliche Veröffentlichung kursbeeinflussender Tatsachen stützen.
- Gleichfalls können sich, nachdem nun auch die Kurs- und Marktpreismanipulation gem. § 20a WpHG verboten und unter Strafe gestellt werden soll, Schadensersatzansprüche gem. § 37c WpHG wegen der Veröffentlichung unwahrer Tatsachen in einer Mitteilung über kursbeeinflussende Tatsachen ergeben.

Anleger, die etwa aufgrund einer unterlassenen oder falschen Mitteilung zu teuer gekauft oder bei einer Falschmitteilung zu billig verkauft haben, sollen diese Ansprüche geltend machen können.[945]

---

[944] Pressemitteilung des BMF vom 14. November 2001, veröffentlicht auf der Homepage des BMF unter http://www.bundesfinanzministerium.de/ Anlage8364/Pressemitteilung-des-BMF.pdf.

[945] Regierungsbegründung zum Entwurf des Vierten Finanzmarktförderungsgesetzes:

Die Haftung nach beiden Vorschriften besteht nur, wenn vorsätzlich oder grob fahrlässig gehandelt wurde. Die Ansprüche verjähren binnen eines Jahres, nachdem der Anspruchsteller von der Unterlassung der Mitteilung bzw. der Unrichtigkeit der Tatsache Kenntnis erlangt hat. Die kurzen Verjährungsvorschriften sollen der Zügigkeit des Wertpapierverkehrs Rechnung tragen und sind mit den investmentrechtlichen und prospekthaftungsrechtlichen Verjährungsregelungen abgestimmt.[946] Weitergehende Ansprüche nach bürgerlichem Recht sollen durch die Vorschriften nicht ausgeschlossen werden. Soweit ein Emittent Vorstandsmitgliedern im voraus im Hinblick auf die mögliche Inanspruchnahme durch Dritte Schadensersatzansprüche der Gesellschaft wegen Pflichtverletzung erlässt, ist eine solche Vereinbarung unwirksam. Eine nachträgliche Vereinbarung zwischen Emittenten und Vorstandsmitglied bleibt hiervon unberührt, allerdings ist dabei das Stimmverbot gemäß § 136 AktG zu beachten.[947]

Die Praxis wird zeigen, welchen Stellenwert die bald gesetzlich vorgeschriebenen Schadenersatzansprüche bei kapitalmarktrechtlichen Verfehlungen erhalten werden. Insbesondere wird interessant sein zu verfolgen, welche Beweisschwierigkeiten sich künftig bei Schadensersatzprozessen ergeben können. Außer Frage steht jedenfalls, dass der Justitiabilität von Kapitalmarktverfehlungen im Bewusstsein institutioneller wie auch privater Anleger, der Emittenten und auch der Organmitglieder bei der Anlage von Geldern, bei Finanzierungsmaßnahmen sowie auch bei der täglichen Geschäftsführungstätigkeit weitaus mehr Beachtung geschenkt werden wird.

---

http://www.bundesfinanzministerium.de/Anlage8363/Begruendung-Besonderer-Teil.pdf, S. 267.

946 Regierungsbegründung, a.a.O.

947 Regierungsbegründung, a.a.O.